交通工程导论

主　编　巴兴强　张丽莉
副主编　温　文

中南大学出版社
www.csupress.com.cn

高等院校交通运输类"十二五"规划教材

编审委员会

总序

交通运输业是国民经济体系的重要组成部分，也是促进国民经济发展的重要基础产业和推动社会发展的先决条件。在最近的30年里，我国交通运输业整体上取得了飞速发展，交通基础设施、现代化运输装备、客货运量总量和规模等都迅猛扩展，大量的新技术、新设备在铁路等交通运输方式中被投入应用。同时，通过大量的交通基础设施建设，特别是近年来我国高速铁路的不断投入使用，使我国的交通供需矛盾得到一定的缓解，我国交通运输网络的结构也得到了明显改善，颇具规模的现代化综合型交通运输网络已经初步形成。

我国交通运输业日新月异的发展，不仅对专业人才提出了迫切的需求，更使其教材建设成为专业建设的重点和难点之一。为解决当前国内高校交通运输类专业教材内容落后于专业与学科科技发展实际的难题，由中南大学出版社组织国内交通运输领域内的一批专家学者，协同编写了这套交通运输类"十二五"规划教材。参与规划和编写这套教材的人员都是长期从事交通运输专业的科研、教学和管理实践的一线专家学者，他们不仅拥有丰富的教学和科研经验，同时还对我国交通运输相关科学技术的发展和变革也有深入的了解和掌握。这套教材比较全面、系统地介绍了目前国内交通运输领域尤其是高速铁路的客货运输管理、运营技术、车站设计、载运工具、交通信息与控制、道路与铁道工程等方面的内容，在编写时也注意吸收了国内外业界最新的实践和理论成果，突出了实用性和操作性，适合大中专院校交通运输类以及相关专业的培养目标和教学需求，是较为系统和完整的交通运输类系列教材。该套教材不仅可以作为普通高校交通运输专业课程的教材，同时还可以作为各类、各层次学历教育和短期培训的首选教材，也比较适合作为广大交通运输从业人员的学习参考用书。

由于我们的水平和经验所限，这套教材的编写也有不尽如人意的地方，敬请读者朋友不吝赐教。编者在一定时期之后会根据读者意见以及学科发展和教学等的实际需要，再对教材进行认真的修订，以期保持这套教材的时代性和实用性。

最后衷心感谢参加这套教材编写的全体同仁，正是由于他们的辛勤劳动，编写工作才得以顺利完成。我们还应该真诚感谢中南大学出版社的领导和同志们，正是由于他们的大力支持和认真督促，这套教材才能够如期与读者见面。

中南大学副校长、教授

前　言

　　交通工程学是一门研究道路交通中人、车、路、环境之间的关系，探讨道路交通的规律，建立交通规划、设计、控制和管理的理论方法，以及有关设施、装备、法律和法规等，使道路交通更加安全、高效、快捷、舒适的一门技术科学。它是一门新兴的应用学科，它集自然科学和社会科学于一体，包含工程、教育、法规、环境、能源和经济等多个方面，是一门前沿交叉学科。

　　本书为高等院校交通运输类"十二五"规划教材，其目的是期望交通工程相关专业的学生学过该门课程后，对交通工程学科能有系统、全面的理解，为毕业后工作储备知识，为进一步学习打下基础。本书共分十二章，内容主要包括绪论、人车路的交通特性、交通调查、交通流理论、道路交通规划、交通管理与控制、交通安全、城市公共交通、停车场规划设计、建设项目交通影响评价以及智能交通等。

　　本书介绍了交通工程学的传统理论与方法，汇集近年来交通工程学领域的最新发展成果，同时结合编者多年的教学实践经验，编写此书。

　　本书第一、二、三、八、九章由东北林业大学交通学院巴兴强编写；第四、五、六章由东北林业大学交通学院张丽莉编写；第七、十章由哈尔滨铁路局哈尔滨动车段温文编写；第十一章由哈尔滨职业技术学院赵明微、东北林业大学交通学院姜博瀚编写；第十二章由东北林业大学交通学院朱海涛、雷杰编写，全书由巴兴强老师统稿。

　　本书在编著过程中，得到了东北林业大学交通学院各位同仁的大力支持和帮助，在此，谨向他们致以诚挚的谢意。

　　本书可作为高等院校交通工程专业、交通运输专业、土木工程专业用教材，也可供从事交通工程研究的专业技术人员参考。

　　本书在编著过程中，还受到东北林业大学重点课程建设"交通心理学""交通工程学"的项目资金资助，在此一并表示感谢！

　　由于作者学识水平有限，书中错误和疏漏之处在所难免，恳请读者批评指正。

编　者

2015 年 5 月

目　录

第一章
绪论

第一节 交通工程学的概念

交通工程学是一门研究道路交通中人、车、路、环境之间的关系，探讨道路交通的规律，建立交通规划、设计、控制和管理的理论方法，以及有关设施、装备、法律和法规等，使道路交通更加安全、高效、快捷、舒适的一门技术科学。它是一门新兴的应用学科，它集自然科学和社会科学于一体，包含工程、教育、法规、环境、能源和经济等多个方面，是一门前沿交叉学科。

由于交通工程学是一门正在发展中的学科，目前很难对它下确切的定义，交通工程学是一门研究道路交通中各种交通现象的基本规律及其应用的一门正在发展中的新兴学科。各国学者从不同的角度，用不同的观点和方法进行探索和研究，认识并提出自己的定义。因此，对这一学科的理解和定义有多种提法。

1. 20 世纪 40 年代美国交通工程师定义

交通工程学是工程学的一个分支，它研究道路规划、几何设计、交通管理和道路网、终点站、毗连区域用地与各种交通方式的关系，以便使客货运输安全、有效、经济和方便。

2. 1983 年世界交通工程师协会会员指南定义

交通工程学是运输工程学的一个分支，它涉及规划、几何设计、交通管理和道路网，终点站、毗连用地与其他运输方式的关系。

3. 澳大利亚著名的交通工程学教授布伦敦定义

交通工程学是关于交通和出行的计测科学，是研究交通流和交通发生的基本规律的科学，为了使人、物安全有效的移动，将此学科的知识用于交通系统的规划、设计和运营。

4. 苏联学者定义

交通工程学是研究交通运行的规律及其对道路结构、人工构造物的影响的科学。

5. 英国学者定义

道路工程中研究交通用途与控制、交通规划、线性设计的那一部分称为交通工程学。

6. 日本学者定义

考虑客货运输的安全、便利和经济，综合探讨公路、城市道路及其相邻连接地带的整体用地规划，几何线形设计和营运管理等问题，属于工程上的分支学科。

自 20 世纪 70 年代以来，国外的一些专家还提出交通工程学是"5E"的科学，即将工程（Enigineering）、教育（Education）、法规（Enforcement）、环境（Enviroment）和能源（Energy）5

个方面综合起来考虑，才能保证人、车、路之间合理的时间和空间关系。以上关于国外学者的定义可以看出，其共同点是都认为交通工程学是从道路工程学中分化出来的，其研究对象是道路交通，同时交通工程学主要解决的是交通系统规划与管理中的科学问题。

我国关于交通工程学的定义为，交通工程学是研究交通规律及其应用的一门技术科学。

总之，交通工程学的定义可以理解为：交通工程学是以人为主体，以交通流为中心，以道路为基础，将这三方面的内容统一在交通系统中进行研究，综合处理道路交通中人、车、路、环境四者之间的时间和空间关系的学科。它的目的是提高道路的通行能力和运输效率，减少交通事故，降低能源机件损耗、公害程度与运输费用，从而达到安全、迅速、经济、舒适和降低公害的目的。

第二节　交通工程学的主要内容与特点

一、交通工程学的主要研究内容和作用

1. 交通工程学的主要研究内容

随着科学技术的进步和人们对交通需求的增加，交通工程学科作为运输学科的一个重要分支，得到了迅速的发展，学科的领域不断扩大，学科的内容也日趋丰富。交通工程学的主要研究内容包括以下几个方面：

（1）交通特性

包括人（驾驶员、行人和乘客）的交通特性，主要研究驾驶员的视觉特性、反应特性、酒精对驾驶员的危害性、驾驶员的职业适应性，以及疲劳、情绪、意志、注意力等对行车的影响；行人和乘客的交通需求、心理特征和习惯等。

车辆的交通特性包括机动车和非机动车的交通特性，包括车辆的几何尺寸、质量等车辆的外部特征；研究车辆的动力性、制动性、通过性、稳定性、机动性等运行特性；研究车辆拥有量及其增长规律对需求量的适应性、车辆组成对车辆运行的影响等。道路（公路、城市道路、交叉口及交通枢纽）的交通特性，包括研究道路网的布局、结构如何适应交通的发展；道路线形如何满足安全行车的要求；道路与环境如何协调等。交通流的交通特性主要包括交通流的3个参数——流量、速度、密度特征及其在时间与空间环境中的相互作用关系，同时要研究车头时距分布和延误等。

（2）交通调查

包括交通量、交通速度、交通密度、交通延误的调查、居民和车辆的出行调查、道路及交叉口的通行能力调查、交通事故及违章调查、公共交通及停车场调查、交通污染调查等。

（3）交通流理论

研究不同密度的交通流特性及其表达参数之间的关系，寻求最适合交通状态的理论模型。目前已有的模型有：车辆跟驰理论、概率论、排队论、流体力学理论等，从宏观和微观的角度研究连续车流、间断车流和混合车流的变化规律。

（4）道路的通行能力和服务水平

包括城市道路、一般公路、高速公路通行能力的分析方法，交叉口通行能力的分析方法，公共交通线路通行能力及线网运输能力的分析方法、服务水平的分级及划分标准等。

（5）交通规划

包括城市交通需求、区域综合运输需求、公路交通需求的预测方法、网络交通流的动态和静态分配模型、城市道路网络、公共交通网络、公路网络的规划方法、道路交通规划的评价技术。

（6）交通事故与安全

主要研究交通事故发生的统计分布规律；交通事故的各种影响因素分析；交通安全评价；安全改善及其效益分析与评价；交通事故的预测等。

（7）交通管理与控制

包括道路交通法规制定、交通系统管理策略、交通需求管理策略、交通运行组织管理、交叉口交通控制、干线交通控制、区域交通控制、交通管理策略的计算机模拟及定量化评价技术等。

（8）停车场及其服务设施

研究停车需求，对停车场进行规划、设计和管理，讨论交通服务设施的布点、规模和经营等。

（9）公共交通

讨论各种公共交通工具的特点、适用条件以及各种交通方式的相互配合，并探索新的交通方式，为居民提供方便的公共交通系统。

（10）交通系统的可持续发展规划

研究交通合理结构的规划，交通环境污染的预测、评价及预防、交通能耗的预测与评价，交通系统中其他资源消耗的预测与评价，交通系统可持续发展的保障体系等。

（11）交通工程的新理论、新方法、新技术

交通工程是一门新学科，它随着科学技术的发展而发展。目前，交通工程的新理论、新方法、新技术主要集中在智能运输系统（ITS）方面，包括现代通信技术、计算机技术、信息技术、管理技术、控制技术在交通管理中的应用，如车辆卫星导航技术、高速公路自动收费技术、自动高速公路等都是 ITS 的核心内容。

2. 交通工程学的作用

交通工程学研究的内容涉及道路交通及运输工程的各个方面。总结国内外研究和运用交通工程学的实践以及交通工程学在发展过程中所显示的作用，可以概括为以下几点：

①能够促进道路交通综合治理方案的形成和实施，促使交通事故率全面下降。

②能够有效地减少和避免交通拥挤、混乱状况，提高交通运输效率和运输企业的经济效益。

③能够通过改善道路交通环境达到既提高道路通行能力，又减轻驾驶员劳动强度的效果；通过对驾驶员交通心理及审理特性的研究和运用，实施对驾驶员的科学管理，提高安全驾驶率。

④能够促使车辆和道路在质量和数量上协调发展，提高交通规划和公路网规划水平及道路的整体设计和施工水平。

⑤能够增进汽车驾驶员、乘客、行人以及骑自行车者等道路使用者的安全感和舒适感，减少道路运输中的货物损失。

⑥能够减少空气污染，交通噪声等交通公害。

⑦能够提高各项交通工作的管理水平、服务水平和法制教育水平等。

总之，研究交通工程学的作用就是使得人们的出行更加畅迪、快速、安全、舒适、环保和节能。

二、交通工程学的性质和特点

1. 性质

交通工程学是一门发展中的综合性学科，它从交通运输的角度，把人、车、路、环境与能源作为统一的有机整体进行研究和应用。就学科性质而言，它既从自然科学方面研究交通的发生和发展、时空分布、分配、车辆运行、停驻的客观规律，并作定量的分析计算、预测、规划、设计和运营等，又从社会科学方面研究交通的有关法规、教育、心理、政策、体制与管理等。因此，交通工程学是一门兼有自然科学与社会科学双重属性的综合性学科。

2. 特点

（1）系统性

交通与整个社会经济系统密切相关，自身又是一个由诸多相互联系、相互作用、相互制约的要素所组成的有机整体，是一个多目标、多约束、开放性的大系统。其系统关系如图1-1所示。因此，交通工程学最重要的方法论基础就是系统分析和系统工程。以系统分析原理来认识交通问题，以系统工程原理来解决交通问题，是交通工程学发展的必由之路，也是现代交通工程学的一个显著特点。

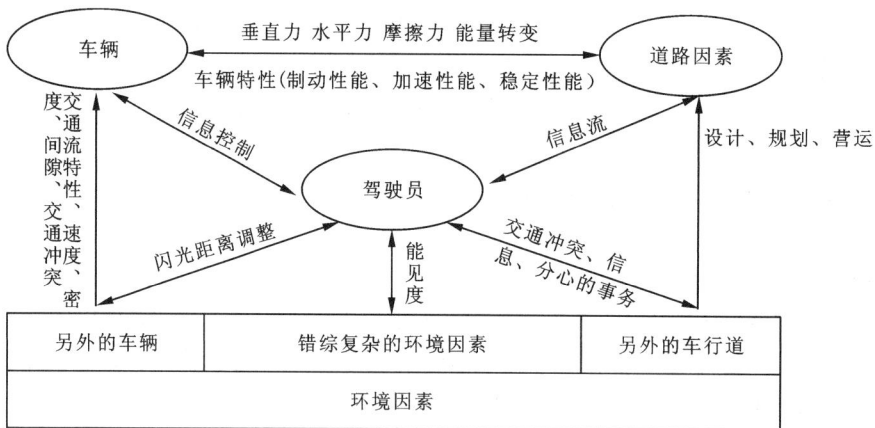

图1-1 道路交通系统组成的概念模型

（2）综合性

交通工程学研究的内容涉及"5E"的科学，即将工程（Engineering）、教育（Education）、法规（Enforcement）、环境（Environment）和能源（Energy）5个方面综合起来考虑，才能保证人、车、路之间合理的时间和空间关系。同时，又与地理、历史、经济、政策、体制等诸多因素有关，是一门集自然科学与社会科学、"硬"科学和"软"科学于一身的综合性很强的科学，其相关性如图1-2所示：

相关学科　　　　　研究对象　研究内容　　　　　　　　研究目的

人体工程学　人

对路的研究
- 道路网的规划
- 道路的几何设
- 道路的交叉
- 道路的环境

提高道路通行能力（通畅）

对人的研究
- 驾驶员的交通特性
- 行人的交通特性

运输工程学

车

交通工程学

对车流的研究
- 交通流理论
- 交通流特性
- 交通调查

提高运输速度（快速）

汽车工程学

对交通管理的研究
- 交通标志
- 交通渠化
- 交通信号的自动控制
- 道路照明
- 交通法规
- 交通教育

减少交通事故（安全）

提高交通舒适和方便程度

道路工程学　路

对交通安全的研究
- 事故规律
- 人、车、路和事故的关系
- 事故再现
- 交通安全设施
- 交通安全法规
- 交通事故的调查与分析

减少交通污染（环保）

- 对交通污染的研究
- 对交通节能的研究
- 对新交通系统的研究

环境工程学　环境

节省能源消耗（节能）

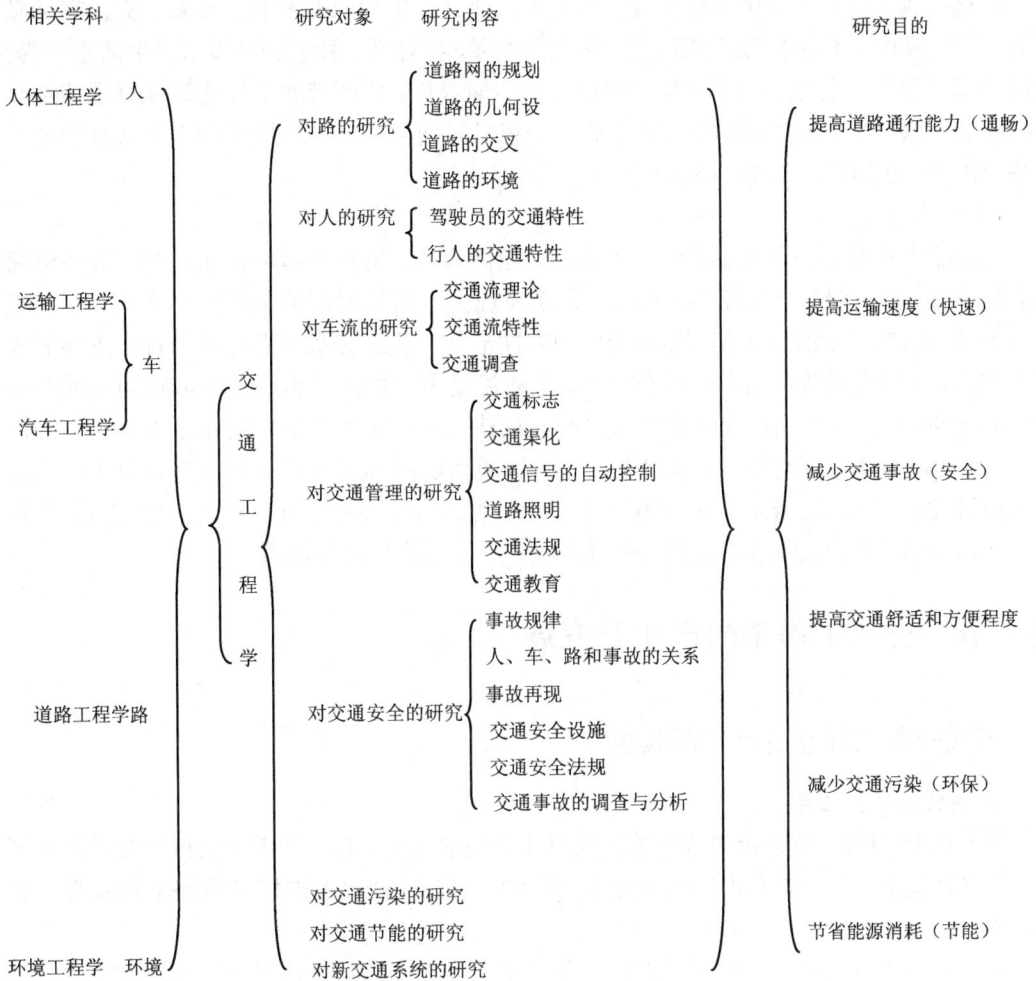

图 1 – 2　交通工程学研究的对象、内容、目的示意图

（3）交叉性或复合性

交通工程学研究的对象具有多方面的边际性或交叉之处，如汽车行驶理论与降低汽车的废气排放、噪声、震动、道路几何线形、道路通行能力、交通规划设计、交通管理与控制等均同其他科学相互交叉或相互连接；又如智能交通系统（ITS），它使交通工程学科与电子工程学科、信息工程学科、自动控制学科、计算机技术学科、汽车工程学科等在交通运营管理中相互交叉，相互融合。

（4）社会性

交通系统是社会经济系统中的一个子系统，涉及社会的各个方面，特别是交通规划、交通管理、交通法规等，差不多同社会各个方面均有关，如政策、法规、技术、工业、商业、生产、生活等社会各个阶层、各个单位，从人员讲涉及全体市民，并直接影响到他们的工作、生活和学习娱乐。

(5)超前性

道路交通工程是为国民经济发展，为人民的生产、生活以及科技、教育、文化等活动服务的，是区域和城市发展的载体，社会经济活动的支撑体系，社会经济发展，生活水平提高，交通必须先行。加之交通工程本身的建设与使用期限长，要使交通工程建设能够适应今后一段时间的运输要求，就要预测或设想今后一个很长时期的交通需求情况和工程实施后的深远影响。因此，必须超前考虑，提前规划。

(6)动态性

交通流本身就是一个动态系统，又是一个随机系统，具有典型的随机特性，其在道路网络上的分布，随时间与空间而不断变化，常常表现为空间与时间的集中而分布不均，甚至可能由于某一偶然因素而改变其正常分布，动态性十分显著。交通工程的动态特性主要表现在两个方面：一是交通状况的实时动态特点，交通流是典型的随机流，它在道路网上的时空分布是随机变化的，反映出的交通流规律是统计规律，对交通系统规律描述必须采用动态的方法；二是交通系统规划建设的动态特点，由于交通系统的规划建设必须是超前性的，但随着社会经济发展状况的变化，原来预测的与实际发生的可能会有差异。因此，交通系统的规划建设必须采用动态滚动的手段，根据变化的情况，不断进行动态调整。

第三节　交通工程学的产生与发展

一、古代交通工程学的产生和发展

1. 古代道路的发展

公元前 1900 年，亚述帝国曾修筑了从巴比伦辐射出的道路；今天在巴格达和伊斯法罕之间，仍留有遗迹。传说非洲古国迦太基人（前 600—前 146）曾首先修筑有路面的道路，后来为罗马所沿用。

罗马帝国大修道路对维护帝国的兴盛起着很大的作用。把首都罗马用道路和意大利、英国、法国、西班牙、德国、小亚细亚部分地区、阿拉伯以及非洲北部联成整体，以维持在该广大地区的统治地位。并把这些区域分成 13 个省、有 322 条联络干道，总长度达 78000 km（52964 罗马里）。罗马大道网以 29 条主干道为主，其中最著名的一条是由罗马东南方向越过亚平宁山脉通往布林迪西的阿庇乌大道（一译亚平大道）全长约 660 km，兴建于公元前 400 年前后，用了 68 年的时间，完成后起到了沟通罗马与非洲北部和远东地区的作用。罗马大道的主要特征有：一是路面高于地面，主要干道平均高出 2 m 左右，以利瞭望保障行车安全，因此，成为现代英语所袭用的"highway"一词的来源；二是两点之间常常不顾地形的艰险，恒以直线相连，工程浩大，至今尚留有隧道、桥梁、挡土墙的遗迹。其中若干主要军用大道宽达 11～12 m，中间部分宽 3.7～4.9 m，用硬质材料铺砌成路面，以供步兵使用，两边填筑了高于路面的宽约 0.6 m 的堤道，可能是为军官指挥之用，外侧每边尚有 2.4 m 宽的骑兵道。其施工方法是先开挖路槽，然后分四层用不同大小的石料并用泥浆或灰浆砌筑，总厚达 1 m。路面的式样也不尽相同，较高级的阿庇乌大道，曾用远自 160 km 以外运来的边长 1～1.5 m 的不整齐石板，镶砌于灰浆之中。有些道路上是用大理石方块或用厚约 18 cm 的琢石铺砌。罗马帝国的道路建设之所以有如此辉煌的成就，主要原因之一在于统治者的重视，道路的主持者是高级官吏，道路的最高监督有至高的权威和荣誉，如恺撒（前 102 或前 100—前 44）是第一个任职者，从此以后只有执政官级才有资格充当。正因为道路建设对罗马帝国的兴盛起着很大的作用，罗马人修建了凯旋门，纪念诸如恺撒、图拉真等的筑路功绩。随着罗马帝国的衰亡，道路也随之败坏。可以说，国家的兴衰和道路的状况有着密切的联系。

原始的道路是由人践踏而形成的小径。东汉训诂书《释名》解释道路为"道，蹈也，路，露也，人所践蹈而露见也"。距今 4000 年前的新石器晚期，中国有记载役使牛马为人类运输而形成驮运道，并出现了原始的临时性的简单桥梁。相传中华民族的始祖黄帝，因看见蓬草随风吹转，而发明了车轮，于是以"横木为轩，直木为辕"制造出车辆，对交通运输作出了伟大贡献，故尊称黄帝为"轩辕氏"。随着车辆的出现产生了车行道，人类陆上交通出现了新局面。

商朝（公元前 16—前 11 世纪）已经懂得夯土筑路，并利用石灰稳定土壤。从商朝殷墟的发掘，发现有碎陶片和砾石铺筑的路面，并出现了大型的木桥。

周朝（公元前 11—前 5 世纪）道路的规模和水平有很大的发展。《诗经·小雅》记载："周道如砥，其直如矢。"说明当时道路坚实平坦如磨石，线形如箭一样直。对道路网的规划、标准、管理、养护、绿化以及沿线的服务性设施方面，也有所创建。首先把道路分为市区和郊区，前者称为"国中"，后者称为"鄙野"，分别由名为"匠人"和"遂人"的官吏管理。可以说是现代城市道路和公路划分的先河。城市道路的规划，分为"经、纬、环、野"四种，南北之道为经，东西之道为纬，都城中有九经九纬，成棋盘形，围城为环，出城为野。规定有不同的宽度（其单位是轨，每轨宽八周尺，每周尺约合 0.2 m），经涂、纬涂宽九轨，环涂宽七轨，野涂宽五轨。郊外道路分为路、道、涂、畛、径五个等级，并根据其功能规定不同的宽度，有如现代的技术标准。在路政管理上，朝廷设有"司空"掌管土木建筑及道路，而且规定"司空视涂"，按期视察，及时维护；如"雨毕而除道，水涸而成梁"；并"列树以表道，立鄙食以守路"，是以后养路、绿化和标志的萌芽。而且"凡国野之道，十里有庐，庐有饮食；三十里有宿，宿有路室，路室有委；五十里有市，市名侯馆，侯馆有积"；其道路服务性设施的齐备程度，可想而知。以上情况，足见中国周朝的道路，已臻相当完善的程度。

战国时期（前 475—前 221）车战频仍，交往繁忙，道路的作用显得日益重要，甚至一国道路的好坏，为其兴亡的征兆。《国语》载有东周单子经过陈国时，看见道路失修，河川无桥梁，旅舍无人管理，预言其国必亡，后来果然应验。当时在山势险峻之处凿石成孔，插木为梁，上铺木板，旁置栏杆，称为栈道，是中国古代道路建设的一大特色。

秦朝（前 221—前 206）修筑的驰道可与罗马的道路网媲美。秦始皇统一中国后即开始修建以首都咸阳为中心、通向全国的驰道网。据《汉书·贾山传》："为驰道于天下，东穷齐、燕，南极吴、楚，江湖之上，濒海之观毕至。道广五十步，三丈而树，厚筑其外，隐以金椎，树以青松"；《史记》记载了秦始皇于公元前 220 年至公元前 210 年的 11 年间，曾巡视全国，东至山东，东北至河北海滨，南至湖南，东南至浙江，西至甘肃，北至内蒙古，大部分是乘车，足见其路网范围之广。道路路基土壤采用金属椎夯实，以增加其密实度；路旁种以四季常绿的青松。定线的原则是尽量取直。公元前 212 年，秦始皇使蒙恬由咸阳修向北延伸的直道，全长约 700 km，仅用了两年半的时间修通，"堑山堙谷"（逢山劈石，遇谷填高），其工程之巨，时间之短，可称奇迹，今陕西省富县境内尚依稀可见其路形。除了驰道、直道而外，还在西南山区修筑了"五尺道"以及在今湖南、江西等地区修筑了所谓"新道"。这些不同等级、各有特征的道路，构成了以咸阳为中心，通达全国的道路网。秦始皇还统一了车轨距的宽度（宽 6 秦尺，折合 1.38 m），使车辆制造和道路建设有了法度。除修筑城外的道路外，对于城市道路的建设也有突出之处，如在阿房宫的建筑中，采用高架道的形式筑成"阁道"，自殿下直抵南面的终南山，形成"复道行空，不霁何虹"的壮观。

汉朝（前 206—220）继承了秦朝的制度，在邮驿与管理制度上，更加完善，驿站按其大小，分为邮、亭、驿、传四类，大致上五里设邮，十里设亭，三十里设驿或传，约一天的路程。据《汉书·百官公卿表》载，西汉时全国共有亭 29635 个，如是则估计当时共有干道近 15 万 km。沟通欧亚大陆的世界著名的丝绸之路，在公元前 1 世纪起已经形成商业之途，并将中国的丝绸穿逾沙漠，输送到欧洲而得名，但主要是在公元前 138—前 115 年，由西汉王朝派张骞两次出使西域，远抵大夏国（即今阿富汗北部）而载之于史册。丝绸之路主要路线，起自长安（今西安），沿河西走廊，到达敦煌，由此分成经塔里木河南北两通道，均西行至木鹿城（今前苏联境内）。然后横越安息（在今伊朗）全境，到达安都城（今土耳其安塔基亚）。又分两路，一路至地中海东岸，转达罗马各地；一路到达地中海东岸的西顿（今黎巴嫩）出地中海。3 世纪时，又有取道天山北面的较短路线，沿伊犁河西行到达黑海附近。丝绸之路不但在经济方面，而且在文化各方面，沟通了中国和中东与欧洲各国。

后汉时期，在今陕西褒城鸡头关下修栈道时，经过横亘在褒河南岸耸立的石壁，名为"褒屏"，曾用火煅石法开通了长 14 m，宽 3.95～4.25 m，高 4～4.75 m 的隧洞，就是著名的石门，内有石刻《石门颂》、《石门铭》记其事。火煅石法先用柴烧炙岩石，然后泼以浓醋，使之粉碎，再用工具铲除，逐渐挖成山洞。

隋朝（581—618）匠人李春等在赵郡（今河北省赵县）洨河上修建了著名的赵州桥，首创圆弧形空腹石拱桥，是建桥技术上的卓越成就。在道路建设中较巨大的工程有长数千里的御道，《资治通鉴·隋记》"发榆林北境至其牙，东达于蓟，长三千里，广百步，举国就役，开为御道"，可见规模之大。

唐朝（618—907）是中国封建王朝的鼎盛时期，重视道路建设。唐太宗即位不久就曾下诏书，在全国范围内要保持道路的畅通无阻，对道路的保养也有明文规定，不准任意破坏，不准侵占道路用地，不准乱伐行道树，并随时注意保养。唐朝重视驿站管理，传递信息迅速，紧急时，驿马每昼夜可行 500 里以上。唐朝时已出现了沿路设置土堆，名为堠，以记里程，即今天的里程碑的滥觞。唐朝不但郊外的道路畅通，而且城市道路建设也很突出。首都长安是古代著名的城市，东西长 9721 m，南北长 8651 m，道路网是棋盘式，南北向 14 条街，东西向 11 条街，位于中轴线的朱雀大街宽达 150 m，街中 80 m 宽，路面用砖铺成，道路两侧有排水沟和行道树，布置井然，气度宏伟，不但为中国以后的城市道路建设树立了榜样，而且影响远及日本。

宋朝、元朝、明朝（960—1644）均在过去的道路建设基础上有所提高，尤其是元朝地域辽阔，自大都（今北京）通往全国有 7 条主干道，形成一个宏大的道路网。

清朝（1644—1911）利用原有驿道修建了长达约 15 万 km 的"邮差路线"。在筑路及养路方面也有新的提高，规定得很具体。在低洼地段，出现高路基的"叠道"，在软土地区用秫秸铺底筑路法，有如今天的土工织物（见预压法），对道路建设有不少新贡献。

清朝的茶叶之路，以山西、河北为枢纽，北越长城，贯穿蒙古，经西伯利亚通往欧洲腹地，是丝绸之路衰落之后在清朝兴起的又一条陆上国际商路。它始于汉唐时代，鼎盛于清道光时期。但中国的道路建设发展至清朝末年，已是驿道时代的尾声，代之而起者是汽车公路的逐渐兴起。从此，近代道路的发展史重点，由东方而转移到西方。

2. 古代交通工具的发展

衣、食、住、行是人们基本生活条件的四要素，行就是指交通。自从出现了人类，就出现了交通，交通的发展依赖于交通工具的变革，交通工具的变革又依赖于科学技术的发展。以交通工具发生根本性变革来划分交通发展时代，一般可以分为步行交通、马车交通、汽车交通、智能交通四个时代。

（1）步行交通时代

从远古时代到车轮发明前的漫长时期，人们的唯一交通方式是步行，人们从事一切活动都靠步行来解决，尽管后来人们开始驯化野兽或动物来驮运货物，但仍属于步行交通范畴。

（2）马车交通时代

车轮的发明使交通方式发生了根本性的变化，使人类交通进入车辆时代。车轮的发明对人类文明发展起到了相当大的促进作用。

（3）汽车交通时代

19世纪末，产业革命之后出现了蒸汽机和电动车，为交通工具的改革和发展提供了良好的条件，于是，以动力机械驱动的各种机动车辆相继出现，以机器为动力的汽车逐步替代了以马、牛为动力的马车、牛车，成为交通发展的一个里程碑。

1885年，德国人道格力普、达姆勒制造了第一辆实验性的燃油四轮汽车，同年卡尔奔驰也制造了一辆燃油三轮汽车。1888年，在市场上首次出售奔驰汽车，从此，世界上出现了近代汽车，并逐步替代了马车。1900年全世界汽车保有量只有约1万辆，20年后就发展到约300万辆，目前，全球汽车拥有量在10亿辆左右。进入新世纪后，欧美国家汽车拥有量2亿左右辆，我国实际的汽车拥有量也超过了8000万辆。

（4）智能交通时代

智能交通是交通发展的最高阶段，目前世界各国交通工程的发展尚未进入此阶段，但是它是各国交通工程发展的目标，各国都投入了巨大的财力、人力进行智能交通系统的研究。

汽车化时期给交通发展带来的后果是在全世界范围内出现了10亿辆汽车，为了满足这些汽车的需求，各国都花费了巨大的资金以及土地资源修建城市道路及高速公路。但是汽车化时期并未由此结束，全世界的汽车保有量还在继续上升，交通需求量仍在快速增长，发达国家已经无法提供土地来修建道路以满足无限膨胀的交通需求，因此把目标寄托于通过当今世界上最新科学技术的应用，实现智能化的交通运输环境，以此减少交通需求量，提高交通运输系统的运输效率，解决交通问题。

二、现代交通工程学科的产生和发展

1. 交通工程学的产生

汽车运输以其机动灵活、速度高、投资少、适应性强，可达性好等优点，得到了迅速发展。美国是汽车运输发展最快的国家，到1930年美国的汽车拥有量已达3000多万辆，道路400多万公里，平均每一千居民拥有180辆汽车。2006年美国每百人汽车拥有量达到78.8辆。小汽车已成为美国人生活中不可缺少的交通工具，大城市汽车交通已相当繁忙。汽车运输的发展除了繁荣经济、生活方便外，同时也带来了交通事故、交通拥挤、车速降低、停车困难和环境污染等交通问题。为了解决这些问题，人们开始重视交通工程的研究，1921 年美国命名了交通工程师，1926 年在哈佛大学创立了交通工程专修科。这一时期交通工程主要研究交通法规的制定、交通管理、交通信号灯及交通标志标线设置等方面的问题。1930 年美国成立了世界上第一个交通工程师协会，并正式提出了交通工程学的名称，这标志着交通工程学作为一门独立的工程技术科学的诞生。

2. 交通工程学的发展

交通工程学科自 20 世纪 30 年代诞生起，经过 80 多年的不断研究、应用和发展，日益得到充实和完善，其主要发展阶段为：

①20 世纪 30 年代主要研究车辆到达分布特征，单点自动信号控制，交通管理如何使道路适应汽车行驶及如何减少交叉口拥堵。

②40 年代主要研究交通调查、交通规划，并根据交通调查及远景交通量的预测进行合理设计，研究提高路面质量与交叉口通行能力计算。

③50 年代，主要研究高速公路线形设计、通行能力计算、立体交叉设计、停车场问题。

④60 年代，主要研究交通流特性，城市综合交通调查、交通渠化，交通规划及使用计算机控制交通。

⑤70 年代，重点研究并拟定合理的交通规划，减少不必要的客流，倡导步行，恢复并优先发展公共交通，从而减少交通拥挤程度和交通事故，同时加强防治交通对环境的污染。

⑥80 年代至 90 年代初，在人的交通特性方面，开展了对驾驶员和行人的心理、生理特征的研究，汽车行驶性能以及汽车碰撞时如何保证乘车人及驾驶员安全的研究，人机系统的研究和应用范围也进一步扩大。在公路几何设计方面，过去主要是以汽车运动力学平衡原则为线形设计基础，现在发展到要考虑驾驶员的驾驶心理和生理要求，线形组合要考虑对驾驶员的视觉诱导等方面的研究。在交通规划方面，研究经济发展对交通的定量需求和交通对经济发展的适应性，并体现在交通规划和道路网设计上。在交通管理与控制方面，开展了在主要干道上设置自动信号控制系统的研究以及反光标注、标线、可变标志的研究。在交通设备方面，交通控制与车辆检测，调查分析的自动化程度大大提高。在交通环境保护方面，进行了汽车交通噪声控制和限制尾气排放标准等研究。

⑦20 世纪 90 年代以后，世界各工业发达国家均集中大量人力、物力、财力，采用高新技术，研究智能交通系统。日本和欧洲起步较早，从 20 世纪 80 年代后期即开展智能交通系统的研究。美国起步稍晚，1991 年"综合地面运输效率法案"在国会通过后，才得到联邦政府的重视和支持，该法案明确规定了智能交通系统的研究内容。美国起步虽晚，但进展较快，美国国会要求运输部最迟于 1997 年建成自动高速公路的第一条试验路。目前已经形成北美、欧盟和日本三大研发阵营，均组织了跨部门的上百个企业、高校和科研机构，积极进行智能运输子系统的开发研究。

随着现代城市的发展，人们的活动半径越来越大。城市间的公路运输，其经济运距可达数百公里，可与其他运输方式相抗衡。这些都将引起交通规划、交通方式、交通政策、交通运营管理等各方面的变革，推动交通工程学的理论与实践不断地向前发展。总之，随着计算机科学、系统科学、信息科学、控制论等现代科学的发展，交通工程学理论必将得到进一步丰富和发展，其研究内容不断拓宽。

3. 我国交通工程学科的产生

美籍华人交通工程专家张秋先生对我国交通工程学科的产生起了很大的推动作用。1978年以来，以张秋先生为代表的美、日、英、加等国的交通工程专家，先后在上海、北京、西安、南京、哈尔滨等城市讲学，系统介绍西方发达国家交通规划、交通管理、交通控制及交通安全方面的建设与管理经验。国内也派出了多个代表团出国参加由英、美、日、澳、德等国举办的国际交通工程学术会议，这些活动推动了国内交通学科的产生。

1980年上海市率先在国内成立了交通工程学会，1981年中国交通工程学会宣告成立，20多个省、市、自治区也相继成立了省级交通工程学会或交通委员会，有些早先成立的国家级专业学会也设立了交通工程分会。东南大学、同济大学、北京工业大学、北京交通大学、西南交通大学、西安公路交通大学、哈尔滨建筑大学等院校相继设立了交通工程本科专业，并出版了《中国交通工程》、《中国交通报》、《交通安全报》、《交通工程》、《道路交通管理》、《红绿灯下》等杂志和一批交通工程方面的报刊，广泛宣传交通工程方面的知识。

我国交通工程学科的成立不像美国有明确的标志，但一般认为，我国交通工程学科产生于20世纪80年代初，而美籍华人张秋先生是该学科成立的有力推动者。

4. 我国交通工程现状

（1）综合运输

新中国成立以来，我国交通运输事业有了很大发展，初步形成了铁路、公路、水运、空运和管道五大运输方式组成的初具规模的运输框架。特别是改革开放以来，国家在交通运输基础设施建设方面投入了巨额资金，五大运输方式的里程均有较大增长，以公路及民航增长最快。

尽管我国的交通运输事业有了长足发展，但仍存在着不少问题，主要表现在：运输能力仍严重不足，不能适应国民经济发展的需要；不同运输方式各自为政，缺乏协调，综合运输效率低下；运输网络布局不合理，西南、西北地区运输网络密度太低；运输结构不合理，水运运输严重萎缩，铁路运输比重也有所下降；运输设施技术装备水平较低；运输管理体制，规章制度，经营手段落后。

（2）公路交通

改革开放以来，我国的公路事业有了长足发展，2010年底已有公路里程398万km。自1989年我国高速公路建设实现"零"的突破后，短短20年时间，我国就建成了7.4万km的高速公路，其里程居世界第二位。

目前，我国的公路运输在综合运输中起到主导作用，公路客、货运输量已占综合客货运输量的85%和70%左右。即便如此，我国的公路运输系统仍存在不少问题，主要表现在：低等级公路所占比重太大，尽管近些年高速公路发展较快，但公路等级结构并未有太大变化；对已建高速公路的交通管理技术跟不上，高速公路的运输效率有待提高，高等级公路的事故率高。

（3）城市交通

我国目前已有660多个建制市，3000多个城镇，截至2009年底城市化人口已达48%，人口向城市聚集，导致了城市交通的空前紧张。为了适应城市社会经济发展的需要，我国的各大城市、特大城市及部分中等城市都进行了一轮城市交通规划，制定了城市建设的长远发展目标和近期建设任务，一个大规模的城市交通基础设施建设热潮正在全国展开。目前，我国北京、上海、广州、天津、南京、深圳等 10 多个城市已建有地铁，另有近 20 多个城市正在积极筹备建设地铁或轻轨。

改革开放以来，城市交通建设取得了很大发展，大部分城市 1978 年以后修建的道路面积已经远远超过了该城市建城至 1978 年修建的道路面积的总和。大规模的交通设施建设在某种程度上缓解了城市交通紧张局面。但是我国的城市交通问题仍然很严重，主要表现在：城市交通结构不合理，在城市居民出行中，道路利用效率最高的公交出行比例没有明显的提高，自行车出行仍然是城市居民出行的主体。进入 21 世纪以来，由于城市规模的扩大以及住房分配制度的改革，居民出行距离不断增长，自行车的出行优势正在逐渐削弱，自行车出行正在逐步向机动车出行转变，但目前的机动化趋势不符合城市交通可持续发展要求，自行车出行正在向私人小汽车与电动自行车转移。总体来说，我国城市道路建设欠账过多，建设速度仍然跟不上交通需求速度。许多城市政府部门只重道路建设，不抓交通管理，导致城市交通系统运行效率较低。市民的现代交通意识淡薄，交通违法现象严重，造成交通秩序混乱，影响了已有道路的利用效率。

（4）全国城市交通"畅通工程"

全国城市交通"畅通工程"是由国务院批准，公安部、建设部共同负责实施，旨在提高我国城市交通建设与管理科学化水平的全国性城市交通科技工程。从 2000 年启动，已实施十多年，全国 600 多个城市参加了"畅通工程"。

随着我国经济、社会的快速发展，道路交通需求迅速增长，城市交通供需矛盾十分突出。一方面道路交通供给严重不足，一些城市总体规划和交通规划不完善，交通综合运输体系不健全，交通运输结构不合理，路网结构不科学。另一方面，由于我国道路交通管理水平落后，道路交通管理设施匮乏，公民交通法治意识淡薄等原因，使得已建道路交通设施的利用效率十分低下，由此引发了交通拥堵、环境污染、事故频发等严重的交通问题。

到 21 世纪，我国城市交通系统交通需求增长速度远远大于交通供给增长速度，城市交通供需矛盾更加尖锐。并且，随着城市化进程的加快，人口大量向城市聚集，小汽车将大量进入家庭，城市交通问题已经从"通行不畅"发展到了"严重拥堵"，并正在向"整体瘫痪"演变，形势非常严峻。

为了在小汽车大量进入家庭前营造一个良好的交通环境，即通过科学的交通规划与交通建设形成完善的交通设施，合理的道路网络，优化的交通结构；通过科学的交通管理与运行组织提高交通系统的运行效率；通过严格的交通法规提高交通参与者的文明交通意识等，最大限度地提高现有交通系统的运行效率，保持行车畅通，缓解交通拥堵，避免交通状况向"整体瘫痪"发展，公安部、建设部联合发起了声势浩大的"畅通工程"建设项目。

全国城市交通"畅通工程"建设的工作重点是：

①改善道路条件：保障城市交通基础设施资金投入，通过强化城市总体交通规划，优化城市道路建设过程，改善路网结构与路面行车条件，合理道路等级配置，提高人均道路面积率及停车车位数，尽可能地提高道路交通系统的供给能力。

②优化交通结构：强化交通需求宏观控制，合理控制土地利用开发强度，制定公共交通优先政策，提高公交分担率，合理控制出租车规模，优化城市交通出行结构，尽可能降低道路交通出行需求。

③强化科学管理：保障道路交通管理资金投入，通过强化道路交通管理规划，优化建设

交通信号控制系统，智能交通系统以及标志标线等交通管理基础设施，明确交通参与者的通行权利，优化道路交通运行组织，合理引导交通流在道路网格上均衡分布，尽可能提高现有道路交通系统的通行效率。

④规范交通行为：加强交通法规和交通安全知识的普及教育，提高广大交通参与者的现代交通意识，建立一支群众满意的交通管理与城建监察的专业队伍，提高道路管控能力，严格交通执法，规范交通行为，提高交通遵章率，营造一个井然有序的交通运行环境。

第四节　我国交通工程学近期的主要任务

我国交通工程学科产生于20世纪80年代初，仍属于一门新兴学科，因此必须在学习国外先进经验与基本理论的同时，从我国交通工程的实际和特点出发，建立符合我国国情的交通工程理论与方法。在"十一五"期间以前，提出了以下一些重点研究方向：

①城市交通规划理论和方法；

②区域综合交通运输规划理论与方法；

③适应我国交通特点的交通控制理论和方法；

④交通流理论；

⑤交通综合管理方面的理论、方法和措施；

⑥可持续发展的城市交通系统模式；

⑦智能交通系统基础理论。

这些研究方向基本上都已经得到了国家自然科学基金资助，或已经被资助项目的内容所覆盖，通过国家自然科学基金资助的这些课题以及其他渠道课题的研究，我国的交通工程学科从无到有，从弱到强得到了长足的发展，大大缩短了与发达国家的差距，但总体来说，我国与本领域的国际水平相比，基础理论研究薄弱，与国际先进水平相差很远。

2005年，受国家自然科学基金委员会委托联合国内交通领域一批著名教授进行了我国交通工程学科发展战略研究，根据学科发展战略目标，结合国际研究前沿和国内实际情况，提出了六个重点研究领域的若干优先研究方向。

①交通流模型：包括交通流的非线性特性研究；交通流的建模和模拟研究；交通网络建模与复杂性研究；交通流检测和数据库建设。

②缓解城市交通拥堵的基础理论：包括城市形态，交通模式和路网结构的耦合关系；城市交通需求继承分析理论；城市交通需求与供给的平衡理论；基于供需平衡的城市交通系统规划理论；道路交通系统管理的基础理论；道路交通流诱导与智能化控制的基础理论；城市公共交通优先发展及快速公交系统的应用基础理论；城市综合交通枢纽规划与设计理论；交通地理信息系统的基础理论。

③减少交通能耗与环境污染的基础理论：包括交通能耗与尾气形成机理与宏观量化模型研究；混合交通环境下城市分等级道路行驶周期的生成方法研究；基于大规模实时数据的新一代微观能耗与尾气预测模型的算法研究；交通网络尾气排放特性与时空分布理论研究；城市交通网络尾气扩散基础理论研究；基于环境承载能力和能源制约的交通系统研究。

④解决交通安全问题的基础理论：包括道路交通事故形成机理；道路交通安全微观评价；交通安全与网络可靠性；道路交通安全控制理论技术。

⑤实验交通工程理论与信息技术：包括 ITS 环境下的交通流运行机理解析与特性分析；城市动态交通系统计算实验平台；实验交通系统，即基于人工交通系统的建模与分析及系统集成。

⑥轨道交通工程领域动力学基础理论：包括车辆轨道的基础系统动力学；复杂载荷作用下特殊路基动力学特性；轨道交通振动噪声；列车脱轨机理与预防脱轨理论。

这些研究在"十一五"期间部分得到了国家自然科学基金委员会重点项目的资助，部分研究方向将在"十二五"期间继续得到国家自然科学基金委员重点项目的支持。针对近期出现的大城市交通严重拥堵情况，提出了"主动引导式城市交通系统规划、设计与调控的基础理论"战略研究报告，并提出了 2011—2020 年交通工程学科领域的优先资助方向，包括：

①城市规划与城市交通规划的互动机理与耦合研究；

②主动引导式的城市交通系统供需平衡理论与耦合机理研究；

③现代城市综合交通系统的规划与设计方法；

④新一代城市公共交通系统的规划与设计方法；

⑤复杂条件下混合网络交通流形成机理与演化规律；

⑥基于实验科学的新一代网络交通流仿真理论；

⑦安全和环境导向性的交通规划设计与管理方法。

第二章
人、车、路的交通特性

第一节　人的交通特性

一、驾驶员的交通特性

道路交通系统中的人包括车辆(机动车和非机动车)驾驶员、乘客和行人,他们都是道路的使用者。其中机动车驾驶员的交通特性是人的交通特性中最重要的研究对象。

1. 驾驶员的职责和要求

在道路交通要素中,驾驶员具有特别重要的作用。因为除了行人和自行车交通以外,其他的道路客、货运输都要由驾驶员来完成。驾驶员既要保证将旅客和货物迅速、顺利、准时地送到目的地,又要保证旅客安全、舒适及货物的完好。同时,行人和自行车交通也使用同一道路网络,受到机动车交通的影响。交通事故统计表明,绝大多数交通事故直接、间接地与驾驶员有关。因此,要求驾驶员具有高度的社会责任感,良好的职业道德、身体素质、心理素养,熟练的驾驶技术。充分认识和掌握驾驶员的交通特性对于保证交通运输的正常运行以及人民生命财产的安全是十分重要的。

驾驶员是道路交通系统中"会思考"的部分,其主要任务是:

①沿着选定的路线驾驶车辆,完成从起点到终点的运输过程,以实现人员和货物在空间上的转移。

②遵守交通法规,正确理解信号、标志、标线的含义,服从交通警察的指挥,自觉维护交通秩序以保证交通的安全和通畅。

③遇到不利情况及时调整车速或改变车辆的位置和方向,甚至停车,以避免交通事故的发生。

2. 驾驶员的生理、心理特性

驾驶员在驾驶车辆过程中,首先通过自己的感官(主要是眼、耳)从外界环境中接收信息,产生感觉(视觉和听觉),然后通过大脑一系列的综合反应产生知觉。知觉是对事物的综合认识。在知觉的基础上,形成所谓"深度知觉",如目测距离、估计车速和时间等。最后,驾驶员凭借这种"深度知觉"形成判断,从而指挥操作。在这个过程中,起控制作用的是驾驶员的生理、心理素质和反应特性。

(1)视觉特性

在行车过程中,驾驶员需要及时感知各种交通信息,根据统计分析,各种感觉器官给驾驶员提供交通信息的比例如下：视觉80%，听觉10%，触觉2%，味觉2%，嗅觉2%。可见，视觉是驾驶员信息输入最重要的感觉器官，因此，对视觉机能的考核和研究是驾驶员特性研究的重要内容。

人的眼睛注视目标时，由目标反射来的信息经过眼中晶状体的曲折，投射于眼睛的黄斑凹，形成物像，再由视神经经过视路传至大脑的枕叶视中枢，激起心理反应，形成视觉。也就是说，所谓视觉，就是外界光线经过刺激视觉器官在大脑中所引起的生理反应。视觉在辨别外界物体的明暗、颜色、形状等物理特性，以及区分物体的大小、远近等空间属性都起着重要的作用。

1）视力

视力就是分辨两物点之间最小距离的能力。根据眼睛所处的状态和时间不同，又有静视力、动视力和夜间视力之分。

①静视力。

静视力是站在视力表前5 m处，依次辨认视标测定的视力，视力共分12级，我国驾驶员的体检视力标准为两眼的视力各应在0.7以上；或裸眼视力0.4以上，矫正视力达到0.7以上，无红、绿色盲。

②动视力。

动视力是处在运动中观察物体的视力。动视力与汽车行驶的速度有关，随着车速的提高，视力明显下降。此外，动视力还随驾驶员年龄的不同而有所差异，年龄越大，动视力低落的幅度越大。图2-1为动视力随年龄的变化图，图2-2为动视力和静视力的关系图。

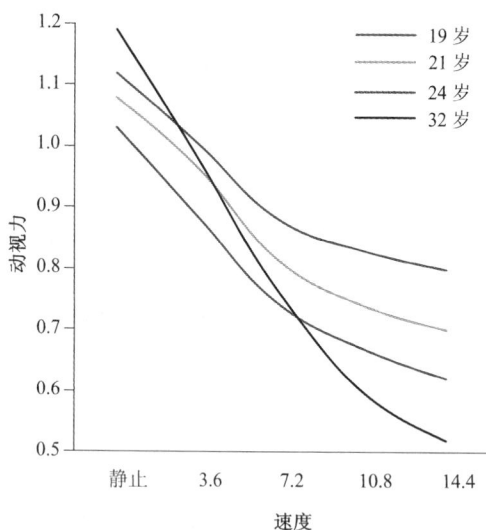

图2-1 动视力随年龄的变化图

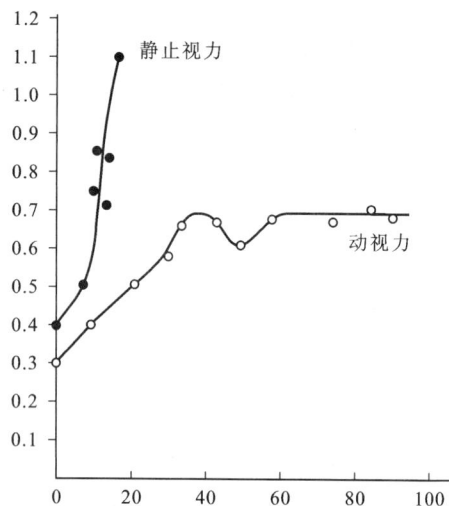

图2-2 动视力和静视力的关系图

③夜间视力。

夜间视力受光照度、背景亮度等诸多因素的影响。光照度增加，则视力增加，光照度在0.1Lx至1000Lx范围内，光照度与视力之间近乎为直线关系。黄昏时间对驾驶员行车最为不利，原因在黄昏时刻，前灯的照度正与周围景物的光亮度相近，难以看清周围的车辆和行人，容易发生事故。

2）视觉适应

视觉适应是视觉器官对于光亮程度突然变化而引起的感受性适应过程。由明亮处进入暗处，眼睛习惯后，视力恢复，称为暗适应；由暗处到明亮处，眼睛习惯后，视力恢复，称为明适应。暗适应时间较长，通常要 3～6 s 才能基本适应，30～40 min 才能完全适应，而明适应则可在 1 min 内达到完全适应。

一般，由隧道外进入没有照明条件的隧道内，大约发生 10 s 的视觉障碍；夜晚在城区和郊区交界处，由于照明条件的改变，也会使驾驶员产生视觉障碍，从而影响行车安全因此设置照明设施时应予以考虑。

此外，黄昏时路面的明亮度急速降低（特别是秋天的黄昏），但天空还较明亮，视觉的暗适应较困难，而此时正值驾驶员和行人都感到疲劳的时候，事故发生率较高，应从多方面予以重视。再者，对于不同年龄的驾驶员来说，暗适应能力也有明显不同，研究结果表明：从 20 岁到 30 岁，暗适应能力是不断提高的，40 岁以后开始逐渐下降，而 60 岁时的暗适应能力则仅为 20 岁人的 1/8。了解驾驶员暗适应的变化特点，对预防交通事故的发生是十分必要的。

3）眩目

若视野内有强光照射，颜色不均匀，使人的眼睛产生不舒适感，形成视觉障碍，这就是眩目。夜间行车对来车的前灯强光照射，最易使驾驶员产生眩目现象。这种现象有连续与间断之分。夜间行车多半是间断性的眩目，当受到对向车灯强烈照射时，不禁要闭目或移开视线，这种现象称之为生理性眩目。若由于路灯照明反射所产生的眩光使驾驶员有不愉快的感觉，这种现象为心理性眩目。眩目是由眩光产生的，眩光会使人

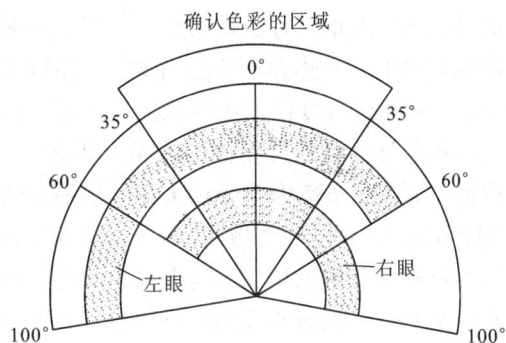

图 2－3　人眼视野范围图

的视力下降，下降的程度取决于光源的强度、视线与影响光之间的夹角、光源周围的亮度、眼的适应性等多种因素。汽车夜间行驶，多数遇见的是间断性眩目。强光照射中断以后，视力从眩光影响中恢复过来需要时间，从亮处到暗处大约需要 6 s，从暗处到亮处约需 3 s，视力恢复时间的长短与刺激光的亮度、持续时间、受刺激人的年龄有关。

与眩光有关的另一种现象是消失现象，即当某一物体（例如行人）因同时受到对向车的车灯照射，而在某一相对距离内完全看不清该物，呈消失状态。一般站在路中心线的行人当双向车距行人约 50 m 时，呈现消失现象，将辨认不出行人。

4）视野

在静止状态下，头部不动两眼注视前方时，眼睛两侧可以看到的范围称为静视野。头部不动，但眼球可以转动时，所能看见的范围称为动视野，静视野和动视野可以用角度来衡量。通常，正常人双眼同时注视一个目标时，视野大约有 120°是重叠的，双眼视野比单眼视野的范围大，如图 2－3 所示。

正常人的视野大约每只眼睛上下(垂直视野)达 135°~140°，左右(水平视野)达 150°~160°；两眼视野约为 180°。动视野比静视野大，左右约宽 15°，上方约宽 10°，下方无明显变化。人眼的视野可用视野计进行测定，如果驾驶员的双眼视野过小，则不利于行车安全。

驾驶员的视野与行车速度有密切的关系。当汽车行驶时，视野的深度、宽度、视野内的画面都在不断变化，驾驶员就是根据视野的内容操作车辆的。随着汽车行驶速度的提高，注视点前移，视野变窄，周界感减少，如图 2 – 4 所示。

由图 2 – 4 可见，行车速度越高，驾驶员越注视远方，视野越窄，注意力越集中于景象的

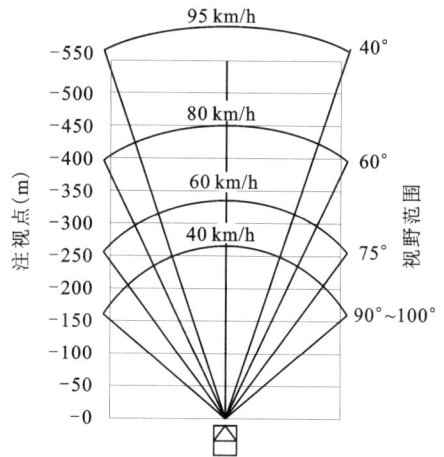

图 2 – 4　驾驶员视野与车速的关系

中心而置两侧于不顾，结果形成所谓"山洞视"，容易引起驾驶员疲劳、瞌睡。因此，在设计道路时，应在平面线形中限制道路直线段的长度，强制地促使驾驶员变换注视点的方向，避免打盹肇事。

此外，汽车静止时有视野死角。汽车在行驶过程中，也会存在视野死角。当驾驶员驾驶汽车高速行驶时，会感到车外的树木、房屋以及固定物不断向后移动。越近的物体移动的速度越快，近到一定限度已无法辨认。这是因为这些物体的映像在人眼视网膜上停留的时间太短，人眼来不及仔细分辨物体的细节。因此，路侧交通标志的设置应与驾驶员有一定的距离。根据实验，当车速为 60 km/h 时，能看清车辆两侧 20 m 以外的物体；而车速 90 km/h 时，仅能看清 33 m 以外的物体，小于这个距离就无法辨认。

驾驶员随着年龄的增大，周边视力减退，识别能力下降，视野变窄，戴眼镜的驾驶员的视野也略窄些。与视野有关的是视野独立性和视野依赖性，所谓视野独立性是指人们感知目标时，不受目标所处的环境影响，而视觉依赖性则受到目标所处环境和位置的影响。有些驾驶员对物体的感知属视野独立型，有些则属视野依赖型。已有多项研究证明，视野依赖型驾驶员的肇事明显高于视野独立型驾驶员。他们之所以发生较多的事故，是因为开车时，他们易受无关信息的影响，而不能很快地发觉正在出现的危险情况，对隐现的交通标志(这些标志周围有许多其他信息)的辨认较慢。用眼动摄像仪测定表明，越是视野依赖型的驾驶员，他们注视目标的时间越长，说明他们需要更多时间来提取有用信息。

5)色觉

色觉在可见光波长范围内，不同波长的感觉阈限不同。可见光的波长在 400~760 nm 之间，可见的颜色是从波长短的紫色到波长长的红色之间的颜色。波长在此范围以上的称红外线，在此范围以下的称紫外线。

颜色有三个属性：色相、明度、彩度。

色相——反应各种具体色彩面貌的属性。色相决定于物体反射光的波长，是物体颜色在质方面的特性。红、黄、蓝为彩色的基本色。

明度——彩色的明暗程度。就视觉反应而言，可将明度理解为反射光引起视觉刺激的程

度，如浅红、深红、暗红、灰红等明度变化。

彩度——指颜色的纯度。当一种颜色的色素含量达到极限时，正好发挥其色彩的固有特性，是该色相的标准色。

不同的颜色对驾驶员产生不同的生理心理作用，如红色显近，青色显远；明亮度高的物体视之似大，显轻，明亮度低者，视之似小，显重等。

我国交通标志使用六种颜色：红、黄、蓝、绿、黑、白。红色波长最长，传播最远，使人产生"火"和"血"的联想，对人的视觉和心理有一种危险感和强烈刺激，多用于禁令标志。黄色具有明亮和警戒感觉，用于注意危险的警告类标志。蓝色和绿色使人产生宁静平和与舒适的感觉，多用于指示、指路标志。夜间人眼的识别能力降低，白色最好，黑色最差。

6）立体视觉

立体视觉是人对三维空间各种物体远近、前后、高低、深浅和凸凹的一种感知能力。当观察一个立体对象时，由于人的两只眼睛相距大约65 mm，所以两只眼是从不同角度来看这个对象的，左眼看到物体的左边多些，右眼看到物体的右边多些，在两个视网膜上分别感受着不同的视像。这就是说，在空间上的立体对象造成了两眼在视觉上的差异，即双眼视觉差。现代视差信息理论认为，双眼注视景物时产生的这种视差是人对深度感知的基础，当深度信息传至大脑枕区再经加工处理后，便产生了深度立体感知。这种把两眼具有视差的二维物像融合分析为一个单一完整的具有立体感的三维物像过程，就是双眼视觉，即立体视觉。

立体视觉的生理基础是正常的双眼视觉功能。但双眼视力均为1.5的人，立体视觉也不一定健全。立体视觉缺乏者称为立体盲。据国外资料介绍，立体盲的发病率为2.67%，交通事故中立体视觉异常者高达30%。我国北京对349名发生过责任交通事故的驾驶员（其中男性342人，女性7人；年龄最小19岁，最大59岁）进行测定，结果是立体视觉异常者70名，占20.069%。其中有的一项异常，有的是多项异常。

对驾驶员来说，立体盲是一种比色盲、夜盲更为有害的眼病。驾驶员在交通环境中，必须准确地判断车辆与车辆之间、车辆与交通设施之间的远近距离和确切方向、位置，判断车辆的速度，正确认识交通环境中的一切事物。如果缺乏立体视觉或视觉异常，则容易发生交通事故。

根据调查，肇事组驾驶员立体盲患病率显著高于非肇事组驾驶员，而立体盲驾驶员肇事中，又以对纵向距离判断不准引发肇事最为突出，此类肇事（追尾、撞车、撞人）占肇事总数的77.709%，其中追尾占44.49%；撞车、撞人分别占22.2%和11.1%。通过对2104名驾驶员视觉功能与肇事关系的调查（见表2-1），也说明立体视觉异常者肇事率明显高于其他人。肇事与非肇事驾驶员立体盲比较如表2-2所示。

表2-1　正常视觉功能和立体盲与肇事关系

类　别	受检人数	立体盲人数
肇事驾驶员	349	18
非肇事驾驶员	393	4

表 2 - 2　　正常视觉功能和各项异常视觉功能与肇事关系

患病	调查人数	肇事人数	肇事率(%)
正常视觉功能	1844	274	14.86
低视力	135	33	24.44
色盲	29	8	28.57
立体视觉异常	97	37	38.14
合计	2104	352	16.73

由此可见,立体盲是道路交通安全的重要隐患之一。美国早已把立体视觉的检查列入驾驶员考核项目。我国的《双眼视觉检查图》已于1985年4月由人民卫生出版社出版。立体视觉检查也应列入对我国驾驶员的考核项目,在职业驾驶员选择、考核时,对立体盲者应坚决予以淘汰,以积极预防交通事故的发生。

(2)反应特性

人受到外界因素刺激时,立即会产生反应,由于刺激因素的强弱,刺激时间的长短,刺激次数的多寡,以及人受刺激后反应快慢的差异,使得反应剧烈程度和时间长短不尽相同。

1)刺激信息

驾驶员的信息来自道路和交通环境,它包括道路线形、宽度、路面质量、横断面组成、坡度、交叉口及车辆类型、交通量、行车速度、机动车与非机动车的行驶情况及相互干扰情况、行人情况、交通信号、标志等。在驾驶车辆的过程中交通环境不断变换,驾驶员就随时接受外界信息,并作相应的反应。

驾驶员所遇到的外界信息大致分为五种情况:

①早显信息——信息出现有一定的时间提前量;

②突显信息——外界刺激信息来之突然;

③微弱信息——刺激量小的信息;

④先兆信息——信息到来之前有一先兆;

⑤潜伏信息——驾驶员用一般直观的方法不易察觉的信息。

对于早显信息和先兆信息都是在驾驶员有思想准备的情况下发生的,故驾驶员比较容易做出正确的判断和决策。微弱信息和潜伏信息都需要驾驶员集中注意力来捕捉和发现信息,如果疏忽大意,就会产生犹像或错觉,造成动作迟缓甚至作出错误判断。最困难的是突显信息,要求驾驶员在极短的时间内采取措施,如果驾驶员反应迟钝或注意力不集中,必然会措手不及,造成事故。

2)分析判断

分析和判断是大脑的思维活动过程。对于驾驶员来说一般分为三种情况:一种是驾驶员接受外界信息后,能够迅速地分辨真伪,得出正确的结论。一般有经验的驾驶员由于大脑中储存很多信息,遇到外界情况变化时,反应迅速,判断正确;第二种是对外界信息分辨不出真伪,思维混乱,以致造成判断错误;第三种是对外界信息归纳迟缓或考虑欠周,造成分析失时或犹像不决。对于后二种情况,都是造成交通事故的重要因素,应力求避免。

3）反应时间

反应时间是由感知、识别、判断、反应四部分时间组成的。

①感知：对需要做出反应的刺激的再认识和了解。

②识别：对刺激的辨别和解释。

③判断：对刺激做出反应的决策。

④反应：由决策引起的肢体反应。

这一系列连续活动所用的总时间称为感知—反应时间，它实际上是信息处理过程的灵敏程度。

在研究驾驶员的反应特性中，驾驶员的制动反映时间最为重要。它包括接受刺激后大脑反射时间、脚从加速踏板移到制动踏板的更换时间和踩下制动踏板到制动器起作用的制动传递延误时间，三者总和为反应时间，通常取秒(s)。

从实验心理学的定义来分析，反应特性的含义是从表露于外的事物引起反应到开始动作所需的时间，它不是反应的延续时间，而是从刺激到反应动作之间的时距。因此，反应时间又称反应潜伏期，它包括感觉器官感知的时间，大脑加工的时间，神经传导的时间，以及肌肉反应的时间。

在试验室里将反应时间分为简单反应时间与复杂反应时间。前者是以预先知道可能要出现的信号为条件(例如红灯一亮就按电钮)，视觉刺激为 0.25 ~ 0.3 s，听觉刺激为 0.2 s，触觉刺激为 0.2 s，时间都比较短。后者是从几种刺激中选择出一种刺激作出反应(例如在红、黄、绿三色灯中，当红灯亮时按电钮，其他灯亮时不按)，条件愈复杂，反应时间愈长，刺激的数目愈多，反应时间也愈长。图 2 - 5 为反应时间与刺激数关系。

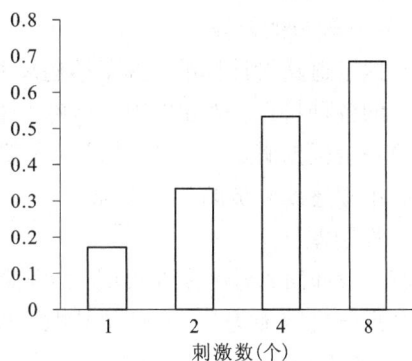

图 2 - 5　反应时间与刺激数关系

3. 驾驶员的心理和个性特点

（1）性格

性格是人的个性心理的核心，是一个人最鲜明、最重要的区别于他人的个性心理特征，是人对现实的态度以及与之相适应的行为方式的标志。根据心理学的分类原则，可以将驾驶员分为性格外向型和性格内向型两大类。

1）两种性格的特点

①外向型总的特点是其心理活动过程经常指向外在事物。思维速度与行为动作趋于一致、性格开朗、感情奔放、行为举止敏捷等。因此，外向型驾驶员普遍具有以下特征：自信心强、感知觉灵敏、临危反应及应变能力强，驾驶动作敏捷协调，但内在体验薄弱，易受情绪左右，好冲动，自控制能力较差，喜欢刺激和冒风险，胆大而心不细，其驾驶行为特征以快车型为代表。

②内向型总的特点基本与外向型相反，其心理活动过程经常指向内心世界。思维速度与动作速度反差较大，性格沉静，感情含蓄，行为谨慎，顺应困难。因此，内向型驾驶员普遍具有以下特征：勤思考，内在体验深刻而不易外露，善于自控情绪，自信心不强，办事条理性及

计划性强,力求稳妥,反应缓慢,应变能力差,尤其是临危缺乏自信和果断,紧急避险失误率高,其驾驶行为特征以慢车型为代表。

2)性格倾向与违章、肇事分析

有人曾对我国某城市的 147 名肇事驾驶员进行性格倾向与违章、肇事跟踪调查,其分析结果如表 2-3 所示。

(2)身心健康

身心健康是安全行车必不可少的条件。影响驾驶员行车稳定性和安全性的心理因素和个性特点主要包括以下几个方面:

1)动机

2)素养

3)注意力

4)智力

5)情绪

6)成熟性

7)知识性

8)条件反应

(3)驾驶员的差异

在拟定道路设计标准、汽车结构尺寸时,在对事故进行分析并采取安全措施时,要考虑驾驶员的各种特点,诸如性别、年龄、气质、知识水平、驾驶技术熟练程度、精神状态等。设计取值一般根据满足 85% 驾驶员的需要为度,对其余 15% 驾驶员的变化只予以适当考虑。下面简单叙述驾驶员的几点差异。

1)性别差异

就一般而言,男性为外倾型(心理活动表现在外向、开朗、活跃、善交际、积极、富有正义感和意志决定能力)。女性为内倾型(深沉、文静、反应迟缓、顺应困难、直观、情绪不定)。具体表现为:

①开车时男驾驶员多带酒气,强行超车,东张西望,女驾驶员这种现象较少;

②男驾驶员对超速行车往往采取不在乎的态度,女驾驶员则很慎重;

③连续行车时间较短时女性的肇事率低,若时间较长则恰恰相反;

④遇到紧急情况时,差别更大。例如在遇到正面冲撞之前的一刹那,多数男性想方设法摆脱,而女驾驶员则陷入恐慌,手脚无措;

⑤从驾驶形态看,女性在超速车道上竟用低速,充分表现出本位性,一旦发生事故,又以为对方可给予某种协助,表现有依赖性;

⑥男驾驶员反应时间短,女性长;

⑦达到领驾驶证标准,女性驾驶员比男性时间长;

⑧女驾驶员的身高、体重、坐高均不如男驾驶员;左右手握力只有 10~15 kg。

由于驾驶员在性别上的差异,在管理中就应注意男、女驾驶员的心理、生理特点;培训驾驶员时,应适当延长女学员训练时间;在安排任务时,让女驾驶员操纵轻便车。这样,有利于搞好交通运输,保证交通安全。

表 2 - 3　违章、肇事类别及驾驶员性格

序号	事故类别	违章性质	频次	驾驶员性格分类 外向型		内向型	
				数	%	数	%
1	碰撞 46	超速侵道	23	16	70%	7	30%
		慢速行驶	14	5	36%	9	64%
		临危避险失误	9	2	22%	7	78%
		强行超越	46	23	50%	23	50%
		提前驶回	10	7	70%	3	30%
			1	1	1%	0	0
2	超车 刮擦 14	空间判断失误	3	1	33%	2	67%
			14	9	64%	5	36%
3	碾压 63	超速行驶制动不及	25	16	64%	9	36%
		中速行驶制动过迟	10	2	20%	8	80%
		制动时无绕行	23	7	30%	16	70%
		加速绕行	5	4	80%	1	20%
4	追尾 9	跟车间距过小	63	29	46%	34	54%
			2	2	1	0	0
		注意力分散	7	6	86%	1	14%
5	翻车 8		9	8	89%	1	11%
		受超车影响	4	0	0	4	1
		会车过分靠边	2	0	0	2	1
		超速自行驶出	2	2	1	0	0
6	其他 7		8	2	25%	6	75%
			7	5	71%	2	29%
			147	76	52%	71	48 %

2）年龄差异

科研人员曾对 326 名驾驶员进行一般情况和紧急情况下的驾驶考试。结果表明：一般情况下驾驶随年龄增高（不超过 45 岁）得分多，事故少；在紧急情况下驾驶，年龄在 20～25 岁者得分高，事故少，年龄大者成绩差。22～25 岁的驾驶员，反应时间最短。对于夜间眩光后的恢复时间，年龄越小越快。青年驾驶员视力恢复时间约需 2～3 s，超过 55 岁，恢复时间大约 10 s。违章、超速、冒险行车者青年居多。老年人对交通标志、弯道、障碍判断不清，反应迟钝、易肇事。对青年驾驶员应加强教育，对老年驾驶员不安排夜间行车，中年驾驶员的驾驶效果比较好。

3）气质差异

气质是人典型的稳定的心理特点，表现在各种各样活动中因人而异的心理活动的动力上，不以活动的内容、目的和动机为转移。

古希腊著名医生希波克拉特观察到不同人有不同气质。他认为人体内有四种体液：血液、黏液、黄胆汁和黑胆汁，机体的状态决定于四种体液的混合比例，分别由某种体液占优势而产生四种气质。

多血质（血液占优势）。其特征是活泼、好动、敏感、反应迅速、喜欢与人交往、注意力容易转移、兴趣容易变换等。

胆汁质（黄胆汁占优势）。其特征是直率、热情、精力旺盛、情绪易于冲动、心境变换剧烈等。

黏液质（黏液汁占优势）。其特征是安静、稳重、反应缓慢，沉默寡言、情绪不易外露、注意稳定且难于转移、善于忍耐等。

抑郁质（黑胆汁占优势）。其特征是孤僻、行动迟缓、体验深刻、善于觉察别人不易觉察到的细小事物等。

了解人的气质对于安全教育、驾驶员培训、组织交通运输业务都有重要意义。例如针对多血质驾驶员的特点，着重进行踏实、专一、不开快车等方面的教育；对胆汁质驾驶员，注意进行耐力、细心方面的教育，对其缺点错误不要当众批评，不要用"激将"法；对黏液质驾驶员，多给予指导，注意培养机动灵活的思维方式；对抑郁质驾驶员，要多鼓励，培养自信心。总之要针对不同的特点进行工作，才能收到一把钥匙开十把锁的效果。

4. 疲劳与饮酒

（1）驾驶疲劳的概念

所谓疲劳是指作业者在连续作业一段时间以后，劳动机能的衰退和产生疲劳感的现象。这是作业者的生理、心理在作业过程中发生变化的结果，属于正常的生理现象。作业者在疲劳状态下连续作业的直接后果是工作效率下降、事故率上升。

驾驶作业虽然不是重体力劳动，但是，为了应付不测的事态和急速变化的环境，驾驶员总是处于一种应急状态，使之眼睛和神经持续地高度紧张。特别是在高速行驶时，眼球运动有时达到每分钟 150 次以上，使眼睛感到很累，由此驾驶员的中枢神经容易产生疲劳，导致感觉的钝化和知觉的下降，引起认识的不全面或迟缓、判断的失误，最严重时会产生驾驶时打瞌睡的危险现象。这种驾驶人员在连续驾驶车辆后，产生生理、心理机能以及驾驶操作效能下降的现象称为驾驶疲劳。

驾驶员长时间坐在固定的座位上，要从复杂的环境中不断获取交通情报并迅速处理。这种紧张状况时刻都增加驾驶人员的心理负担。由于驾驶工作的连续性，在行驶中常常因遇到交通堵塞或红灯信号而停车，以致心情烦恼、急躁加重心理负担，因而容易疲劳。在一些景物单调的道路上长距离行车，也易产生疲劳。这些都称为驾驶疲劳。

（2）疲劳的原因和种类

驾驶疲劳的原因，可以从驾驶员本身和驾驶的客观条件中去寻找，导致驾驶疲劳的因素可以大致归纳成如表2-4所示。

疲劳不是病态，而是一种正常的生理状态。多数专家认为：一般性疲劳，休息一天便可解除。驾驶员的体力和工作能力可以完全复原。过度疲劳则是多次疲劳的影响积聚而成的，它可能突然以某种病态表现出来。如果说疲劳是劳动过程的产物，那么，过度疲劳则是疲劳得不到休息补偿的结果。

疲劳，一般可以分为身体疲劳和精神疲劳两种。前者由于体力劳动所致，表现在身体方面，后者由于脑力劳动所致，表现在精神方面。因为汽车驾驶作业是脑力劳动与体力劳动的结合，所以，驾驶员的疲劳是这两种疲劳的综合体现。

从疲劳恢复的时间来看，可以把疲劳分为一次性疲劳、积蓄疲劳和慢性疲劳。一次性疲劳是经过短期的休息，比如睡一觉就可以恢复的疲劳。这是一种由于日常的劳动所引起的疲劳，正常驾驶疲劳就是属于这一种。积蓄疲劳不能用短时间的睡眠来恢复，睡一夜觉后，第二天还是疲劳，这是长时间积累起来的疲劳。要恢复这种疲劳必须长时间休养和保持十分充足的睡眠，否则，这种积蓄疲劳会发展成为慢性疲劳。慢性疲劳是一种病态疲劳，一般来说是由于长时期处于疲劳状态而引起的。这种疲劳使劳动质量下降，影响身心健康。积蓄疲劳严重者也和慢性疲劳者相似，都不宜驾驶车辆。

表2-4 导致驾驶员驾驶疲劳的因素

生活情况	睡眠	睡眠时刻：几点钟开始睡眠；睡眠时间：几小时睡眠；睡眠环境：能否熟睡
	生活环境	居住环境：上班路程远近；家庭环境：婚否，家庭和睦情况；业余时间：下班后时间的利用
行车情况	车内环境	车内温度：温度是否合适；车内湿度：湿度是否合适；噪声及振动：是否过大；车内仪表：是否易于观察；座椅：乘坐是否舒适；与同乘者的关系：融洽或紧张
	车外环境	行车时间：白天 黄昏 夜间；气候：晴 雨 雪 雾；道路条件：道路线形 坡度以及位于市区、郊区、山区等；交通条件：通畅或拥挤；道路安全设施：完善或不完善
	行驶条件	运行条件：长距离行车或短距离行车；时间限制：到达目的地的时间是否充裕
驾驶员本人情况		身体条件：体力与健康状况；经验条件：技术是否熟练；年龄：青年、中年、老年；性别：男、女；性格：内向或外向

（3）疲劳对安全行车的影响及疲劳的预防

驾驶疲劳使驾驶员的驾驶机能失调、下降，对安全行车带来的不利影响有：

①简单反应时间显著增长。据国外研究，工作一天以后，不同年龄的驾驶员，对红色信号的反应时间都增长了。

表 2 - 5　不同年龄的驾驶员疲劳前后的反应时间

年龄(岁)	疲劳前的反应时间(s)	疲劳后的反应时间(s)
18 ~ 22	0.48 ~ 0.56	0.60 ~ 0.63
22 ~ 45	0.58 ~ 0.75	0.53 ~ 0.82
45 ~ 60	0.78 ~ 0.80	0.64 ~ 0.89

②对复杂刺激(同时给红色和声音刺激)选择反应时间也增长了,有的甚至增长 2 倍以上。

③疲劳之后,动作准确性下降,有时发生反常反应,对于较强的刺激出现弱反应,对于较弱的刺激出现强反应,动作的协调性也受到破坏,以致反应不及时,有的动作过分急促,有的动作又过分迟缓。有时做出的动作并不错,但不合时机。这在制动、转向方面,表现得最为明显。

④疲劳以后,判断错误和驾驶错误都远比平时增多。判断错误多为对道路的通畅情况,对潜在事故的可能性及应付方法考虑不周到,降雨时速度不当等。驾驶错误多为掌握方向盘、制动、换档不当。严重者可发生手足发抖,脚步不稳,动作失调,肌肉痉挛,对驾驶发生严重影响。有的人甚至进入半睡眠状态,把车开入河里、桥下或撞在岩壁上。

当然,因为疲劳的过程是渐进的,因而上述驾驶机能的变化也是逐步下降的。不同疲劳状态对驾驶行为的影响可以归纳成如表 2 - 6 所示。

表 2 - 6　不同疲劳状态下的驾驶行为

行为 ＼ 状态	正常状态	疲劳状态	瞌睡状态
控制车速	加速、减速敏捷	加速、减速时间较长,速度较慢	速度变换很慢或不变
行车方向控制	能迅速正确的做出判断,并不断的调节操作动作	不能及时迅速地做出调节性操作动作甚至产生错误动作	停止操作
身体动作	操作姿势正常,无多余动作	较多的身体动作,如揉搓颈或头,伸懒腰,吸烟,眨眼	睡眠,身体摇晃

由于疲劳而产生的事故,其形成过程如图 2 - 6 所示。

从图 2 - 6 可知,虽然导致驾驶疲劳的因素是多方面的,但是,长时间连续驾驶是其中最关键的,可以说驾驶疲劳是伴随连续的长时间驾驶产生的。

驾驶的持续时间对驾驶员疲劳的产生、工作效率的保持以及正确、迅速地掌握道路状况的能力起着决定性的作用。

日本交通心理学家把驾驶的疲劳感觉按连续行车时间长短分为五个阶段:0 ~ 2 h 为适应

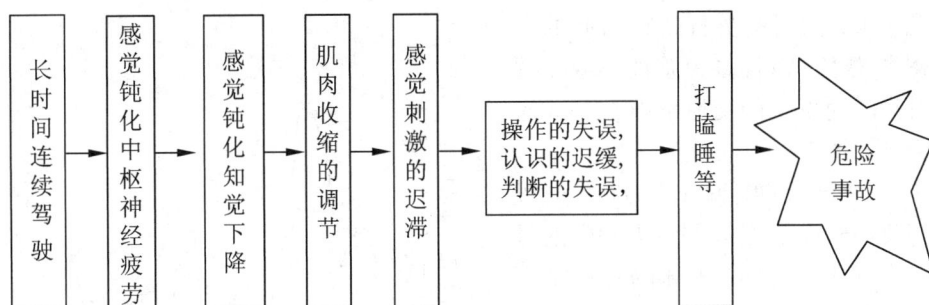

图 2-6 疲劳而产生事故的过程图

新驾驶工作的努力期；2～4 h 是驾驶的顺利期；6～10 h 为出现疲劳期，10 h 以后为疲劳加重期；14 h 以后为过劳期。前苏联的科学家研究的结果是：1/6 的肇事驾驶员的持续驾驶时间超过 8 h，而且所造成的交通事故也往往比其他驾驶员更严重。他们认为，交通事故发生率在 8 h 工作以后增大，其中，第 8～10 h 之间不甚明显，但在此之后，驾驶员的疲劳感和交通事故的危险性都大大增加，11 h 后尤为明显。实际调查中，驾驶员自己的体会也是，疲劳往往产生于工作 10 h 之后。因此，对于长途行车来说，无论是从交通安全的角度，还是从经济的角度考虑，采用两班工作制，要比延长工作时间优越得多。

为了预防驾驶员疲劳行车，苏联于 1977 年 8 月 16 日颁布的《关于汽车驾驶员作息时间的条例》中明确规定：每周的工时累计额不得超过 41 h、每周工作 6 天的驾驶员，每天的工时不得超过 7 h，休息日前一天的工时不得超过 6 h。在长途运输中，驾驶员的工作时间持续较长，按照累计工时核算，工作的持续时间不得超过 10 h，最长不得超过 12 h。如果在一个班次中驾驶时间不得不超过 12 h，那么，汽车上应备有专门的休息设备，而且在一个班次中选派两名驾驶员。

此外，长途行车中应注意，每隔 2～3 h 要休息 10～15 min。稍感困倦和无端烦躁就立即打开玻璃窗，呼吸新鲜空气。也可打开收音机，但最好听轻音乐或欢快的歌曲，不要听乏味的、催眠的音乐或球赛的实况转播，因为这会分散注意力。如果这一切都无效果，应靠边停车，下去活动一下身体。如果感到疲劳过度、睡意难以解除，最好睡 20～30 min。一般经过短时间睡眠，睡意即可解除。

(4)瞌睡的形成及预防

驾驶员一次疲劳的极限程度是达到瞌睡状态。驾驶途中(特别是长途运输中)所遇到的交通环境千篇一律会使驾驶员昏昏欲睡，当驾驶员在单调的道路上驾驶时，他会处于意志薄弱的状态，注意力不由自主地转到与行车无关的事情上，并且会产生一些念头，分散了注意力，对周围情况漠不关心。在交通环境千篇一律的情况下，对大脑皮层某些点的重复性刺激会导致一些神经细胞群呈现抑制状态，从而使驾驶员精神萎靡甚至入睡。通过研究还表明，单一的灰色沥青路面是导致驾驶员昏昏欲睡，造成交通事故的重要原因之一。另外，在高速公路上行车时，由于驾驶员长时间在路线平直而单调的环境中做简单的重复操作，车辆产生轻微而有节奏的振动，此时由于大脑反复受同样的刺激，使大脑皮层的能量消耗过多，大脑代谢功能降低(此时，乘车人往往已进入瞌睡、甚至睡眠状态)，供血不足，也很容易引起驾驶员疲劳，甚至达到昏昏欲睡状态。

近几年来，因驾驶员打瞌睡引起的交通事故逐渐增多，而且多为恶性事故。驾驶员因打瞌睡而发生的交通事故在一天时间中的分布如图2-7所示。

图2-7所显示的瞌睡事故的高发时段（23:00~8:00），正是人们每天睡眠的最佳时刻。在这段时间中，人体的许多生理系统随着生物节律的循环周期而进入抑制状态。因此，从事夜间运输的驾驶员，一是要保证出发前应有不少于7 h的睡眠时间；二是要比白天的工作定额时间减少1 h。

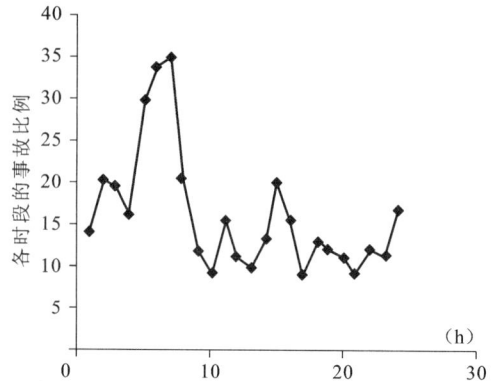

图 2-7 瞌睡事故的时间分布

（5）饮酒对人生理及心理的影响

酒的主要成分是酒精（化学名称为乙醇），酒的烈性程度，就是指所含酒精浓度的大小。人饮酒之后，酒精被胃壁和肠道迅速吸收，溶解于血液中，通过血液循环流遍全身，渗透到各组织内部。由于酒精与水有融合性，所以体内含水量高的组织和器官，比如大脑和肝脏等，酒精含量也高。

酒精具有麻醉作用。它作用于高级神经中枢，最初使人有些轻松，减弱了对运动神经的约束，四肢活动敏捷。随着大脑及其他神经组织内酒精浓度的增高，中枢神经活动便逐渐迟钝，先使人的判断力发生障碍，而后四肢活动也变得迟缓了。

饮酒对精神和心理的影响，比对身体的影响更大，其表现为：①情绪不稳定；②理性被麻痹，对各种事物的注意力下降；③意识面变窄；④信息处理能力下降，影响其选择面；⑤预测的正确度和自制能力下降；⑥危机感被麻痹，脾气变大，喜欢超速和超车等，安全态度显著变坏；⑦记忆力下降等。

由于饮酒对人的生理和心理能产生上述影响，所以，饮酒后驾驶员的驾驶机能会不同程度下降。实验证明，体内酒精浓度为0.08%时，驾驶能力有所下降，浓度为0.1%时，驾驶能力下降15%，浓度为0.15%时，驾驶能力下降39%。在《法医学》中以表格的形式总结了酒后开车不安全因素的量的概念。

表 2-7 酒后开车的危险性

血液中的乙醇浓度（%）	酩酊程度	驾驶危险性	血液中的乙醇浓度（%）	酩酊程度	驾驶危险性
0.05	几乎不呈酩酊态	可有危险	0.20	呈酩酊状态	肯定危险
0.10	有明显影响	多有危险	0.25	高度酩酊	肯定危险
0.15	有很大影响	非常危险	0.30	重度酩酊	肯定危险

（6）酒后驾车与交通事故

2008 年世界卫生组织的事故调查显示，50% ~ 60% 的交通事故与酒后驾驶有关，酒后驾驶已经被列为车祸致死的主要原因。在中国，每年由于酒后驾车引发的交通事故达数万起；而造成死亡的事故中 50% 以上都与酒后驾车有关，酒后驾车的危害触目惊心，已经成为交通事故的第一大"杀手"。2010 年 8 月，十一届全国人大常委会第十六次会议审议刑法修正案（八）草案，将醉酒驾驶入刑。

修正后的《道路交通安全法》第九十一条规定饮酒后驾驶机动车的，处暂扣 6 个月机动车驾驶证，并处 1000 元以上 2000 元以下罚款。

因饮酒后驾驶机动车被处罚，再次饮酒后驾驶机动车的，处 10 日以下拘留，并处 1000 以上 2000 元以下罚款，吊销机动车驾驶证。

醉酒驾驶机动车的，5 年内不得重新取得机动车驾驶证。

饮酒后驾驶营运机动车的，处 15 日拘留，并处 5000 元罚款，吊销机动车驾驶证，5 年内不得重新取得机动车驾驶证。

醉酒后驾驶营运机动车的，吊销机动车驾驶证，10 年内不得重新取得机动车驾驶证，重新取得机动车驾驶证后，不得驾驶营运机动车。饮酒后或者醉酒驾驶机动车发生重大交通事故，构成犯罪的，依法追究刑事责任，并由公安机关交通管理部门吊销机动车驾驶证，终生不得重新取得机动车驾驶证。

二、乘客的交通特性

乘客交通特性的共同要求是安全、迅速、舒适。因此，线形设计、交通工具配备、交通设施布设都应考虑到这些要求。

当汽车在曲线上行驶时，横向力系数大于 0.2 时，乘客有不稳定感；横向力系数大于 0.4 时，乘客站立不住，有倾倒的危险。所以在线形设计标准中对平曲线的最小半径有规定。汽车由直线经缓和曲线进入圆曲线，其离心力逐渐增加，当离心力增加很快时，乘客感到不舒服，为了使得乘客不感到转弯，所以要限制离心加速度。这样，对缓和曲线的长度提出了要求。

在山区道路上或在陡边坡高填土道路上行车，乘客看不到坡脚，会产生害怕心理。如果在这种路段的路肩上设置护栏或放缓边坡，会消除不安心理。道路美学与交通安全之间存在着微妙的关系。采用顺畅连续的线形、宽阔的带弧形的边沟、平缓的边坡等都会有助于道路美化和增加交通安全。这样，道路本身比较安全，驾驶员和乘客看起来也比较安全。无论道路多么优美，如果没有安全感，就不能认为在美学上是满意的。

乘客都希望缩短出行时间，尽快到达目的地。人们经常见到的挤车现象，就是这种心理状态的具体表现。已在车上的乘客，希望中途一站不停，直达目的地。对于要乘车的旅客，希望出门就有车站，每辆车都停靠，来车就能上去。一般说来，乘车时间越长，越容易产生疲劳，从而使劳动效率降低。

乘客的舒适对减轻疲劳有重大作用。调查表明，工人乘坐电力列车到郊区上班，坐着乘行 60 min 以上，与在市里上班，需要换乘，站着乘行小于 60 min 相比，前者生产指标好。为了减轻旅客疲劳可采取一些有效措施。

市内公共交通规划应明确规定职工上、下班出行时间，配备适量的交通工具，规定车辆满员率。一般而论,市内工作出行时间不宜超过 45 min,郊区工作出行时间不宜大于 70 min。

乘客一个姿势坐着,长时间旅行容易疲劳,所以车辆的座位设计应考虑到减轻疲劳。如用软垫,座位靠背可改变倾斜角度。同时应注意调节车厢内的温度、湿度、空气。坐车时间过长,容易产生烦躁情绪。为此,路线的布设应考虑到美学要求,应尽量利用名胜古迹、自然景物组成优美的道路交通环境,使乘客在旅途中能观赏风光,感到心旷神怡。同时沿线布设一些休息场地,使需要停驻的车辆稍停片刻,以便乘客下车活动、伸展肌肉、减轻疲劳。

乘客在长途旅行中会产生了解沿途情况的心情。如沿途经过哪些地方,各有什么特点,前方到达哪个车站,已走了旅途的多少里程,距目的地还有多远等等。因此,沿路应设立一些指示标志和里程碑,以解旅客悬念。

三、行人交通特性

步行交通是与人类生活密不可分的一项活动。步行能够使个人与环境及他人直接接触,达到生活、工作、交往、娱乐等各种目的。为了满足步行者的生理、心理和社会需要,并保证他们不消耗过多的体力、不受其他交通的干扰、不发生交通事故,就必须提供必要的物质设施。这些设施的规划、设计、实施需要对行人交通的特性有很好的认识和理解。

1. 行人交通流特性

相对于汽车交通来说,我国对行人交通特性的研究还很少。国外一些学者则已经做了不少工作。美国学者弗洛因在其博士论文《行人规划与设计》中,详细研究了行人流的速度、流量、密度及行人占有空间等特征要素及其相互关系,提出了人行道服务水平划分建议值,如表 2-8 所示。

表 2-8　人行道流量、行人占有空间与服务水平

服务水平	行人流量 [人/(m·min)]	行人占有空间 (m²/人)	行人交通情况
A	≤30	>2.3	自由流
B	30~55	2.3~0.9	步行速度受到限制,经常需要调整步伐,有时只好跟着走;想要反向走困难
C	55~70	0.9~0.5	行人步行速度和超越行动受限制;在有行人反向和横穿时严重地感到不便
D	≥70	<0.5	不稳定流动,偶尔向前移动;无法避免与行人相挤;反向和横穿行动不可能

1979 年,以色列学者普鲁士等人对行人交通作了实地观测和理论分析。他们发现,步行道行人的步行速度平均值在 1.03~1.28 m/s 之间,男性的步行速度比女性要快。步行速度随行人流密度增大而下降,他们在平均步行速度与平均行人密度之间建立了一元回归模型,如图 2-8 所示。

2. 行人的交通特性

行人交通特征表现在行人的速度、对个人空间的要求、步行时的注意力等方面。这些与

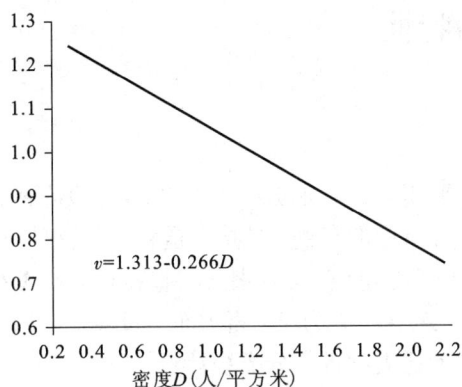

图2-8　平均步行速度、平均行人密度回归模型

行人的年龄、性别、出行目的、教养、心境、体质等因素有关，也与行人生活的区域、周围的环境、街景、交通状况等有关，总结起来如表2-9所示。

表2-9　行人交通特性及相关因素分析

因素	行人速度	个人空间	行人注意力
年龄	成年人正常的步行速速为1.0~1.3 m/s之间，儿童的步行速度随机性较大，老年人较慢	成年人步行时个人空间要求为0.9~2.5m²/人，儿童个人空间要求比较小，老年人则要求比较大	成年人比较重视交通安全，注意根据环境调整步伐和视线，儿童喜欢任意穿梭
性别	男性比女性快	男性大、女性小	大致相当
出行目的	工作、事务性出行，步行速度较快，生活性出行较慢		工作、事务性出行，注意力比较集中，生活性出行注意力分散
文化素养		受教育程度高的人一般要求高，为自己也为别人。反之，则要求低，也不太顾及他人	受教育程度高的人一般对个人空间要求空间高，也比较注意文明走路和交通安全
心境	心情闲暇时速度正常，心情紧张、烦恼时速度较快	心情闲暇时个人要求空间正常，心情紧张时要求较小，烦恼时要求较大	心情闲暇时注意力容易分散，紧张时比较集中
街景	街景丰富时速度放慢，单调时速度加快	街景丰富时个人空间小，单调时个人空间大	街景丰富时注意力分散，单调时集中
交通状况	拥挤时，速度放慢	拥挤时，个人空间变小	拥挤时，注意力集中
生活的区域	城里人生活节奏快，步行速度高；乡村人生活节奏慢，步行速度慢		城里人步行时注意力比较集中，乡村人比较分散

第二节　车辆的交通特性

一、机动车分类

车辆是道路交通的基本要素之一。根据国务院 1988 年发布的《中华人民共和国道路交通管理条例》(以下简称《条例》)所称的车辆,是指在道路上行驶的下列机动车和非机动车。

机动车是指各种汽车、电车、电瓶车、摩托车、拖拉机、轮式专用机械车等;

非机动车是指自行车、三轮车、人力车、畜力车、残疾人专用车等。

在机动车的管理中常按下述类型进行分类统计:

①座位数 ≤9 的载客汽车;

②其他总质量 ≤4.5t 的汽车;

③其他汽车、列车及无轨电车;

④四轮农用运输车;

⑤三轮农用运输车;

⑥两轮摩托车;

⑦边三轮摩托车;

⑧正三轮摩托车;

⑨轻便摩托车;

⑩轮式拖拉机车组;

⑪手扶变型运输机。

1. 汽车的分类

根据国家标准 GB9417—88《汽车产品型号编制规则》,可将汽车分为 8 类,即载货汽车、越野汽车、自卸汽车、牵引汽车、专用汽车、客车、轿车和半挂车及专用半挂车。通常是按所担负的运输任务将汽车划分为 3 大类。

(1)轿车

乘坐 2~9 人(包括驾驶员),主要供个人使用。轿车按发动机排量分为以下几种:

①微型轿车,发动机排量在 1L 以下;

②普通轿车,发动机排量为 1.01~1.6L;

③中级轿车,发动机排量为 1.6~2.5L;

④中高级轿车,发动机排量为 2.5~4.0L。

⑤高级轿车,发动机排量在 4L 以上。

(2)客车

乘坐 9 人以上,主要供公共服务用。按车身长度,客车分为以下几级:

①微型客车,车身长度在 3.5 m 以下;

②轻型客车,车身长度为 3.5~7.0 m;

③中型客车,车身长度为 7~10 m;

④大型客车,车身长度为 10~12 m。

⑤特大型客车,包括铰接式客车(车身长度大于 12 m)和双层客车(车身长 10~12 m)

两种。

（3）载货汽车

主要用于载运各种货物，其驾驶室内可容纳 2~6 名乘员。货车按其总质量分级：

①微型货车，总质量小于 1.8t；

②轻型货车，总质量为 1.8~6t；

③中型货车，总质量为 6~14t；

④重型货车，总质量大于 14t；

⑤汽车列车，由专门的牵引车牵引的为半挂列车，由普通货车牵引的为全挂列车。

此外，还有根据特殊的使用要求设计或改装的车辆，主要执行运输任务以外的特种作业。如公安消防车、市政工程作业车、环卫环保作业车、医疗救护车、商业售货车等。

2. 摩托车的分类

摩托车的结构虽然比汽车简单，但其种类却很多。我国参照国外的分类方法和国内摩托车的生产、使用和发展的需要，制定了摩托车的基本分类方法：

①轻便摩托车：最高设计车速不超过 50 km/h，发动机总排量不超过 50 mL 的两轮机动车。

②摩托车：整车质量不超过 400 kg，最高设计车速超过 50 km/h、发动机总排量超过 50 mL 的两轮或三轮机动车。

二、车辆的设计外廓尺寸

车辆尺寸与道路设计、交通工程有密切关系，例如，制定公共交通规划时要用到公共汽车额定载客量的参数；研究道路通行能力时要使用车辆长度等数据；车辆宽度影响着车行道宽度设计等。

表 2-10　《公路工程技术标准》（JTJ 001—1997）规定的设计车辆外廓尺寸

车辆类型	项　目（m）					
	总长	总宽	总高	前悬	轴距	后悬
小客车	6	1.8	2	0.8	3.8	1.4
载货汽车	12	2.5	4	1.5	6.5	4
半挂车	16	2.5	4	1.2	4+8.8	2

表 2-11　《城市道路设计规范》（CJJ 37—1990）规定的设计车辆外廓尺寸

车辆类型	项　目（m）					
	总长	总宽	总高	前悬	轴距	后悬
小客车	5	1.8	1.6	1.0	2.7	1.3
载货汽车	12	2.5	4.0	1.5	6.5	4.0
半挂车	18	2.5	4.0	1.7	5.8+6.7	3.8

三、机动车的主要特性

在现代交通系统中，道路的修筑，桥梁的架设，交通事故的分析无不与车辆的性能有关。因此，在设计和分析交通设施时必须充分地考虑机动车的主要特性。

1. 动力性能

简单地看牵引力的大小并不能说明两辆车之间动力性能的好坏，为了对动力性能作进一步探讨，特引进动力因数的概念。根据机动车行驶方程式，可得到：

$$P_t - P_W = P_f \pm P_i + P_j = W(f \pm i) + \delta \frac{w}{g} a \qquad (2-1)$$

$$\frac{(P_t - P_W)}{W} = (f \pm i) + \frac{\delta}{g} a \qquad (2-2)$$

式中：P_t——牵引力(kN)；

P_W——空气阻力(kN)；

P_f——滚动阻力(kN)；

P_i——坡道阻力(上坡取正，下坡取负)(kN)；

P_j——加速阻力(kN)；

W——车辆的重力(kN)；

f——滚动阻力系数；

i——道路纵向坡度(上坡取正，下坡取负)；

a——加速度(m/s^2)；

δ——传动系统的回转质量换算系数；

g——重力加速度(m/s^2)。

上式右边与汽车行驶时的道路阻力系数 $\varphi = f \pm i$ 及加速度 a 与 δ/g 的乘积有关。左边是机动车的牵引力 P_t 和空气阻力 P_W 之差除以车重 W，它表征机动车本身具有的参数。我们将 $\frac{P_t - P_W}{W}$ 称为动力因数，并用符号 D 表示，于是：

$$D = \varphi + \frac{\delta}{g} a \qquad (2-3)$$

由式(2-3)可知，无论机动车的自重等参数有什么不同，只要其动力因素相同，便能克服同样的坡度，产生同样的加速度。

利用式(2-3)和动力特性图可以确定机动车行驶的最高速度、加速能力和爬坡能力。

(1)汽车的最高行驶速度

根据最高行驶速度的定义可知，这时无加速度，又因是在水平路段上行驶，即 $i = 0$，所以道路的阻力系数中，由式(2-3)可知 $D = f$。在图的 D 轴上取数值等于 f 的点，然后由该点作平行于 v 轴的平行线与特性曲线相交于某点，此点所对应的速度就是最高行驶速度。

(2)加速能力

在确定机动车的加速能力时，应在良好的水平路面上进行试验，因此 $i = 0$，故有 $D = f + \frac{\delta}{g} a$。

$$a = \frac{g}{\delta}(D - f) \tag{2-4}$$

由式(2-4)可知，动力因数 D 曲线的纵坐标与 f 之差的 $\frac{\delta}{g}$ 倍，就是汽车各挡的加速度。

在公路和城市道路的设计和交通事故分析中，车辆的加速性能是关键性因素之一，它影响到变速车道长度，最大纵坡度，最小超车视距等技术指标的选定。车辆加速度的大小决定于车辆的自重、发动机功率、各挡传动比及滚动阻力、坡道阻力、空气阻力等诸多因素。可以把各种车辆分成三大类，它们的最大加速度 a_{max} 如表2-12所示。

表2-12　各类车辆的最大加速度

车辆类型	低挡		高挡	
	(m/s²)	(km/h/s)	(m/s²)	(km/h/s)
轿车	2.0~2.5	7.2~9.0	0.8~1.2	2.9~4.3
货车	1.7~2.0	6.1~7.2	0.25~0.5	0.9~1.8
客车	1.8~2.3	6.5~8.3	0.4~0.8	1.45~2.9

表中分低挡和高挡两种情况。低挡时变速器的传动比大，牵引力就大，所以加速度大；高档时传动比小，牵引力就小，而且此时速度高，空气阻力大，所以加速度小。

表2-12中最大加速度的单位又分两种情况，这是因为加速度是指单位时间内速度的变化率，而速度常用两种单位：一种是每秒行驶多少米(即 m/s)，另一种是每小时行驶多少千米(km/h)。这样，每秒钟速度的变化(加速度)也就有两种单位，即表中左列最大加速度的单位为 m/s²，而右列的单位为 km/h/s。可以简单建立这样一种比例关系：

$$\frac{a_1}{a_2} = \frac{t_2}{t_1} = \frac{s_2}{s_1} \tag{2-5}$$

这就表明，加速度单位采用 km/h/s 时，不同车辆加速到同样的速度所需的时间和距离与它们的加速度成反比。载货车加速度小，其起步所需的时间和距离就长。在车速较高的高挡阶段，载货车的最大加速度比轿车小得更多，所以载货车的变速能力差得更多，这就导致在混合交通中，载货车之间出现很长的空挡，大大降低了道路的运行效率。

(3)爬坡能力

机动车最大爬坡度时，加速度 $a = 0$ 或 $D = \varphi = \frac{\delta}{g}a = f + i$。所以有 $i = D - f$。于是可以根据 D 曲线与 f 曲线间的距离来确定机动车的爬坡能力。I档的最大动力因数 D_{max} 与 f 之差就是机动车的最大爬坡度 i_{max}。机动车的上坡能力是用满载时在良好的路面上的最大爬坡度 i_{max} 表示。

最大爬坡度是指机动车在变速器挂Ⅰ档时的最大爬坡度。轿车最高车速大，加速时间短，又经常行驶在较好的路面上，所以一般不强调其爬坡能力。然而，由于轿车的Ⅰ档加速能力大，所以爬坡能力也强。载货车要在各种地区的各种路面上行驶，所以要求具有足够的爬坡能力，一般 i_{max} 在 30%，即 16.7° 左右。越野车要在坏路或无路条件下行驶，爬坡能力是一项重要指标，它的最大爬坡度可达 60%，即 30° 左右，甚至更高。

2. 制动性能

在车辆的安全设计中，最重要的操纵特性是制动和减速，而在实际交通系统的设计和运行中，制动时间和制动距离是首先要考虑的两个因素。在实验室中可以通过测定制动减速度和制动力来反映制动性能的优劣。

制动性能与许多因素有关，包括车辆制动系统、轮胎系统和状况、路面种类和状况等。一般地说，车辆从某一速度 $v(\mathrm{km/h})$ 开始制动减速到另一速度 $u(\mathrm{km/h})$ 所走过的距离可以表示为：

$$S = \frac{v^2 - u^2}{2g(f \pm i) \times 3.6^2} \qquad (2-6)$$

式中：S——制动距离(m)；

　　　v——初速度($\mathrm{km/h}$)；

　　　u——末速度($\mathrm{km/h}$)；

　　　f——滚动阻力系数；

　　　i——路面的纵坡度。

制动距离指的是从踏着制动踏板开始到汽车停住($u=0$)为止车辆所驶过的距离，它不包括驾驶员的知觉—反应距离。下坡时，公式中的 i 应取负号。因此，与水平路面相比制动距离在上坡时减小，下坡时增大。这里的制动距离是假定路况能提供最大减速度时取得的，而日常行驶中，很少有驾驶员能在这种状态下制动。在紧急情况下，此值的计算是保守的，实际上大多数车辆能在小于计算距离下停车。

现代交通对制动性能的稳定性提出了更高的要求，所谓制动性能的稳定性是指制动性能不因制动器摩擦条件的改变而恶化的性能，可分为热稳定性和水稳定性。

热稳定性(抗热衰退性)是指因连续制动使制动器温度升高后仍能保持冷态制动效应的能力。它主要由制动器的容量、结构和摩擦衬片的材质来决定。制动热稳定性在车辆下长坡和高速紧急制动时显得尤为重要。

水稳定性是指不因制动器浸水而使制动效能减退的能力。较差的水稳定性是雨天交通事故的重要诱发因素之一。

制动性能还表现在制动时车辆的方向稳定性上，即制动时车辆保持按给定轨迹行驶的能力。各车轮上的制动力大小分配不均匀、比例不当将导致制动跑偏、侧滑，使车辆失去控制，从而破坏其方向稳定性。

3. 通过性

通过性是指机动车不用其他辅助措施能以足够高的平均速度通过各种路面(潮湿、冰、雪)、无路地段和越过各种自然障碍的能力。通过性主要取决于车辆的支承——牵引参数及几何参数，也与动力性、平顺性、稳定性、视野等密切相关。车辆通过性可分轮廓通过性和支承通过性。

(1)轮廓通过性

通常把机动车的最小离地间隙、接近角和离去角、纵向和横向通过半径、车辆所能通过的最大横坡作为车辆轮廓通过性的评价指标。

1)最小离地间隙

最小离地间隙是车辆的最低点(除车轮外)与路面间的距离。它可用来表征机动车无碰撞越过障碍物的能力。由于该间隙不足，使车辆被地面托住而无法通过时称为"间隙失效"。由于车辆底部零件碰到地面而被顶住时，称为"顶住失效"。

2）接近角和离去角

接近角和离去角是指从车身前、后突出点向前、后轮引切线，该切线与路面间的夹角。接近角或离去角过小，将发生车辆前端或尾部触及地面而不能通过时，则分别称为"触头失效"或"托尾失效"。

3）纵向通过半径

纵向通过半径是在机动车侧视图上所作的与前、后车轮及两轴间轮廓线最低点相切的圆的半径 R_1（见图 2-9）。它可以表征汽车无碰撞通过弧形凸起障碍（小丘、拱桥）的能力。

4）横向通过半径

横向通过半径是在机动车正视图上所作的与驱动桥两车轮及桥壳最低点相切的圆的半径 R_2（见图 2-10）。

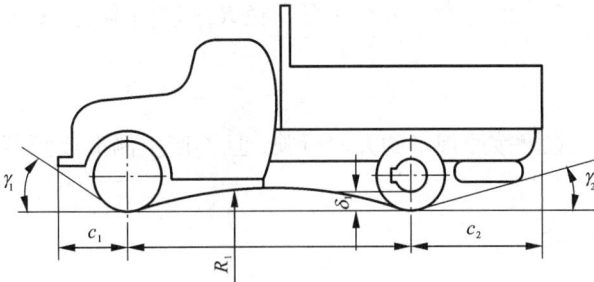

图 2-9　纵向通过半径

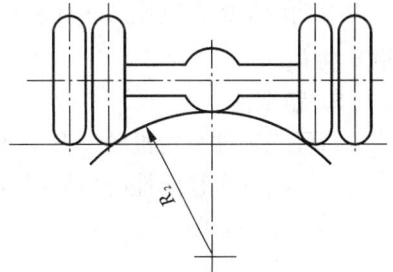

图 2-10　横向通过半径

5）最大横坡

车辆所能通过的最大横坡是指车辆重力通过一侧车轮中心，而另一侧车轮的地面法向反作用力等于零时路面的横向坡度，此时车辆即将发生侧翻。车辆发生侧翻的极限坡度取决于车辆的轮距和质心高度，即

$$\tan\beta = \frac{B}{2\,h_g} \qquad\qquad (2-7)$$

式中：B——轮距；

　　　h_g——车辆质心高度。

（2）支承通过性

通常把附着质量、附着质量系数和车轮接地比压（车轮对地面的单位压力）作为机动车通过性的评价指标。

1）附着质量和附着质量系数

附着质量是指驱动轮承载的质量（G_ψ），附着质量对总质量（G_a）的比值即为附着质量系数（K_φ）。

根据机动车行驶的附着条件，应满足

$$G_\psi\varphi \geqslant G_a\psi \qquad\qquad (2-8)$$

式中：φ——轮胎与路面的附着系数；

ψ——道路阻力系数($\psi = f + i$)。

代入上式得：

$$\frac{G_{\psi}}{G_a} = K_{\psi} \geqslant \frac{f+i}{\varphi} \tag{2-9}$$

上式表明，驱动轮的附着质量和附着质量系数越大，机动车在坏路面上丧失通过性的概率越小。

2）车轮接地比压

车轮接地比压 $P(\mathrm{MPa})$ 为：

$$P = \frac{G_k}{A_0} \times 10^{-2} \tag{2-10}$$

式中：G_k——车轮的法向轴荷（N）；

A_0——车轮的接地面积（cm^2）。

4. 机动性

机动性是指车辆在最小面积内转向和转弯的能力。最小转弯半径 R_H；转弯宽度 A；突伸距 a 和 b。

5. 稳定性

行驶稳定性是指机动车根据驾驶员的意愿按照规定的方向行驶，且不产生侧滑或倾翻的能力。影响汽车稳定性的主要因素有：

①轴距和轮距；

②质心位置；

③汽车绕过质心垂线的转动惯量；

④轮胎特性；

⑤转向系的结构与性能；

⑥车身的空气动力学性能。

此外，机动车的性能还包括汽车的燃油经济性、舒适性、可靠性以及排放污染、噪声污染、辐射污染等。

第三节　道路的交通特性

一、道路的分类与等级

道路是汽车交通的基础、支撑物。道路必须符合其服务对象——人、货、车的交通特性，满足其交通需求。道路服务性能的好坏体现在量、质、形三个方面，即道路建设数量是否充分，道路结构能否保证安全，路网布局、道路线形是否合理。另外，还有附属设施、管理水平是否配套等。

道路的分类：公路、城市道路、厂矿道路、林区道路、乡村道路；

公路的技术等级：高速公路、一级、二级、三级、四级；

公路的行政等级：国家干线公路（国道）、省级干线公路（省道）、县公路（县道）、乡公路（乡道）和专用公路；

城市道路的分类：快速路、主干路、次干路、支路；

城市道路的等级：按服务交通量、人口规模等分为三级、四类。

1. 公路的技术等级

①高速公路为专供汽车分向、分车道行驶并应全部控制出入的多车道公路；

②一级公路为供汽车分向、分车道行驶，并可根据需要控制出入的多车道公路；

③二级公路为供汽车行驶的双车道公路；

双车道：应能适应将各种汽车折合成小客车的年平均日交通量(0.5～1.5)万辆；

④三级公路为主要供汽车行驶的双车道公路；

双车道：应能适应将各种车辆折合成小客车的年平均日交通量(0.2～0.6)万辆；

⑤四级公路为主要供汽车行驶的双车道或单车道公路。

2. 公路的行政等级

国道是指具有全国性政治、经济意义的主要干线公路，包括重要的国际公路、国防公路、连接首都与各省、自治区首府和直辖市的公路，连接各大经济中心、港站、枢纽、商品生产基地和战略要地的公路。

省道是指具有全省(自治区、直辖市)性政治、经济意义，连接省内中心城市和主要经济区的公路，以及不属于国道的省际间的重要公路。

县道是指具有全县(旗、县级市)性政治、经济意义，连接县城和县内主要乡(镇)、主要商品生产和集散地的公路，以及不属于国道、省道的县际间的公路。

乡道是指主要为乡(镇)内经济、文化、行政服务的公路，以及不属于县道的乡与乡之间及乡与外部联络的公路。

3. 城市道路的分类

(1)快速路

快速路是为城市中大量、长距离、快速交通服务的。快速路对向车行道之间应设中间分隔带，其进出口应采用全部控制或部分控制。

快速路两侧不应设置吸引车流、人流的公共建筑物的进出口。两侧一般建筑物的进出口也应加以控制。

快速路在特大城市或长度超过30 km的带形城市中设置，主要联系市内各主要区域、市区和主要的近郊区、卫星城镇、主要对外公路。它主要为城市远距离交通服务，具有较高的最大车速和较大的通行能力。

(2)主干路

主干路是为连接城市各主要分区的干线道路，以交通功能为主。自行车交通量大时，宜采用机动车与非机动车分隔形式，如三幅路或四幅路。

主干路两侧不应设置吸引大量车流、人流的公共建筑物的进出口。

(3)次干路

次干路是城市中数量较多的一般交通性道路。配合主干路组成城市干道网，起联系各部分和集散交通的作用。一般不设立体交叉，部分交叉口可以扩大，并加以渠化，一般可设4条车道，也可不设单独的非机动车道。次干路兼有服务功能，允许两侧布置吸引人流的公共建筑，但应设停车场。

(4)支路

支路是次干路与街坊路的连接线，用来解决局部地区交通，以服务功能为主。

支路是一个地区内（如居住区内）的道路，是地区通向干道的道路。部分支路用以补充干道网的不足，可以设置公共交通路线，也可以作为自行车专用道。支路上不宜通行过境交通，只允许通行为本地区服务的交通。

除快速路外，道路按照所在城市规模、设计交通量、地形等分为Ⅰ、Ⅱ、Ⅲ级。特大城市及大城市应采用各类道路中的Ⅰ级标准；中等城市应采用Ⅱ级标准；小城市应采用Ⅲ级标准。如表2-13，表2-14所示。

表 2-13　各类各级道路计算行车速度

道路类别	快速路	主干路			次干路			支路		
道路级别	一	Ⅰ	Ⅱ	Ⅲ	Ⅰ	Ⅱ	Ⅲ	Ⅰ	Ⅱ	Ⅲ
计算行车速度（km/h）	80，60	60，50	50，40	40，30	50，40	40，30	30，20	40，30	30，20	20

注：条件许可时，宜采用大值。

表 2-14　各级公路线形设计主要技术指标汇总表

公路等级			高速公路			一级公路			二级公路		三级公路		四级公路
服务水平			二级			二级			三级		三级		不作规定
适应交通量（辆/昼夜）			25000～100000			15000～55000			5000～15000		2000～6000		400～2000
计算行车速度（km/h）			120	100	800	100	80	60	80	60	40	30	20
车道宽度（m）			3.75	3.75	3.75	3.75	3.75	3.50	3.75	3.50	3.50	3.25	3 或 3.50
车道数			8、6、4	8、6、4	6、4	8、6、4	6、4	4	2	2	2	2	2 或 1
路基宽度（m）	一般值		45～28	44～26	32～24.5	44～24	32～24.5	23	12	10	8.5	7.5	6.5 或 4.50
	变化值		42～26	41～24.5	21.5	41～24.5	21.5	20	10	8.50			
平曲线最小半径（m）	极限值		650	400	250	400	250	125	250	125	60	30	15
	一般值		1000	700	400	700	400	200	400	200	100	65	30
	不设超高	$I \leq 2\%$	5500	4000	2500	4000	2500	1500	2500	1500	600	350	150
		$I > 2\%$	7500	5250	3350	5250	3350	1900	3350	1900	800	450	200
停车视距（m）			210	160	110	160	110	75	110	75	40	30	20
超车视距（m）									550	350	200	150	100
最大纵坡（%）			3	4	5	4	5	6	5	6	7	8	9

公路等级			高速公路			一级公路			二级公路		三级公路		四级公路
竖曲线半径(m)	凸型	极限值	11000	6500	3000	6500	3000	1400	3000	1400	450	250	100
		一般值	17000	10000	4500	10000	4500	2000	4500	2000	700	400	200
	凹型	极限值	4000	3000	2000	3000	2000	1000	2000	1000	450	250	100
		一般值	6000	4500	3000	4500	3000	1500	3000	1500	700	400	200
缓和曲线最小长度(m)			100	85	70	85	70	50	70	50	35	25	20
路基设计洪水频率			1/100			1/100			1/50		1/25		按情况定

二、路网密度

要完成一定的客、货运输任务,必须有足够的道路设施。路网密度是衡量道路设施数量的一个基本指标。一个区域的路网密度等于该区域内道路总长与该区域的总面积之比。一般地讲,路网密度越高,路网总的容量、服务能力越大。但路网的密度也不是越大越好,道路网密度的大小应与一定的经济发展水平相当,与所在区域内的交通需求相适应,应使道路建设的经济性和服务水平以及道路系统的社会效益、经济效益、环境效益得到兼顾和平衡,既要适当超前,也要节约投资。在我国《城市道路交通规划设计规范》中,给出了不同规模城市的道路网密度等规划指标,可供实际应用时参考。

公路网的合理密度

$$\gamma_0 = \sqrt{\frac{\sum_{i=1}^{n} Q_i d_i a}{AF}} \qquad (2-11)$$

$$L_P = \alpha/\gamma \qquad (2-12)$$

式中:γ_0——公路网的合理密度(km/km^2);

Q_i——第 i 年区域内的总运输量(t);

d_i——第 i 年的运输单价(元/km)

α——平均运距与路网密度之间的回归系数;

γ——单位里程的道路建设费(元/km);

A——规划区面积(km^2);

F——规划年限。

城市道路网密度、间距的选取应遵循以下两条原则:

①道路网密度、间距与道路的等级、功能要求相匹配;

②道路网密度、间距与城市不同区域的性质、人口密度、就业密度相匹配。

三、路网布局

道路的规划、设计不能仅仅局限于一个点、一条线,而应从整个路网系统着眼。路网布局的好坏对整个运输系统的效率有很大影响,良好的路网布局可以大大提高运输系统的效率，增加路网的可达性，节约大量的投资，节省运输时间和运输费用，取得良好的经济效益、社会效益与环境效益。

对于不同的区域、不同的城市，不存在统一的路网布局模式。路网布局必须根据所在区域的自然、社会、经济情况等来选取。如表2-15所示。

表2-15 城市道路宽度与路网密度规划指标

项目	城市规模、人口（万人）		快速路	主干路	次干路	支路
道路网密度（km/km²）	大城市	≥200	0.4～0.5	0.8～1.2	1.2～1.4	3～4
		50～200	0.3～0.4	0.8～1.2	1.2～1.4	3～4
	中等城市	20～50		1.0～1.2	1.2～1.4	3～4
	小城市	>5		3.4		3～5
		1～5		4.5		4.6
		<1		5～6		6～8
道路宽度（m）	大城市	>200	40～50	45～55	40～50	15～30
		50～200	35～40	40～50	30～45	15～20
	中等城市	20～50		35～45	30～40	15～20
	小城市	>5		25～35		12～15
		1～5		25～35		12～15
		<1		25～30		12～15

1. 公路网的布局模式

典型的公路网布局有三角形、并列形、放射形、树叉形等，如表2-16所示。

表2-16 公路网布局模式

图示	特点与性能
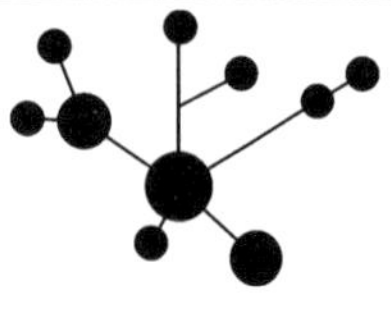 放射形路网	放射形路网，一般用于中心城市与外围郊区、周围城镇间的交通联系，对于发挥大城市的经济、政治、科技、文化中心作用，促进中心城市政治、经济、科技、文化对周围城区的辐射和影响有重要作用
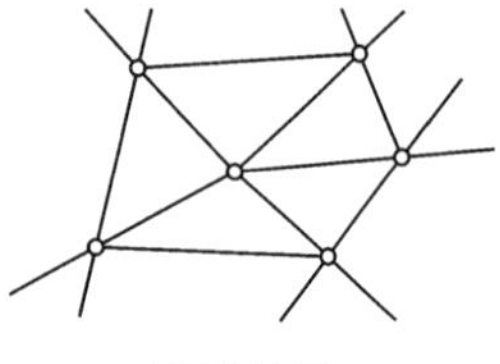 三角形路网	三角形路网，一般用于规模相当的重要城镇间的直达交通联系。这种布局形式通达性好，运输效率高，但建设量大

图示	特点与性能
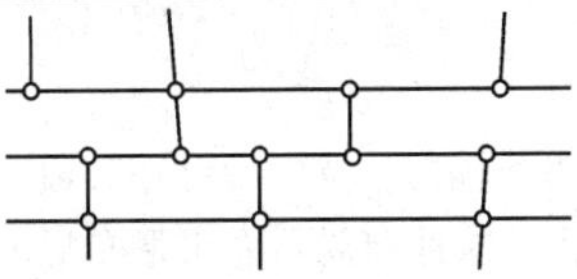 并列形路网	平行的几条干线分别联系着一系列城镇，而处于两条线上的城镇之间缺少便捷道路连接，是一种不完善的路网布局
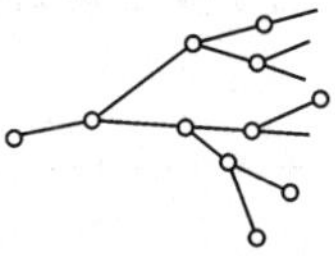 树叉形路网	树叉形路网，一般是公路网中的最后一级，是从干线公路上分叉出去的支线公路，将乡镇、自然村寨与市、县政府连接起来

　　我国公路网按行政体制由国道、省道、县道和乡道组成。其中，国道网方案于1964年开始编制，1981年由国家经委、计委和交通部颁发试行。该方案共有国家干线公路70条，全长109200 km，布局分三类：第一类由首都向四周各省放射，共12条，编号为101，102至112；第二类由南北走向的纵线组成，共28条，编号为201，202至228；第三类由东西走向的横线组成，共30条，编号为301，302至330。省道由各省（自治区）交通部门根据国道网进行规划、负责建设、养护和管理。县、乡道由各县规划建设、养护和管理。

2. 城市道路网的布局模式

　　我国城市道路网的布局模式如表2 – 17所示。

表 2 – 17　城市道路网的布局模式

图示	特点与性能
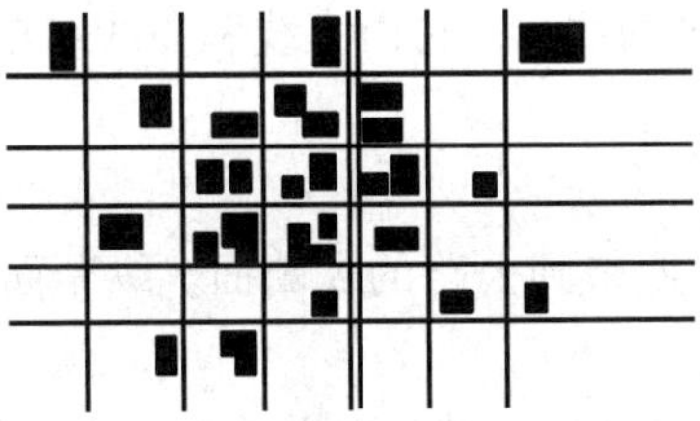 棋盘形	布局严整、简洁，有利于建筑布置，方向性好，网上交通分布均匀，交叉口交通组织容易，但非直线系数大，通达性差，过境交通不易分流，对大城市进一步扩展不利
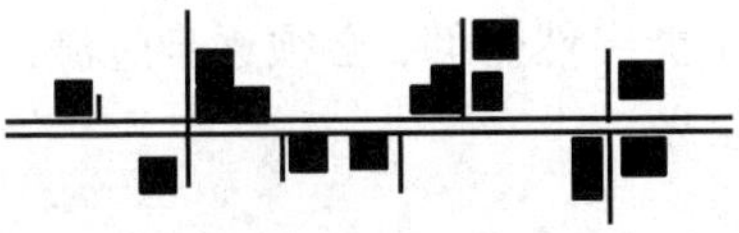 带形	建筑物沿交通轴线两侧铺开，公共交通布置在主交通干道范围内，横向靠步行或非机动车，有利于公共交通布线和组织，但容易造成纵向主干道交通压力过大，不易形成市中心

图示	特点与性能
 放射形	交通干线以市中心为形心向外辐射，城市沿对外交通干线两侧发展，形成"指状"城市：这种布局具有带形布局的优点，同时缩短了到市中心的距离。缺点是中心区交通压力过大，边缘区相互间交通联系不便，过境交通无法分流
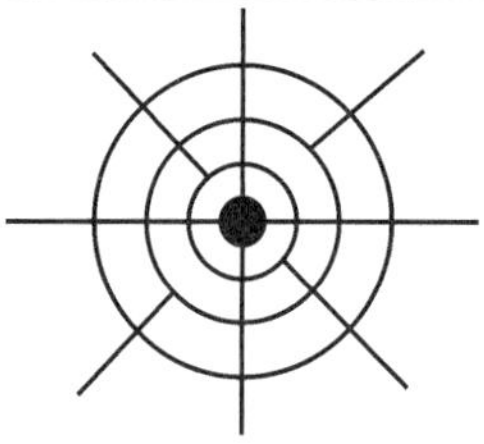 放射环形	这种布局具有通达性好、非直线系数小、有利城市扩展和过境交通分流等优点，一般用于大城市，但不宜将过多的放射线引向市中心，以免造成市中心交通过分集中

四、公路主线的几何特征

公路是建筑在大地表面上供各种车辆行驶的空间线状结构物。它的组成包括几何线形、路基路面、桥梁隧道、排水系统、防护工程、附属设施等。

除交叉口以外的公路路段(亦称主线)的几何线形由平面线形、纵断面线形、横断面线形三方面进行设计。

1. 平面线性

将公路的中心线投影在大地水平面上所得线形称为平面线形，它由直线和曲线组成，这里的平曲线包括圆曲线及缓和曲线。

2. 纵断面线形

沿公路中线作竖直剖面，并将此空间曲面展成平面，便得到公路的纵断面。纵断面由直线和曲线(称为竖曲线)组成。

纵坡度大一些，对翻山越岭克服高差有利，它使山区路线短一些，工程量少一些。但是，纵坡太大会影响车辆的加速性能及爬坡能力，且下坡时制动距离不能保证，甚至产生侧滑现象。所以对于纵坡度必须加以限制。在纵坡变化的地方不能突然俯仰，必须逐步过渡，这就需要设置竖曲线，竖曲线一般采用圆曲线，也可采用抛物线。

3. 横断面线形

公路横断面由车行道、路肩、中间分隔带、边坡、边沟等组成。对于高速公路和一级公路，还设有变速车道、爬坡车道、紧急停车带及路上设施等。二、三级公路只有双车道，不能分道单向行驶，中间不设分隔带。四级公路为单车道，当路基宽度只有四五米时需要设置错车道。

4. 行车视距

行车视距分为停车视距、会车视距及超车视距，其中主要的是停车视距。

（1）停车视距

当驾驶员突然发现前方路上有障碍不能绕过，而能安全地停止在障碍物前所需的距离，称为停车视距。停车视距 s_T 由三部分组成：

$$S_T = s_1 + s_2 + s_3 \qquad (2-13)$$

式中：s_1——驾驶员知觉反应时间内车辆行驶的距离；

　　　s_2——驾驶员开始制动到完全停车过程中车辆行驶的距离；

　　　s_3——车辆停止位置距障碍物的安全距离，通常取 5 m 左右。

（2）会车视距

会车视距是指两辆对向行驶的汽车，能在同一车道上及时制动而不碰撞所需的最小距离，它近似地等于一辆汽车停车视距的两倍。所以在《公路工程技术标准》中规定：高速公路、一级公路应满足停车视距的要求；其他各级公路一般应满足会车视距的要求，会车视距的长度不应小于停车视距的两倍。

（3）超车视距

《公路工程技术标准》中还规定：对向行驶的双车道公路，应根据需要并结合地形，在适当的距离内设置具有超车视距的路段。超车视距是为了超越前车，借用对向车道而不至与对向车相撞所需的最小距离。高速公路和一级公路由于单向行驶，不存在超车视距问题。

五、城市道路特性

1. 城市道路的功能和特点

道路在城市生活中具有它独特的重要作用。城市里不同功能的组成部分，例如：市中心区、工业区、居住区、机场、港口、码头、车站、仓库、公园、体育场等等，都必须通过道路来连接；城市的四大活动（工作、学习、生活、旅游）也都离不开道路交通运输。实践证明：没有良好的城市道路和完善的城市道路网，将在很大程度上影响到城市的建设和发展。所以在制订城市总体规划时，必须妥善考虑道路网的规划布局和建设问题。

城市用地紧凑，居民集中，建筑鳞次栉比，它要求既要有合理的空间组合，又要有一定的空间距离，以保证良好的城市环境、公共卫生（适当的日照、空气的流通、气温和湿度的调节）和防火安全。城市道路应该广泛地与城市的绿化结合起来，成为城市各个分区的区界和卫生与防护空间，并利用这个空间作为城市排水和布置地上、地下管线的通道。

城市的各个功能组成部分，通过道路的连接，构成统一的有机体，并配合道路表现城市建筑各个方位的立面，以及建筑群体之间组合的艺术。因为人在道路上的视点是移动的，并随道路的转向而转移视点方位，由此可以使人获得丰富而生动的环境景象。因此，城市道路在承担最基本的交通运输任务以外，同时还成为反映城市面貌与建筑风格的手段之一。

与公路相比较，城市道路具有如下特点：

①功能多样；

②组成复杂；

③行人交通量大；

④车辆多、类型杂、车速差异大；

⑤交叉口多；

⑥沿路两侧建筑密集；

⑦道路交通量分布不均衡；

⑧政策性强。

2. 城市道路系统及其组成

道路系统是由城市辖区范围内各种不同功能的道路(包括附属设施)有机组成的道路体系，城市道路网通常是指城市中各种道路在城市的总平面图中的布局。城市道路系统的功能不仅是把城市中各个组成部分有机地连接起来，使城市各部分之间有便捷、安全、经济的交通联系，同时它也是城市总平面的骨架，对城市建设发展是否经济合理起着重要作用。

城市道路系统一般包括：城市各个组成部分之间相互联系、贯通的交通干道系统和各分区内部的生活服务性道路系统。城市道路系统还应包括道路网结构形式、组成及路幅宽度和停车场等。凡属不为过境交通服务的小区内部道路，如居住小区内的街坊连通道路，以及位于街坊内供居民出入的道路均不计入城市道路网。

城市道路系统，特别是干道网的规划合理与否，直接影响到城市交通运输、生产与生活，同时也影响建筑布置和战备工作。由于城市干道走向一旦确定，路网一经形成，所有地上、地下管线都将沿着道路用地敷设，沿街建筑均将沿道路用地控制线两侧兴建，事后很难改变，因此，城市道路系统规划是城市建设的百年大计。规划中必须结合城市的性质与规模、用地功能的分区布置、交通运输、自然地形、城市现状、以及工程地质、水文条件、城市环境保护和建筑布局要求等进行综合分析，反复比较来确定，使不同功能的干道、支路组成一个系统完整、功能明确、线形平顺、交通便捷通畅、布局经济合理的城市道路网。

在城市里，沿街两侧建筑红线之间的空间范围为城市道路用地，该用地由以下各个不同功能部分组成：

①供各种车辆行驶的车行道；

②专供行人步行用的人行道；

③起卫生、防护与美化作用的绿带；

④用于排除地面水的排水系统，如街沟或边沟、雨水口、窨井、雨水管等；

⑤为组织交通、保证交通安全的辅助性交通设备，如交通信号灯、交通标志、交通岛、护栏等；

⑥交叉口和交通广场；

⑦停车场和公共汽车停靠站台；

⑧沿街的地上设备(如照明灯柱、架空电线杆、给水栓、邮筒、清洁箱、接线柜等)；

⑨地下的各种管线(如电缆、煤气管、给水管、污水管等)；

⑩在交通高度发达的现代城市，还建有高架高速路、人行过街天桥、地下通道、地下人行道、轻轨交通和地下铁道等。

3. 城市道路横断面布置的4种形式

①单幅路(一块板)——单幅路上机动车与非机动车混合行驶，适用于支路和次干路。机动车在中间，非机动车在两侧。有条件时用分道线将它们分成快车道(机动车道)和慢车道(非机动车道)，不过在不影响交通安全的条件下，允许临时超越分道线，调剂使用。

②双幅路(二块板)——双幅路是利用中央分隔带把车行道一分为二，分向行驶，适用于

次干路或主干路。每一侧车行道上可以再用分道线划分出快车道和慢车道。当旁侧有辅道可供非机动车行驶时，双幅路可作为快速路。例如特大城市的高架路就是双幅路，专供机动车快速行驶。

③三幅路（三块板）——三幅路中间一幅为双向行驶的机动车道，两侧为单向行驶的非机动车道。三幅路用于非机动车多、交通量大、车速高的主干路，它要求红线宽度≥40 m，否则横断面布置有困难。

④四幅路（四块板）——四幅路不仅两侧非机动车道单向行驶，而且中间机动车道也单向行驶，适用于交通量大，机动车速度高的主干路和快速路。

思考与练习

1. 驾驶员的交通特性主要表现在哪几个方面？它与交通安全有何关系？
2. 驾驶疲劳的影响因素有哪些？驾驶疲劳与肇事的关系是什么？
3. 驾驶员的职业适应性对交通安全有何影响？
4. 根据行人的交通特性，结合自己的亲身体会谈谈对行人如何进行管理？
5. 汽车的行驶方程式是什么？满足汽车行驶的条件有哪些？
6. 汽车的动力性能指的是什么？
7. 汽车的制动性能包括哪几个方面？制动距离和停车距离有何不同？
8. 汽车的制动性能对交通安全有何影响？
9. 什么是城市道路的交通特性？
10. 城市道路横断面形式分几种？它们的优缺点及适用条件是什么？
11. 什么是道路的平面线性？其构成要素是什么？如何保证？
12. 为什么要设置平曲线的超高和加宽？如何设置？
13. 什么是视距？分几种？如何保证视距？它对交通安全有何影响？
14. 结合当地事故多发地点的情况，谈谈道路条件与交通安全的关系。

第三章

交通调查

第一节 交通调查概述

交通调查是指为了找出交通现象的特征性趋向，在道路系统的选定点或路段，收集和掌握车辆或行人运行情况的实际数据所进行的调查分析工作。交通工程的发展实施必须有科学、正确的预测和决策。正确的决策来源于科学的预测，而科学的预测又必须来源于系统周密的调查和准确的情报信息。交通调查就是通过对多种交通现象进行调查，提供准确的数据信息，为交通规划，交通设施建设、交通控制与管理、交通安全、交通环境保护和交通流理论研究等方面服务。

交通调查的主要对象是交通流，围绕交通流与道路交通相关的设备设施，包括公路网、交通控制设施、道路条件；居民特性，包括出行者特性、驾驶员特性；运行参数，包括流量、速度、密度以及交通事故、停车、行人、货物流向等都是交通调查的对象。

交通调查按照组织部门可以分为：全国统一组织规划的调查和按照项目需要组织的调查。全国统一组织的调查是以掌握大区域的交通需求和交通状况为目的的交通调查，主要有：

①全国干线公路调查，包括连续式观测站和间隙式观测站，进行交通量、交通组成和车速的长期定点观测。

②城市居民出行调查，包括城市居民出行 OD 调查，公共交通 OD 调查，城市货运 OD 调查。

③城市交叉口及主要路段交通调查，包括定期的交通量、速度、延误、阻塞、路边停车等项目调查。

全国统一组织规划的调查是由交通部、建设部和公安部统一规划、组织、各省市有关部门负责实施，具有长期连续性。

按项目需要组织的调查是以指定范围和指定路段的工程建设和交通管理需要为目的的交通调查，主要有：

①地区出入交通量调查；

②路段瞬时车速和区间车速调查；

③交叉口流量、流向、车型、延误和排队调查；

④路边、路外停车调查；

⑤公共交通调查；

⑥综合交通运输调查；

⑦道路交通条件与交通环境调查；

⑧交通事故多发点调查。

这类调查通常是由某项目需要的部门提出计划，组织专门的或临时的调查队伍实施，按照所需资料的目的，对观测内容，观测地点和观测时间各有不同的要求。

交通调查是一项十分平凡，工作量大而且又非常重要的基础工作，它是交通工程中的一个重要组成部分。交通工程学的发展在一定程度上是依靠交通调查工作的升级和数据资料的积累与利用。因此，我们必须重视交通调查的作用，熟悉和了解交通调查的内容和方法，以便更好地发挥交通调查的作用。

第二节　交通量调查

一、交通量调查的目的

交通量是描述交通流特性最重要的参数之一，交通量调查的目的在于通过长期连续观测或短期间隙和临时观测，收集交通量资料，了解交通量在时间、空间上的变化和分布规律，为交通规划、道路建设、交通控制与管理、工程经济分析等提供必要的数据。交通量数据是交通工程学中最基本的资料。因此，交通量调查是十分必要的。交通量调查在交通运输系统的规划、设计、运营和管理等领域有广泛的应用价值，主要表现在以下几个方面：

（1）确定公路等级的重要依据

《公路工程技术标准》（JTG B01—2003）在总则中规定公路按照功能和适应的交通量分为五个等级，高速公路、一级公路、二级公路、三级公路、四级公路，其划分的标准就是按照各种汽车折合成小客车的年平均日交通量划分的。

（2）为道路设计和交通管理提供依据

交通量是道路设计和交通管理的基础数据。道路设计中需要确定道路宽度，道路宽度主要取决于车道数与车道宽度的乘积，而车道数根据单向设计小时交通量与一条车道的通行能力计算，通行能力是通过交通量表达的，其最终都归结到交通量数据的获取。平面交叉口交通信号控制方案的制定也需要收集各转向交通量数据。

二、交通量调查的准备工作

在进行交通量调查前，首先应根据调查的目的和要求，制定调查计划，对调查工作的内容方法，所需条件等进行系统的、周密的准备，选择和部署，使得调查工作取得预期的成果。在准备工作中，最主要的是调查时间、区间的选择和检测站的建立。

1. 交通量调查的时间选择

调查日期，时间，范围应随着目的的不同而异。作为了解交通量全年趋势的一般性调查，必须选择一年中有代表性交通量的时期进行。从一周来说，最好是星期二到星期五，避免周末以及星期日前后，从日期来说，选择以商业活动比较活跃的日子、非节假日、休息日、无大型文体活动的晴天为宜。如果为了了解交通量的变化趋势，就应该进行全面的连续调查。

在短期间隙调查中常采用：24 h 观测，用于了解一天中交通量的变化；16 h 观测，用于了解包括早、晚、高峰小时在内的一天大部分时间的交通量变化情况，一般在上午 6 点到晚上 22 点这一区间内进行；日间 12 h 观测，用于了解白天大部分时间的交通量变化情况，一般从上午 7 点到下午 19 点之间进行；高峰小时观测，用于了解早晚高峰小时交通量变化状况，一般在上下午高峰时间范围内做 1～3 h 的连续观测。要注意高峰小时在不同的地点出现的时间有差别。

2. 划分交通量调查区间

在设置交通量观测站前，应先将调查区域范围内的每条干线和支线划分为若干调查区间，每区间只需设立一个观测站，其观测结果即可以代表该调查区间路段任意断面的交通量。划分交通量调查区间时，一般应该以交通量变化大小作为划分区间的主要依据。交通量变化大的路段，调查区间宜短；以反映交通量的实际状况，如城市的出入口路段；交通量变化小的路段调查区间可适当延长。为了管理上方便，划分区间时应考虑行政区划，必要时也可以跨区作业。划分调查区间时，应兼顾观测点的设置要求，以便作典型地点能够设立观测站点。每条路线区间的划分应该是连续的，即前一区间的终点是后一区间的起点。因故停止通车的路段可暂停观测。在无特殊原因的情况下，应尽量保留已经确定调查的区间划分。在划分调查区间后，应对各调查路段进行编号。

3. 观测站的建立

对于覆盖全国区域的交通量调查，一般是建立固定的观测站点，做定期的观测工作，以便取得长时间的、历史性的交通量资料，这类站点可以分为连续式和间隙式的两种形式。

连续式观测站，是为了获得交通量的连续性资料，以掌握交通流的变化规律，提供交通量的不均衡系数，设计小时交通量系数以及交通流参数，并为道路规划等工作积累数据资料，需要建立连续式观测站，由于连续式观测站的结果所代表的交通流规律覆盖面积较广，且建站观测需耗费大量的人力和物力，因此，布点距离可以大一些。

间隙式观测站是按照计划每隔一段时间进行一次的交通量观测。间隙式观测站除了按照区间划分设置外，还应该在典型位置设立，如交叉口、桥梁隧道以及渡口等。间隙式交通量的主要用途是提供路段平均日交通量，为宏观掌握调查区域内各条路线以及路网交通量的区间分布及变化规律提供数据资料。

临时性观测点，是指根据道路改造，交通管理和交通设施建设等情况的需要，在无固定观测站点或需补充某些数据时，临时进行的交通量观测。

三、交通量调查的流程

1. 明确调查目的

根据调查任务，明确调查目的，确定提交成果的内容和方式。

2. 制定交通调查方案

调查方案设计是交通量调查能否成功的关键，应根据地图和现场勘测，熟悉调查区域的情况，在此基础上制定合理的调查实施方案，科学合理地安排观测点位置、观测时间、调查人员排班和分工，准备记录表格和观测设备。

3．培训调查人员

在调查实施前应对调查人员进行培训，向调查人员讲解调查目的、内容和实施方案，使之明确各自分工，调查的起始和终止时间，调查的方式方法、设备使用、数据如何记录等，同时也要向调查人员交代交通、通信、安全等事宜。

4．组织实施交通量调查

按照预定的调查方案组织实施交通量的调查，安排人员进行巡视，实时掌握调查现场的实际情况，及时解决突发问题。

5．汇总、处理和分析数据

数据的汇总、处理和分析主要是将现场记录的表格录入计算机中，运用 Excel 和其他绘图，统计软件做进一步整理分析。

四、交通量调查的方法

1．人工计数法

人工计数法是应用最广泛的交通量调查方法，安排一名或几名调查员在预定的观测点调查，使用的工具主要有计时器、计数器、记录板、纸和笔等。人工计数法几乎适用于在任何时间、任何地点进行调查，机动灵活、容易掌握、调查精度较高，资料的整理也比较方便。它能够完成复杂的交通量计算。由于人工计数法能够完成的工作常常是自动计数法或其他手段无法完成的，因此至今仍然被广泛使用。但是人工计数法也有其局限性，如调查精度与调查人员的责任心和技术水平有一定关系，因此必须先培训人员，并在现场来回巡查便于及时发现和解决问题。此外，由于室外调查的劳动强度大，不适合做长时间不间断的观测。其基本调查样表如表 3-1 所示：

表 3-1 交通量观测记录表

日期 年 月 日				星期 上下午 天气（晴、多云、雨）		
地址				时间 点 分 点 分		
方向				观测员		
时刻 ＼ 车种						合计
小计						

2．浮动车法

（1）调查方法

浮动车法由英国道路研究实验室的 Wardrop 和 Charlesworth 在 1954 年提出，可同时获取某一路段的交通量、行程时间和平均速度，是较好的综合交通调查法。因调查中，测试车辆随车流行驶，速度尽可能接近车流平均速度，不要有意快行或慢行，故得名浮动车，浮动车法进行交通量调查的原始记录表格如表 3 - 2 所示。

　　调查需配备一辆测试车，驾驶员和 3 名调查人员，1 人记录与测试车对向行驶的会车数；1 人记录与测试车同向行驶车辆中，被测试车超越的车辆数和超越测试车的车辆数；1 人报告和记录测试车的往返行驶时间和停车时间。确定调查路段后，测试车沿着调查路段往返行驶 6~8 个来回。行驶距离可以从有关单位获得，从地图量取或实地测量。

　　浮动车法调查的数据，可以分别按照下列公式计算测定方向上的交通量。

$$Q_a = \frac{X_b + Y_{a-b} - Z_{a-b}}{T_{a-b} + T_{b-a}} \times 60 \qquad (3-1)$$

$$Q_b = \frac{X_a + Y_{b-a} - Z_{b-a}}{T_{a-b} + T_{b-a}} \times 60 \qquad (3-2)$$

$$\overline{T}_{a-b} = T_{a-b} - (\frac{Y_{a-b} - Z_{a-b}}{Q_a}) \times 60 \qquad (3-3)$$

$$\overline{T}_{b-a} = T_{b-a} - (\frac{Y_{b-a} - Z_{b-a}}{Q_b}) \times 60 \qquad (3-4)$$

式中：Q_a，Q_b——由 A 向 B，由 B 向 A 行驶的交通量；

　　　　X_a，X_b——由 A 向 B，由 B 向 A 行驶时与观测车对向驶来的车辆数；

　　　　Y_{b-a}，Y_{a-b}——由 B 向 A，由 A 向 B 行驶时同向超越观测车的车辆数；

　　　　Z_{a-b}，Z_{b-a}——由 A 向 B，由 B 向 A 行驶时被观测车超越的车辆数；

　　　　T_{a-b}，T_{b-a}——由 A 向 B，由 B 向 A 行驶于路段 AB 的行程时间。

　　在利用以上公式进行计算时，式中所用的数值一般都取用相应的算术平均值。如果分次计算 Q_a 和 Q_b 后，再计算各次和的平均值亦可，但是计算比较麻烦。

表 3 - 2　浮动车观测法原始记录表

行车方向	观测次数 $X_a (X_b)$	同向超越观测车的车数 $Y_{a-b} (Y_{b-a})$	同向被观测车超越的车数 $Z_{a-b} (Z_{b-a})$	行程时间	逆向交会车辆数 $X_a (X_b)$
日期　年　月　日			观测区间编号　气候情况		
路段名称及编号			时间　点　分　点　分		
测定距离			观测路段起讫桩号　观测员		
往 A - B	1				
	2				
	6				
	平均				

续表 3 - 2

日期　年　月　日		观测区间编号　气候情况			
路段名称及编号		时间　点　分　点　分			
测定距离		观测路段起讫桩号　观测员			
往 B - A	1				
	2				
	6				
	平均				

（2）实例分析

表 3 - 3 列出了流动车调查记录整理表。根据该表，可以计算上行 A - B 和下行 B - A 的交通量和平均行程时间。

表 3 - 3　浮动车观测法记录整理表

日期　年　月　日			观测区间编号　　气候情况		
路段名称及编号			时间　点　分　点　分		
测定距离			观测路段起讫桩号　　观测员		
行车方向	观测次数	逆向交会车辆数 $X_a(X_b)$	同向超越观测车的车数 $Y_{a-b}(Y_{b-a})$	同向被观测车超越的车数 $Z_{a-b}(Z_{b-a})$	行程时间（min）
往 A - B	1	42	1	0	2.52
	2	45	2	0	2.57
	3	47	2	1	2.37
	4	51	2	1	3.00
	5	53	0	0	2.42
	6	53	0	1	2.50
	平均	48.5	1.17	0.5	2.56
往 B - A	1	34	2	0	2.48.
	2	38	2	1	2.37
	3	41	0	0	2.73
	4	31	1	0	2.42
	5	35	0	1	2,80
	6	38	0	1	2.48
	平均	36.2	0.83	0.5	2.55

第一步，计算观测值的平均值；

由表3 - 3可知，$X_a = 48.5$ 辆，$X_b = 36.2$ 辆，$Y_{a-b} = 1.17$ 辆，$Y_{b-a} = 0.83$ 辆，$Z_{a-b} = 0.5$ 辆，$Z_{b-a} = 0.5$ 辆，$T_{a-b} = 2.56$ min，$T_{b-a} = 2.55$ min。

第二步，计算 $A - B$ 向的交通量和平均行程时间；

$$Q_a = \frac{X_b + Y_{a-b} - Z_{a-b}}{T_{a-b} + T_{b-a}} \times 60 = \frac{36.2 + 1.17 - 0.5}{2.56 + 2.55} \times 60 = 433 \quad （辆/h）$$

$$\overline{T}_{a-b} = T_{a-b} - \frac{Y_{a-b} - Z_{a-b}}{Q_a} \times 60 = 2.56 - \frac{1.17 - 0.5}{433} \times 60 = 2.47 \quad min$$

第三步，计算 $A - B$ 向的交通量和平均行程时间。

$$Q_b = \frac{X_a + Y_{b-a} - Z_{b-a}}{T_{a-b} + T_{b-a}} \times 60 = \frac{48.5 + 0.83 - 0.5}{2.55 + 2.56} \times 60 = 573 \quad （辆/h）$$

$$\overline{T}_{b-a} = T_{b-a} - \frac{Y_{b-a} - Z_{b-a}}{Q_b} \times 60 = 2.55 - \frac{0.83 - 0.5}{573} \times 60 = 2.52 \quad min$$

需要注意的是，按上述方法得到的交通量是在整个观测时段内的平均值，而由每次观测所得数据计算的交通量才是该时段的交通量。

3. 自动计数法

自动计数法是运用交通流检测器获取交通量数据，检测器安装在路面下，路侧或道路上方，采用接触式或非接触式手段对道路交通量进行24 h连续不间断采集。优点是适合于长时间连续观测，可节省大量人力、物力、精度较高，可以同时采集地点车速、交通量以及占有率等数据。缺点是检测器的购置和维护费用高，部分检测器不能区分车型，很难用于交叉口分流向的交通调查，也不能用于行人和自行车交通量调查。交通流检测器按照安装方式分为永久式安装和临时性安装两大类；按照采集时间长短分为连续式采集设备和间歇式采集设备。交通流检测器采用了不同的工作原理，应用较多的有环形线圈检测器、气压管检测器、视频检测器、微波检测器、超声波检测器以及红外线检测器等。

4. 录像法

目前，常利用录像机、摄像机、电影摄像机或照相机作为高级的便携式记录设备。可以通过一定时间的连续图像给出固定时间间隔或实际上连续的交通流详细资料。在工作时，要求设备升高到工作位置或合适的建筑物，以便能够观测到所需的范围。将摄制到的录像重新放映或显示出来，按照一定的时间间隔以人工来统计交通量。这种方法收集交通量或其他资料数据的优点是：现场人员较少，资料可以长期反复应用，也比较直观。其缺点是费用比较高，资料整理花费人工多。因此，一般目前多用于研究工作的调查中。

对于交叉口交通状况的调查，往往可以采用录像法。通常将摄影机安装在交叉口附近的某制高点上，镜头对准交叉口，按照一定的时间间隔自动拍摄一次或连续摄像。根据不同时间间隔情况下每一辆车载交叉口内其他位置的变化情况，数出不同流向的交通量。这种方法的优点是能够获取一组连续时间序列的画面，只要适当选择摄影的时间间隔，就可以得到最完全的交通资料，对于如自行车和行人交通流量，分车种，分流向的机动车交通量，车辆通过交叉口的速度及延误时间损失、车头时距、信号配时、交通阻塞等原因，各种行人与车辆冲突情况等，均能提出令人信服的证据，并且资料可以长期保存。其缺点是费用大，内业整理工作量大，需要做大量图像上的量距和计算，并且在有繁密树木或其他遮挡物时，调查比较困难或会引起较大误差。

五、交通量调查的实施

1. 交叉口交通量调查

交叉口是交通量调查的重点对象,交叉口的交通量资料主要用于交叉口通行能力设计和为交叉口的管理控制提供依据。与路段相比,交叉口的交通状况非常复杂,因此,交叉口的交通量调查一般采用人工观测法进行观测和计数,另外,交叉口附近的车辆检测器采集到的数据也可以利用。在对交叉口交通量进行人工观测时,每个进入交叉口的路口都至少需要一名观测人员,当交通量较大时,为了保证精度,每个入口最好安排 3 个以上的观测人员,分别观测直行和左右转的车流,甚至对不同车型也应该分别观测。为了减少人工费用,通常采取较短的观测记录时间间隔结合在相似的时间段交替观测不同方向的方法。

对于信号交叉口,由于交通信号的控制,不同方向的车流不会同时进入交叉口。在交通量很小的情况下,一个观测者可以同时对两股不同信号时段的车流进行观测,但观测记录的时间段要与信号周期成倍数关系,如信号周期是 60 s,时间间隔就可以是 4 ~ 5 min。如果信号周期是 90 s,则观测时间间隔就应该是 3 ~ 6 min。

由于交叉口的复杂性,交叉口交通量调查要用专门的记录表记录观测数据,在对数据进行计算整理之后,要填写交叉口交通量汇总表和绘制交叉口流量流向图。如表 3 - 4 和图 3 - 1所示。

表 3 - 4　机动车交通量汇总表

地点　　路　线																				路口　　进口　　路口形式(+)(T)				
日期　年　月　日																				星期　　上下午　　天气(晴)(阴)(雨)				
控制方式																				汇总人　　操作编号　　第　页				
min 时间	左转					直行					右转					红灯(右转)					小计	一次停车	周期数
	大	中	小	公	电	大	中	小	公	电	大	中	小	公	电	大	中	小	公	电			
00 ~ 05																							
05 ~ 10																							
10 ~ 15																							
15 ~ 20																							
20 ~ 25																							
25 ~ 30																							
30 ~ 35																							
35 ~ 40																							

续表 3 − 4

地点　　路　线																				路口　　进口　　路口形式(+)(T)			
日期　年　月　日																				星期　　上下午　　天气(晴)(阴)(雨)			
控制方式																				汇总人　　操作编号　　第　页			

min 时间	左转					直行					右转					红灯(右转)					小计	一次停车	周期数
	大	中	小	公	电	大	中	小	公	电	大	中	小	公	电	大	中	小	公	电			
40 ~ 45																							
45 ~ 50																							
50 ~ 55																							
55 ~ 60																							
合计																							

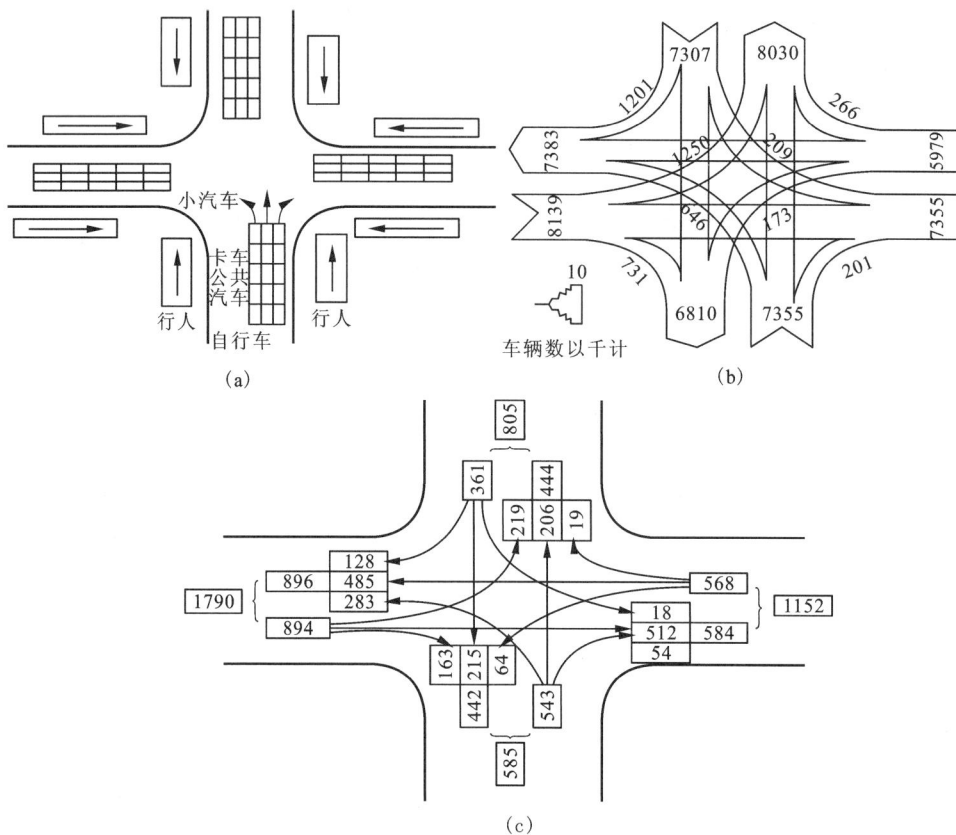

图 3 − 1　交叉口流量流向图

2. 路网交通量调查

路网是一定范围内由道路和交叉口组成的网络。这种网络可以是由几条、十几条道路组成的小网络，一个大城市上百条道路组成的大网络，也可以是一个省连接主要城市的道路乃至全国的主干道路组成的网络。对网络交通量的调查是地区及全国进行道路交通规划、运输规划和城市建设规划的依据。

路网交通量调查首先要利用已有的控制观测站和临时观测站对整个调查区域进行全面的大范围调查，以此为基础在能够观察到流量变化的地点设置观测站。利用控制站在一定时期内观测到的交通量，可以调整路网交通量调查的数据，绘制如图3-2所示的网络流量图。

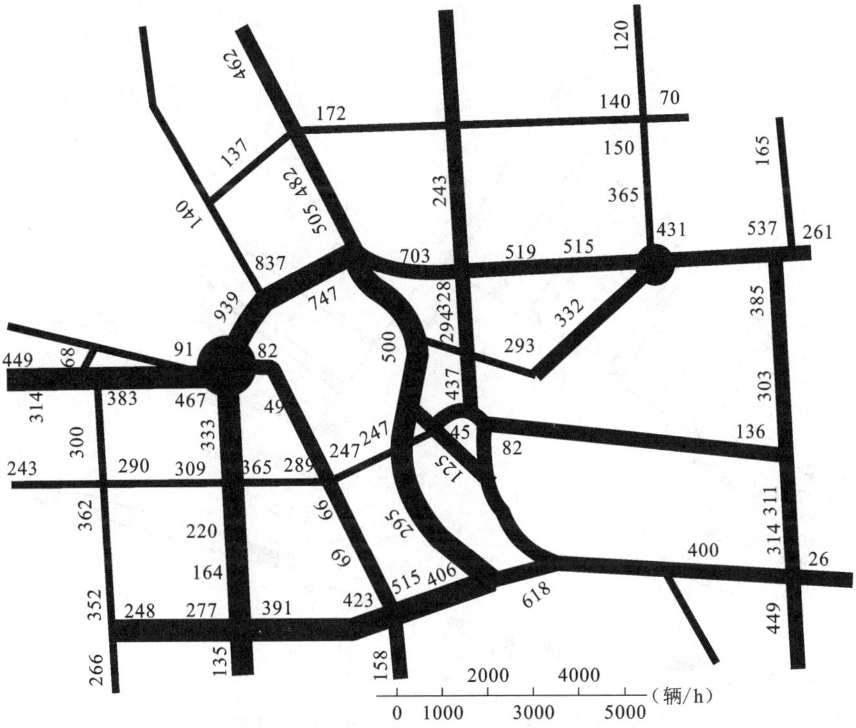

图 3-2　机动车高峰小时路网流量图

3. 区域境界线交通量调查

区域境界线交通量调查，是在一个完全被一条假设线封闭的特定区域内，对进出该区域的所有道路进行交通量调查，以检测出入的交通量和该区域内交通量(或车辆、行人)的比例关系，又称作小区出入交通量调查。

区域境界线交通量调查常用作全面的起讫点调查或中心商业区调查的一部分，用于核对出行调查的数据。这种调查一般采用人工计数和机械计数相结合的方式进行观测。

由于这种调查要获得出入中心区商业区的交通量的详细资料，对各种机动车、非机动车、行人、乘客的数量都应该按照方向调查统计，因此只能采用人工计数法。乘坐公共汽车、电车、地铁或轮渡等交通工具进出拟调查区域的乘客数，最好从公交公司获得，不得已时，再设立观测站计数。而乘坐大轿车、小客车或出租汽车等社会车辆进出的人数和步行者的数量，只能在观测站统计。这些资料可为公交部门编制符合实际的运行时间表提供可靠的依据。

进行中心商业区的调查时，对每一条道路与拟调查区域的境界线的交点处都要设立观测站。对于某些交通量很小的街道，也可以不进行调查，但必须保证这些街道上的总交通量不超过总出入量的 3% 到 4% 。观测断面要选在路段上，以避免由于存在转向车辆而造成的重复计数。为了减少观测站的数量，境界线应尽量利用天然的或人为的分隔线，如河流、区界线和铁路等等，但不要选在道路中线上。划分好的固定区域要包括所有通过主要临街商店的道路，避免在境界线上有较大的临街商业网点。区域境界线调查法的资料经过整理后一般可以绘制如图 3 - 3 所示的出入交通量示意图。

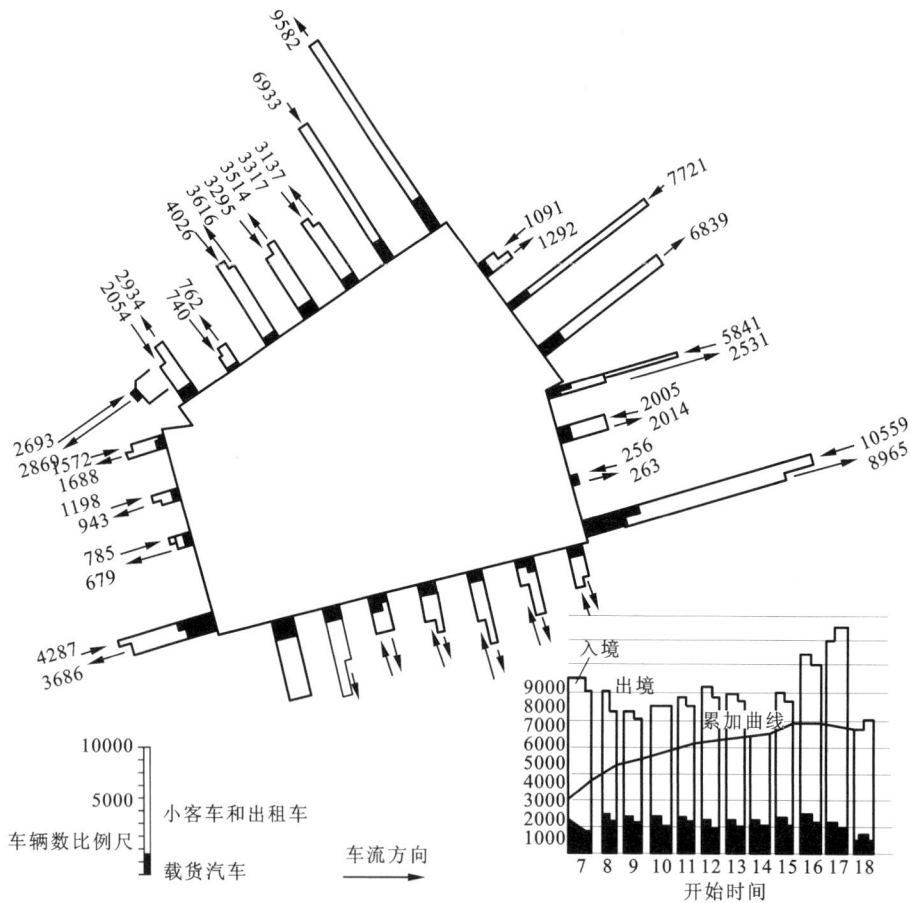

图 3 - 3   出入交通量示意图

第三节　速度调查

一、地点速度调查

1. 观测地点的选择

地点车速是汽车通过某个地点的瞬间速度。因此，观测地点应该选择在交叉口之间、地形平直、间距较大而又无干扰的路段，一般是无公共汽车站或临时停车站等侧旁停车影响，也不受行人过街道、支街出入口车辆和行人横向干扰影响的路段。

对于某些拟测的特定地点，如交通事故频发地点、拟限制行车速度地段、准备设置交通信号与交通标志地点的车速调查，可以不受上述限制而于该处设置观测站。对交通运营有重要影响而进行前后车速对比调查的地段和固定观测收集基本数据的地段，均应选择有代表的地点进行观测。

为了观测正常车速，减少观测者与观测设备对行驶车速产生的影响，车速调查地点应选在较隐蔽处，尽可能不被行近车辆的驾驶员发觉，避免行人围观与干扰，使观测记录能反映真实情况。总之，观测地点的选择应服从于观测的目的，以取得实际正常车速为目标。

2. 调查时间的选择

通常，地点车速的调查应选择天气良好、交通和道路状况正常的日期进行，严寒、酷暑、大风雪等恶劣天气不宜进行观测。当有特殊需要时，才观测此特殊条件下的车速。

调查时间决定于调查的目的和用途，调查车速限制、收集基础资料等一般性的调查，选择非高峰时段，国外常选用下列三个时段中的一个小时。

(1)9:00—17:30

(2)14:30—16:00

(3)19:00—21:00

究竟选取哪一个小时去调查，要视具体情况而定，应以反映正常情况、有充分代表性为原则。如做长期观测或对比调查，应尽可能使先后调查的交通状况保持大致相似的条件为宜。

3. 样本大小的选择

通常任一样本中，至少应测定50辆(最好为100辆以上)汽车的速度。交通量较低(高峰小时小于200辆或更少)时，观测员有可能测得其中90%或更多车辆的车速。交通量较大时，就不可能将每辆车的速度都测量下来，因而需要选择，即速度抽样。为了不至于产生偏见，观测人员应从车流中进行随机取样。为了减少偏见，应避免如下所述的一些常见错误做法。

(1)总是选择车队中的第一辆汽车

由于跟随的车辆速度至少同带头的车辆一样，甚至可能快些，但为头车所压，后车只好跟进，总是测头车会使所得车速偏低，故应选择单辆车或车队中不同位置上的车辆。

(2)选择某一车种的比例过大

某一车种的速度，不能代表样本的其余车辆，应调查实际存在于车流中的各车种的比例，并按此比例选择样本进行测定。争取反映实际状况。

(3)选择高速车辆比例大

未经训练或初次参与此项工作的观测者，常常会无视正常速度的车辆，而去寻找个别高速行驶的车辆，或测定所有较高速度的车辆，这样就会使观测结果高于实际车速，从而使观测资料失真。

4. 地点车速的测量方法

地点速度的调查地点和调查时间应与调查目的相对应，当调查目的是为了制定限制车速时，观测地点应设在需限制速度的道路或地点；当调查目的是为了了解路段速度分布特征时，观测地点应在道路平坦顺直，离交叉口及公交停靠站有一定距离的地方；调查事件应具有典型性和代表性，调查目的是为交通管理和控制时，经常选用工作日的上下班高峰时间。地点速度的调查方法主要有以下几种：

（1）人工测速法

人工测速法就是由调查人员按照地点速度的概念，测量车辆通过一小段已知距离的时间，用距离除以时间就得到地点速度。具体而言，在拟调查的路段上量出一段距离，并做好标记。其取值在 20~30 m 之间，调查表格如表 3－5 所示。

表 3－5　地点速度测量表格

道路名称＿＿＿＿　观测时间＿＿＿ 年＿＿＿ 月＿＿＿ 日＿＿＿ 时＿＿＿ 分至＿＿＿ 时＿＿＿ 分

测定距离＿＿＿＿　观测人员＿＿＿＿　天气情况

车型	到起点时刻 t_1	到终点时刻 t_2	时间 $= \Delta t = t_2 - t_1$	速度 $v = \Delta l / \Delta t$

（2）雷达测速法

雷达测速多使用手持式雷达测速仪，使用非常方便。其测速的基本原理是多普勒效应。用雷达测速仪瞄准行驶中的车辆发射雷达波，遇车辆后又反弹回来，根据多普勒效应，发射波与反射波的频率差与车辆行驶速度成正比，从而获得车辆的瞬时车速。雷达测速计一般是安排在靠近车辆边缘约 1 m 的地方，按照与车辆行驶线约成 20 度发射微波，并从行驶车辆正面接受其反射波，否则，就很难获取准确的数据。所以在交通繁忙的路段，要鉴别所有车辆的速度是困难的。一般在交通量大于 500 辆/h 的双向道路上就无法有效地工作。

（3）检测器测速

检测器测速是利用车辆检测器在一条车道上以一定距离连续设置两个，车辆通过前后两个检测器时，发出信号，并传送给记录仪，记录下车辆通过前后两个检测器的时间，从而算出车速。

5. 地点车速调查资料的整理与分析

地点车速的观测数据应该按照观测目的进行汇总，然后把数据整理成图表，并用统计的方法对调查结果做统计计算。

（1）计算分组数和组距

分组数计算公式：$N = 1 + 3.22 \lg n$　　　　　　　　　　　　　　　　　　　　　（3－5）

式中：n 为观测次数。

极差计算公式：$R = V_{max} - V_{min}$

组距计算公式：$H = R/N$

（2）列出地点车速分布表

对地点速度资料分组后，就可以列出地点车速分布表。表 3-6 是根据实测数据列出的地点车速分布表。

表 3-6　地点车速分布表

速度范围	中位速度	观测车辆数及频率		累计观测车辆数及累计频率	
		次数	频率	次数	频率
1	2	3	4	5	6
53.5~56.5	55	2	1.0	2	1.0
56.5~59.5	58	8	4.0	10	5.0
59.5~62.5	61	18	9.0	28	14.0
62.5~65.5	64	42	21.0	70	35.0
65.5~68.5	67	48	24.0	118	59.0
68.5~71.5	70	40	20.0	158	79.0
71.5~74.5	73	21	12.0	182	94.0
74.5~77.5	76	11	5.5	193	96.0
77.5~80.5	79	5	2.5	198	99.0
80.5~83.5	82	2	1.0	200	100.0
合计		200	100.0		

（3）绘制地点车速频率分布直方图和累计频率曲线

利用地点车速频率分布表，可以绘制地点车速频率分布直方图和累计频率曲线。如图 3-4和图 3-5 所示。

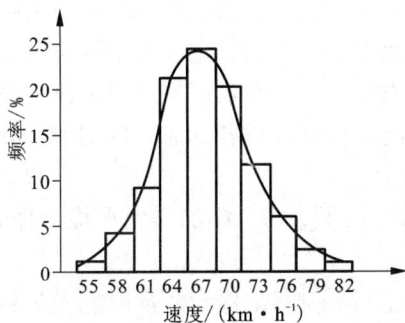

图 3-4　地点车速频率分布直方图

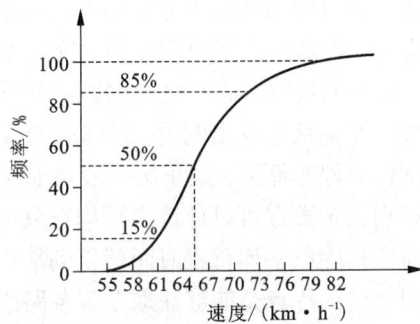

图 3-5　累计频率曲线

（4）计算特征值

利用以上的图表可以计算出地点车速的频率分布特征值。

速度平均值：

$$\bar{v} = \frac{\sum f_i v_i}{n} \tag{3-6}$$

速度标准差：

$$S = \sqrt{\frac{1}{n+1}\left[\sum(v_i^2 \cdot f_i) - \frac{1}{n}\left(\sum(v_i \cdot f_i)^2\right]\right)} \tag{3-7}$$

二、行程速度调查

行程速度即区间速度，用区间距离除以车辆通过该区间的总时间求得。也是评价道路服务水平的主要指标，作为路线改善设计的依据和衡量道路上车辆运营经济性的重要参数。行程速度的调查方法主要有以下几种。

1. 牌照法

牌照法是在调查路段的起点和终点设置观测断面，一组观测员记录通过起点的车辆牌照、车型和到达时间，另一组观测员记录通过终点的车辆牌照、车型和离开时刻。观测结束后，找出起点和终点之间相同的车牌照，计算其通过起终点断面的时间差，得到行程时间。通过地图量取或实测距离，得到行程速度。

利用牌照法进行行程速度调查，需要在每个观测断面配备 2 名观测员，1 名观测车型、牌照号及经过断面的时间，另一名记录。牌照法适用于路段上无主要交叉口，单向一车道或交通量不是很大的单向两车道的道路，路段长度不宜超过 500 m。牌照法的主要优点是取样速度快，能够较准确地获得不同时段各种车型的行程速度、通过断面的单向交通量以及车头时距，便于进行交通工程中的微观分析。其缺点是只能测得车辆经过起点和终点的行程时间，无法知道车辆在行驶过程中的延误情况。

2. 跟车法

跟车法是利用测试车在观测路段往返行驶，同时记录下所用的时间，即为行程时间，用路段长度除以该时间就得到行程速度。

跟车法首先要取得可靠的图纸，在图上标记待测的标志点，量测标志点之间的距离以及路段全长，在随后的实地勘测中，校验和修正各标志点并做好实地标记。当不具备可靠的图纸时，应实地量取标志点之间的距离和路段全长。实测时，测试车辆应按照正常速度跟随车流行驶。车辆从起点出发后，车内观测员开启秒表，记录车辆驶过各标志点的时刻，沿途停车时间以及停车原因，跟车法一般要求往返测试 6～8 次。

根据记录数据可以计算出平均行驶时间和平均停车时间，两者相加得到平均行程时间，区间总距离除以平均行程时间就得到平均区间速度。

跟车法的优点是能够获取全程各路段的行程速度、行驶速度、停车延误时间及原因，劳动强度不高，比较适合于交通量大，交叉口多的城市道路。跟车法的主要缺点是测量次数不可能多，相对于某一时段，只能得到 2 到 3 次的测量数据，所测速度只能作宏观上的分析，难以用于微观分析和建模。

3. 五轮仪法

五轮仪是测量车速的专用仪器,与速度分析仪同时使用。测速时将五轮仪装置于试验车之后,成为试验车以外另加的一个轮子,故名五轮仪。当测试车行驶时,五轮仪的轮子亦与地面接触,同样转动。在五轮仪的轮轴上设有光电装置,其作用是将车轮转动车速转换成电信号输入速度分析仪,此时记录仪能能自动记下行驶距离、行驶时间、行程车速。

五轮仪的测速法主要优点是自动化程度高,测速精确,能直接将结果打印输出,无需记录。他可以与车辆油耗仪同时使用,测量不同行驶状态、不同车速情况下的耗油量,作为建立模型的可靠资料。但是在使用五轮仪时,对路面平整度有一定要求,平整度很差的路面,行驶时五轮仪跳动厉害,影响测速精度,并有损仪器。

4. 光感测速法

光感测速仪也是一种测量车速的专用仪器,这种仪器是由光电探测器和光谱屏幕两个主要部件所组成。测速时,将光感应测速仪贴在试验车车厢外壳上,光电探测器对准地面,随着车辆行驶,在广电屏幕上产生不同频率的电信号,频率的高低与车速成正比。如果再配置一台微型计算机且与之连机,则可以直接打印出速度曲线、行驶时间、行驶距离等。这种仪器的测速范围在 $3 \sim 200km/h$ 之间。

使用光感测速仪测速,也是试验车跟踪测速的方法之一,其主要优点是测速方便,能方便的安装在各种类型的车辆上,测速精度高,可连续获得各点的瞬时车速和全程平均车速,并直接打印出结果。除此之外,这种仪器还可以用于加速试验和制动试验,加速试验测得的数据是加速度的最终速度、加速距离、加速时间;制动试验测得的数据是制动时的初速度、制动距离、制动时间。这种仪器对测速时的使用和平时保养的要求均较高。

5. 浮动车测速法

与本章第二节介绍的用于调查交通量的浮动车法相同,具体测量方法见本章第二节。

浮动车观测法实际上是在整个行驶时间内的一种抽样率小于 50% 的抽样测定法。因为测试车每来回一趟,每个方向的车流被测的时间约占一半,所以这种方法所统计的流量和车速不如用车牌照法测量精确,而且流动车观测法不宜用于城市中交叉口间距短或全线道路交通条件不一致的情况。但流动车观测法可以用较少的人力在较长的路段上同时观测行程车速和流量;内业工作量小,适用于路线上无交叉口,道路两侧很少有车辆插入、车流均匀稳定的情况。

第四节 密度调查

一、密度调查的作用

密度调查是交通调查的重要组成部分,对研究交通状况具有十分重要的作用:是研究交通流理论和制定交通控制措施的基础数据;是划分服务水平的依据;车流密度指标,可以反映路上交通拥堵状况;对道路通行能力的研究十分有用。

二、密度调查的方法

密度调查的方法一般有出入流量法和摄影法两种方法,下面分别介绍。

1. 出入流量法

（1）出入流量法的原理

出入流量法是一种测定无出入路段上两断面之间的现有车辆数，计算该路段交通密度的方法，在 AB 区间，在某一时刻，上游 A 点处的交通量是同一时刻 AB 区间内新增加的车辆数；反之，这时在下游地点 B 处的交通量等于从 AB 区间内减少的车辆数。AB 区间内车辆数的变化值应该等于入量减出量的差。因此，只要知道最初 AB 区间的原始车辆数，就能求得每单位时间内实有的车辆数。在 t 时刻的密度可用如下公式来表示：

$$E(t) = Q_{A(t)} + E_{(t_0)} - Q_{B(t)} \tag{3-8}$$

式中：$E_{(t)}$——t 时刻 AB 区间内的车辆数；

　　　$Q_{A(t)}$——观测开始到 t 时刻通过 A 处的累加交通量；

　　　$E_{(t_0)}$——观测开始的 t_0 时刻，AB 区间内的原始车辆数；

　　　$Q_{B(t)}$——从观测开始的 t 时刻通过 B 处的累加交通量。

用出入流量法测定路段交通密度的优点是方法简便，无需很多设备，适用于各种交通状况，既能保证精度又实用有效。观测路段的长度为 1 km 左右为宜，路段长度太短，不宜采用此法。

（2）实施办法

1）试验车法

进行试验车法观测时，要从基准时刻开始在测定区间的两端用流量观测仪或录像机测定通过的车辆数。为了记取试验车通过区间两端的时刻，必须在试验车上标以特殊的记号。若用流量仪进行测定，当试验车通过两端时，要输入信号并在记录纸上做记号；若用录像机，要对准试验车的特殊记号摄影，以便记取那个时刻。

试验车跟随车流通过 A 处的时刻为 t_0，经过 B 处的时刻为 t_1，则从 t_0 到 t_1 这段时间内，通过 B 处的车辆数 q_b，即为 t_0 时刻 AB 区间内的原始车辆数。然而这一关系只有在试验车既不超车又不被超车的情况下才能成立，否则，应该按照下式计算：

$$E_{(t_0)} = q_B + a - b$$

式中：q_B——从 t_0 到 t_1 时间内通过 B 处的车辆数；

　　　a——试验车超车数；

　　　b——试验车被超车数；

试验车法的缺点是，通过 A、B 两端车辆数的测量误差随时间而累加，为了防止误差的累加，除应增加观测次数外，要把试验车每次经过 A 端的时刻都作为开始时刻，且该时刻的现有车辆都作为每次的初始车辆数值。

2）车牌照法

车牌照法是从基准时刻开始，在测定区间的两端，用同步的秒表或录像机，测定每一辆车的到达时间，并相应地记下每辆车的牌照（可以只记录后三位）。若用录像机，需要拍摄下每辆车的牌照。用该方法时，原始车辆数测定的基本原理同试验车法相同，原始车辆数也可以按照上式进行计算。在车牌照法中，车流中的每一辆车都可以作为"试验车"。在车牌照法进行观测时，两端的秒表或录像机必须同步。观测时不能遗漏车辆，如同时观测车辆到达时间及牌照有困难时，允许少记车辆的牌照，但每一辆车的到达时间绝对不能少。此方法也须选用较长的测定区间，以提高测量的精度。

（3）资料整理

出入流量法在得到原始车辆数之后，还要经过增加车辆变化量和分配误差的修正步骤最后得到瞬时密度。对总计时间内的瞬时密度取平均值，可以得到该时间内的平均密度，具体的整理步骤如下：

①在出入流量法密度观测计算汇总表中的1、2栏内分别计入 A 处及 B 处各测定时间范围内的交通量。如表3-7所示。

试验车通过 A、B 两处的时刻通常不是测定时间范围内的起终点，因此，记录 A、B 两处单位时间内的交通量时，要将表中相应的格子一分为二，分别记下在单位时间内试验车通过前和试验车通过后的交通量。

表3-7　试验车法测定交通密度汇总整理表

时间	A地点交通量①	B地点交通量②	变化量③	时刻	初始台数④	存车台数⑤	调整值⑥	修正值⑦	瞬间密度⑧	平均密度⑨	试验车情况
14：0'-14：1'	40	54	-14	14：1							
1'—2'	74	60	14	2'							
2'—3'	39	40	-1	3'							
3'—4'	61	68	-7	4'							
4'—5'	37	60	-23	5'							14：6'50″进 a=10, b=2 14：8'20″出
5'—6'	72	59	13	6'							
6'—7'	52/9	48/7	4/2	7'	/94	/96	0	96	119		
7'—8'	67	58	9	8'		105	0	105	130		
8'—9'	19/24	21/26	-2/-2	9'	103/	103/101	0	101	125		
9'—10'	69	65	4	10'		105	0	105	130		
合计	563	566	-3								
10'—11'	46	66	-20	11'		85	0	85	105		
11'—12'	69	56	13	12'		98	0	98	121		
12'—13'	57	65	-8	13'		90	1	91	112		
13'—14'	57	59	-2	14'		88	1	89	110		
14'—15'	58	46	12	15'		100	1	101	125		14：18'43″进 a=14, b=3
15'—16'	52	48	4	16'		104	1	105	130		
16'—17'	40	58	-18	17'		86	1	87	107		
17'—18'	59	59	0	18'		86	1	87	107		
18'—19'	47/20	29/15	18/5	19'	105/117	104/110	0	110	136		
19'—20'	49	31	18	20'		128	0	128	158		
合计	554	532	22								

续表 3 - 7

时间	A 地点交通量①	B 地点交通量②	变化量③	时刻	初始台数④	存车台数⑤	调整值⑥	修正值⑦	瞬间密度⑧	平均密度⑨	试验车情况
20′-21′	37	48	-11	21′		117	0	117	144		
21′-22′	39	40	-1	22′		116	0	116	143		
22′-23′	48	59	-11	23′		105	0	105	130		
23′-24′	41	65	-24	24′		81	-1	80	99		
24′-25′	72	65	7	25′		88	-1	87	107		
25′-26′	65	76	-11	26′		77	-1	70	94		14:21′00″ 出
26′-27′	53	63	-10	27′		67	-2	65	80		
27′-28′	56	63	-7	28′		60	-2	58	72		
28′-29′	46	50	-4	29′		56	-2	54	67		
29′-30′	42	43	-1	30′		55	-2	52	64		
合计	499	572	-73								

②在试验车一栏中,除了记录试验车通过时刻外,还要记录试验车的超车数(a)和被超车数(b),并计算 $a-b$。

③计算 A、B 两处交通量之差,计入 3 栏中,即表示 AB 区间内的现有车辆数的变化。

④4 栏中填写试验车从 A 点到 B 点这段时间内 AB 区间的原始车辆数,计算方法如下:

14 h 06 min 50 s 时的原始车辆数等于在 B 处通过的车辆数再加 $a-b$,即

$7+58+21+8=94$ 辆

14 h 08 min 20 s 时的原始车辆数,等于在 A 处通过的车辆数再加上 $a-b$,即

$9+67+19+8=103$ 辆

⑤5 栏为任意时刻 AB 区间的车辆数。由上一行求得的车辆数再加上经过单位时间后的车辆变化量,即得到相应时刻 AB 区间的车辆数。如:

在 14 h 07 min 为:$94+2=96$ 辆

14 h 08 min 为:$96+9=105$ 辆　14 h 09 min 为:$105+(-4)=101$ 辆

⑥按理说,下一次试验车通过时刻的原始车辆数为 105 辆,但是根据上述数据推算结果为 104 辆,这是由观测误差引起的,可以将此误差适当地分配在试验车两次经过观测区间的时间内的现有车辆数上,见⑥栏的调整值。

⑦现有车辆数加上调整值后即得到⑦栏的修正值。

⑧瞬时密度按照下式计算:

瞬时密度 = 修正值(辆)/测定区间长(km)

2. 摄影法

利用空中定时摄影方法求得实测路段的车辆数,然后除以路段长度即可得到摄影时刻路段交通密度。若进行连续摄影,即可连续摄得各时刻交通密度。具体做法是在拟测路段上选长度 50~100 m 区段并在路面上做出标记,然后调整摄影机对准拍摄范围作定时拍摄即可。当实测区段过长时,会使摄影精度下降,此时可使用多架摄影机分段联动摄取。在拍摄照片

后，通过对照片处理即可以求得摄影时刻的交通密度值。此法简单并且实测精度高，但设备及器材较贵，照片处理的工作也较复杂。

第五节　其他交通调查

一、延误调查

延误是反映交通流运行效率的指标，进行延误调查就是为了确定产生延误的地点、类型和大小，评价道路上交通流的运行效率，在交通阻塞路段找出延误的原因，为制定道路交通设施的改善方案，减少延误提供依据。通过延误调查可以直接得到车辆行程时间和损失时间的准确数据，这对于评价道路交通设施的服务质量，进行道路交通项目的工程经济分析以及研究交通拥挤程度等方面都具有十分重要的意义。

延误受很多因素的影响，这些包括人、车辆、道路、交通条件、交通管理与控制以及道路环境等，具体包括：

（1）驾驶员

驾驶员的性别、年龄、气质、技术水准等都对行车延误有影响，一般来说，青年驾驶员、男性驾驶员较中年驾驶员，女性驾驶员反应快，反应时间短，应变能力强，车速高，因而行车延误低。单身驾驶员较已婚驾驶员开车快，行车延误低。

（2）道路

快慢车混行的道路比快慢车隔离的道路行车延误大。据调查，无隔离带路段上的行车延误约为有隔离带路段的1.3倍。入口引道有左转专用车道的交叉路口，其行车延误比没有左转专用道的路口小。

（3）车辆

不同车型和不同年龄的车辆，其启动、加速和车速性能不同，对延误的影响也不一样。据调查，绿灯亮时，反应时间加启动时间，按小型车、大型车、拖挂车顺序逐渐增大。从加速度看，小型车、大型车、拖挂车的加速性能逐渐下降。因此，大型车越多，延误越大。

（4）交通负荷

交通负荷常以饱和度，即实际交通量与通行能力的比值度量。行车延误与交通负荷成正比。

（5）转向车比例

无论是左转还是右转行驶，通过路口的车速都低于直行车速。因此，转向车比例越大，平均每辆车的延误越大，尤其是左转车的比例对行车延误的影响更为明显。此外，路侧停车，也会对正常车流存在干扰，增加平均延误。

（6）行人和非机动车

行人和非机动车过街会对交通流产生干扰，增加行车延误。

（7）交通管理与控制

交通控制的方式对行车延误影响比较大，感应信号控制要比单点定周期信号控制的交叉口的延误低，而线控要好于上述控制方式。信号灯的配时不当，也会引起较大的行车延误。信号周期合适，绿信比越大，延误就越小。信号周期设置的过长或者太短也会使延误增加。

停车标志,让路标志也会影响车辆的延误。

1. 路段行车延误调查

路段的行车延误调查方法很多,通常与行程时间一起调查,这样可以同时获得行驶时间、行程时间、行驶车速和延误等一系列资料。其调查方法有跟车法、浮动车法、输入输出法、车辆牌照法等。下面主要介绍输入输出法。

输入输出法适合于调查瓶颈路段的行车延误,它的前提为假设车辆的出入是均一的。车辆排队现象存在于某一持续时间内,在其中某一时段中,若到达的车辆数大于道路的通行能力时,则开始排队,而当到达的车辆数小于道路的通行能力时,则排队将逐渐消散。

调查的具体方式是在两个断面同时进行,即在瓶颈路段的起点和终点各设一名观测员,用调查交通量的办法,以 5 min 或 15 min 为间隔,记下累计交通量。要求两个断面的起始时间同步,当车辆受阻排队有可能超过瓶颈时,该断面的位置要根据实际情况后移。若该路段通行能力已知时,瓶颈终点断面可以不予调查。

例:表 3 - 8 是一组输入输出法的观测数据,已知该路段通行能力为 360 辆/h,计算第 300 辆车的延误时间。

表 3 - 8　输入输出法观测数据

时间	到达车数		离去车数		阻塞情况
	到达	累计	离去	累计	
4:00 - 4:15	80	80	80	80	无阻塞
4:15 - 4:30	100	180	90	170	阻塞开始
4:30 - 4:45	120	300	90	260	阻塞
4:45 - 5:00	90	390	90	350	阻塞
5:00 - 5:15	70	460	90	440	阻塞消散
5:15 - 5:30	70	530	90	530	阻塞结束

由表可知,该路段的通行能力为 360 辆/h,即平均每 15 min 通过 90 辆车。由表 3 - 8 可见,在 4:00 开始的第一个 15 min 内,达到车辆数小于路段通行能力,路段上并无阻塞。第二个 15 min 内,累计离去车辆数小于累计到达车辆数,有 10 辆车被阻塞,于是开始阻塞。4:30 至 4:45 是高峰,到达车辆数最大,阻塞继续发展。4:45 至 5:00 到达车辆已开始减少,但累计待驶车辆数仍超过离去的车辆数,通行能力仍不能满足要求。以上这 45 min 是排队开始形成,排队长度不断增加直至出现最大排队长度的一段时间。5:00 以后,到达车辆数小于路段通行能力,累计到达车辆数与累计离去车辆数开始接近,排队长度缩短,阻塞车队开始消散。到 5:30 累计到达车辆数等于累计离去车辆数,于是阻塞结束。

求第 300 辆车的延误时间,第 300 辆车是在 4:45 到达的,此时仅离开了 260 辆车,因此它排队的位置为 300 - 260 = 40 辆。即排队中的第 40 辆车。

由于瓶颈路段的通行能力为 360 辆/h,即 90 辆/15 min,因此,每辆车通过瓶颈路段的平均所需时间为 15/90 min,故第 300 辆车通过瓶颈路段所需时间为:$15/90 \times 40 = 6.67$ min,由此得知第 300 辆车是在 4:45 加 6.67 min 时刻驶离瓶颈路段的。

第 300 辆车通过瓶颈路段的延误时间,应为实际行程时间与自由行驶时间之差。

即:$6.67 - 15/90 = 6.5 \text{ min}$

输入输出法比较简便,调查结果又能整理成十分直观的图表,因此,作为分析瓶颈路段的行车延误方法,具有一定的实用价值。但输入输出法调查延误很难得到平均每辆受阻车的延误和受阻车辆占总数的百分比,也无法确定产生延误的准确地点和原因,而且还无法识别延误的类型。在这些方面此法都不如跟车法。因为驶入驶出法的理论前提为假设来车率与离车率是均一的,这往往与实际交通状况不相符合。事实上,来车率与离车率往往是随机的而并非均一的。因此,统计交通量的时间间隔取得越小,瓶颈路段的长度越短,精度才能越高。

2. 交叉口延误调查

交叉口延误在道路或路网的总行车延误中所占的比例一般在 80% 以上,所以交叉口延误调查很重要。交叉口延误调查方法可以分为两类:行程时间法和停车时间法。行程时间法的交叉口延误是测定从交叉口前某一点至交叉口后某一点的行程时间,各个车辆的平均行程时间减去全行程的车辆行驶时间。行程时间法又分为试验车法、牌照法、车辆检测器与人工相结合方法等。这类方法的测定不但包括停车延误,而且还包括加速延误和减速延误。停车时间法测定交叉口的延误,根据停车时间测定法的不同,可以分为间断航空摄影法、点样本法。这类测定方法只包括停车延误,没有计算加速延误和减速延误。下面以点样本法调查交叉口延误为例。

点样本法最早是由美国加利福尼亚大学伯力克分校于 1954 年提出的,方法简便,不需要专门仪器,因此各国一直都在广泛使用。

(1)调查准备

点样本法调查时每个交叉口入口引道需要 3 ~ 4 个人和一块秒表,观测人员和所需秒表的总数根据需调查的引道数量确定,为了保证所要求的调查精度,调查必须有足够的样本数,一般应用概率统计中的二项分布来确定需要调查的最小样本数:

$$N = \frac{(1-P)\chi^2}{Pd^2} \tag{3-9}$$

式中:N——最小样本数;

P——在交叉口入口引道上的停驶车辆百分率(%);

χ^2——在所要求的置信度下的 χ^2 值;

d——停驶车辆百分率估计值的允许误差。

这里,样本容量指的是包括停驶车辆和不停驶车辆在内的入口引道车辆数总和。在正式观测之前,为确定适当的样本容量 N,需要初步估计停驶车辆百分率。为此,最好进行一次现场实验调查。一般在交叉口入口引道上观测 100 辆车便可以估计出适当的 P 值。

在任何情况下,所取样本数不应小于 50 辆。调查工作结束后,要根据实际的样本数 N,计算出停驶车辆百分率 P,然后按照所要求的置信度用上式反算出停驶车辆百分率的估计误差,若不能满足要求,则需要增加样本数,重新调查。

(2)观测方法

点样本法就是观测在连续的时间间隔内交叉口入口引道上停车的车辆数,进而得到车辆在交叉口入口引道上的排队时间。交叉口每一引道需要 3 ~ 4 名观测员,其中 1 人为报时员,1 人或 2 人为观察员,另 1 人为记录员。点样本法的现场记录表如表 3 - 9 所示。

表3-9　点样本法现场记录表

交叉口：＿＿＿＿＿＿＿＿＿　入口：＿＿＿＿＿＿＿　车道号：＿＿＿＿＿＿＿＿＿

日期：＿＿＿＿年＿月＿＿日　星期：＿＿＿＿＿　气候：＿＿＿＿＿　观测员：＿＿＿＿＿

开始时间	在下列时间停在入口的车辆数				入口交通量	
（时，分）	0 s	15 s	30 s	45 s	停驶数	不停驶数
8:00	0	0	2	6	8	10
8:01	2	0	4	4	10	9
8:02	3	3	6	0	12	15
8:03	1	4	0	5	10	8
8:04	0	5	0	1	5	11
8:05	9	1	2	6	15	12
8:06	3	0	7	0	10	7
8:07	1	2	6	3	9	8
8:08	5	7	5	0	16	13
8:09	1	3	0	4	8	16
8:10	3	0	6	5	10	10
8:11	7	2	3	1	11	8
8:12	2	4	1	0	6	14
8:13	5	7	3	1	12	11
8:14	6	1	2	2	8	17
小计	48	39	47	37	150	169
合计	171				319	

在调查开始之前，记录员应将调查日期、地点等填入表内。观测时间间隔一般取15 s（根据情况也可以选择其他值），这样，每分钟有0～15 s，15～30 s，30～35 s和45～60 s 4个时间间隔。

观测开始之后，报时员手持秒表，每15 s报时一次，观察员在报时后即统计停留在入口引导停车线之后的车辆数，并通知记录员逐项记录。同时，记录员或第二名观察员还要统计在相应的每一分钟内的引道交通量，并按照停驶车辆和不停驶车辆分别统计和记录。所谓停驶车辆是指经过停车后通过停车线的车辆，不停驶车辆是指不经过停车而直接通过停车线的车辆。

上述观测工作连续进行，直至达到样本容量要求或规定的时间为止。

观测时，对于定周期信号交叉口，选择观测的时间间隔时应避免信号周期能被观测时间间隔整除的情况出现，否则，统计停车数的时间将是信号周期的某个相同部分，这会使观测数据失去随机性。此外，还应将观测的起始时间与信号周期的始点错开。如果某辆车的停车时间超过了一个观测时间间隔,则在下个时间间隔将再次把该车统计在引道停车数内,而在统计停驶车辆数时,该车却只被统计一次。因此,对于一个指定的时间间隔,停驶车数总是小于或等于停在引道上的车辆总数,这可以帮助判断观测与记录的正确与否。

根据记录表可以得到下列交叉口延误调查结果:

1)总延误 = 总停车数 × 观测时间间隔

2)每一停驶车辆的平均延误 = 总延误/停驶车辆总数

3)交叉口入口引道上每辆车的平均延误 = 总延误/引道总交通量

4)停驶车辆百分率 = 停驶车辆总数/引道总交通量 × 100%

5)停驶车辆百分率的估计误差 $N = \dfrac{(1-P)\chi^2}{Pd^2}$

利用表 3 - 9 中的数值,可以得到相应的值。

总延误 = 248 × 15 = 3720 s

每一停驶车辆的平均延误 = 3720/206 = 18.1 s

交叉口入口引道每辆车的平均延误 = 3720/420 = 8.9 s

停驶车辆百分率 = 206/420 × 100% = 49%

二、起讫点调查(OD 调查)

起讫点调查,又称 OD 调查(OD 取自英文 Origin 和 Destination 的第一个字母),它在交通规划中占有极为重要的地位。

OD 调查主要包括人的出行 OD 调查、车辆 OD 调查和货流 OD 调查三大内容。OD 调查的最大特点是将人、车、货的出行活动视作交通形成的细胞,据此研究交通的产生与分布。OD 调查是交通运输规划研究最基础的调查,可以全面地再现城市交通特征,能揭示出城市交通症结的原因,反映交通需求与土地利用、经济活动的规律。

1. 起讫点调查的类别

(1)个人出行

包括城市居民和流动人口的出行,调查的内容主要包括出行目的、出行方式、出行时间、出行距离、出行起讫点以及用地设施等。城市居民出行调查是世界各国开展交通调查最常用的方式之一。

(2)车辆出行

机动车辆包括货车与客车。机动车出行调查包括所有牌照车辆和调查日进入调查区域的外地车辆。车辆出行 OD 应包括车型、营业特点、装载货、出行目的、出行次数、出发和到达时间、地点、经过主要江河桥址以及主要路口等信息。

(3)货物流通出行

一般分为两部分:一部分是调查货物流通集散点、调查运输设施能力、停车场地、仓储情况;另一部分是货物种类、运入量、运出量、运输方式等。

2. 起讫点调查的方法

调查方法很多,主要有以下几种方法:

(1)家访调查(个人出行)

对居住在调查区内的住户,进行抽样家访。由调查员当面了解该户中包括学龄儿童在内的全体成员一天的出行情况。我国许多大城市居民出行调查采用这种方法。这种调查内容比较可靠，表格回收率高。在工作中辅以大量的宣传，实行市调查办、街道委员会、调查员三级管理质量保证，可以获得事半功倍的效果。家访调查还应包括在城市活动的流动人口出行调查。

（2）发表调查

将调查表格给机动车驾驶员，由车辆管理系统落实到每个人，由他们填写后回收。填写前应做好动员与解释工作。对调查未出车的应注明原因，若因为节假日，则改填次日出行情况。

（3）路边询问调查

在主要道路或城市出入口设立调查站，让车辆停下，询问该车的出行起讫点以及其他出行资料。对访问地点的选择，如果调查只设计一条孤立路线上的资料，取一个中间点位置进行驾驶员访问就可以了；如果要取得一个城市全部出入交通数据，应在该城市所有放射道路上选择访问点。在调查人员有限的情况下，这种方法很有用，每天调查可限于一个站点，调查周期可以延至一周以上。路边询问一般要让驾驶员停车，一要警察协助，二要注意问答简练、准确、不至引起对方反感，应避免交通堵塞和注意交通安全。

（4）明信片法

当交通繁忙不能长时间停下车来做路边询问时，就采用在访问站对驾驶员发明信片的方法，要求驾驶员填写后投递寄回，访问站尽量设在交通减速地段，如通行收费处，交通信号处或有停车标志处。明信片法的回收率一般只有 25% ~35%。

（5）工作出行调查

对调查区内的职工抽样进行居住点和工作地点的调查，由于这项资料可以从工作单位的现成档案中抄得，能够大大减少调查工作量。虽然只是工作出行，但都是城市客流的主体，很适合于公共交通规划，自行车专题调查也可以采用此方法进行。

（6）车辆牌照调查

由各调查站分时段记录下通过观测点的全部车辆牌照末几位数字，然后汇总各调查站记录进行汇总校对。凡是第一次记牌照的地点即为该车的起点，凡最后一次记录牌照的地点便是该车的讫点。这种方法得到的信息往往太粗略，且投入的人力很大。因此，仅在研究一个枢纽地区的流量流向分布采用。

（7）公交站点调查

为了了解公交客流分布，派人去车上或站上对乘客进行询问调查，了解乘客起讫点以及中转情况。主要内容包括乘车路线、下车后是否转车、终点等。这种调查抽样率高，可达到 20% 以上。

（8）购公交卡或充值时填卡调查

持公交卡是一些城市公交客运的基本客流，利用乘客购卡或充值之际，发放表格给乘客，填写家庭地址、单位地址、上班出行、转车、上下车步行时间、候车时间、行程时间等项目。

（9）境界线出入调查

在调查区的境界线上设调查站，对所有穿越该路线的车辆做统计，在干线边做询问调查，此法可做家访调查的补充。小城市的 OD 通常不做家访，而直接采用本方法。

（10）货物流通调查

在货源点和吸引点调查货源种类、数量、调查日的货流流向与流量，采用的运输工具等。

思考与练习

1. 交通量调查数据采集的方法和技术有哪些？各有什么特点？分布适用于哪些情况？

2. 测量地点速度时，抽样应注意什么问题？

3. 交通流密度调查中出入流量调查法的基本原则是什么？

4. 点样本观测交叉口延误时应注意什么？有哪些优缺点？

第四章

交通流理论

第一节　交通流理论概述

任何一门学科，都有其基础理论。交通工程学的基础理论就是交通流理论。所谓交通流理论是应用数学或物理学原理对交通流的各参数及其之间关系进行定性和定量的分析，以寻求道路交通流的变化规律，从而为交通规划、交通管理和道路设计及运政、路政管理提供理论依据。

随着交通车辆逐渐增多，道路上交通拥挤、阻塞现象出现，促使很多学者对交通流进行理论研究。交通流理论在 20 世纪 30 年代开始发展起来，首先将交通车流看作是随机独立变量，应用概率论数理统计理论分析交通流分布规律。40 年代由于受第二次世界大战的影响，交通流理论发展不多。50 年代汽车产业大发展，道路上行驶车辆数量急剧增加，出现车队现象，有些学者应用流体力学理论、回波理论和动力学跟踪理论分析交通流变化规律。1959 年在美国底特律举行了首届国际交通流学术讨论会，以后又举行了多次专题讨论会。1964 年由美国公路研究委员会出版了"交通流理论入门"专题报告汇编，以后由美国一些大学编写了交通流理论。在道路上某一地点观测交通流，当交通流量不是很大时，不难看出有这些现象：每一个时间间隔内的来车数都不是固定一个数，也就是预先不可以知道的，只有在这段时间间隔内通过的车辆数量才是唯一确定的实际数量，并且这一实际数量与其前后任意一个时间间隔内通过车辆数量是无关的。从这种现象可以认为道路上交通车流是相互独立的随机变量，道路上车辆行驶过程是一种随机变化过程，交通流分布规律符合概率论数理统计分布规律，因此可以用概率论数理统计理论来分析交通流，微观地对各个车辆行驶规律进行研究，找出交通流变化规律。这种研究方法，称为概率论方法。

当道路上交通流量增大时，车辆出现拥挤现象，车辆像某种流体一样流动，车辆行驶失去相互独立性，不是随机变量，不能应用概率论方法来分析，可以将道路上整个交通流看作一种具有特种性质的流体，应用流体运动理论宏观地研究整个交通流体的演变过程，特别应用洪水回波理论研究交通拥挤阻塞回波现象，求出交通流拥挤状态变化规律。这种研究方法称为流体力学方法。

道路上一辆车跟踪另一辆车的追随现象是很多的，前一辆车行驶速度的变化，影响后一辆车的行驶，后一辆车为了与前车保持最小安全间隔距离，需要小段调剂车速，这种前后车辆运动过程可以应用动力学跟踪理论，建立道路上行驶车辆流动线性微分方程式来分析车辆行驶情况和变化规律。这种研究方法称为交通跟驰理论。

交通流理论正处在不断发展不断完善过程中，今后将会更多应用数学物理学理论分析交通流现象，使交通理论得到完善和发展。

第二节　交通流统计分布理论

在新建或改善新交通设施，确定新的交通管理方案时，均需要预测交通流的某些具体特性，并且常希望能用现有的或假设的有限数据，作出预报。交通流的统计分布特性知识为解决这些问题提供了有效的手段。

在道路上观测车流会发现有这种现象：每个时间间隔内来车数目不存在规律，事先也不能知道某一时间间隔内来车数，只有当车辆来到时才有唯一确定的数量，并且任何一个时间间隔内来车数与其前后任何一个时间间隔内来车数无关。从这个现象说明了交通流是一种随许多随机因素而变化的随机变量。

交通的到达具有某种程度的随机性，描述这种随机性的统计规律的方法有两种。一种是考虑在固定长度的时段内到达某场所的交通数量的波动性，采用概率论中的离散型分布为工具；另一种是研究上述事件发生的间隔时间的统计特性，如车头时距的概率分布，采用概率论中的连续型分布为工具。

在描述像车速和可穿越空挡这类交通特性时，用到连续分布。在交通工程学中，离散型分布有时被称为计数分布；连续型分布根据使用场合的不同而被赋予不同的称谓，如间隔分布、车头时距分布、速度分布和可穿越空挡分布等等。

一、泊松分布

交通流具有下列泊松分布（图6-5）规律性：来车数是相互独立离散型独立变量，进行相当多次观测试验，每次观测出现的概率是很小的，是属于稀有小概率事件，因此可以利用泊松分布公式：

$$P(x) = \frac{m^x e^{-m}}{x!} \text{或} P(x) = \frac{(\lambda t)^x e^{-\lambda t}}{x!} \tag{4-1}$$

式中：$P(x)$——在某一时间间隔（t）的来车数为 x 辆的概率；

　　　t——规定时间间隔（扭20 s，30 s，60 s）；

　　　λ——单位时间平均来车数，以辆/s 计，已知交通量 Q（辆/h），则 $\lambda = Q/3600$（辆/s）

　　　m——在 t 时间间隔内平均来车数：$m = \lambda t$

　　　e——自然对数的底，取值为 2.718 28。

m 为已知时，应用式（4-1）可以求出在计数周期 t 内恰好有 x 辆车到达的概率。此外，在计算累计概率时，可以分别选用下列公式：

小于 x 辆车到达的概率

$$P(<x) = \sum_{i=0}^{x-1} \frac{m^i e^{-m}}{i!} \tag{4-2}$$

小于等于 x 的情况

$$P(\leqslant x) = \sum_{i=0}^{x} \frac{m^i e^{-m}}{i!} \tag{4-3}$$

大于 x 的情况

$$P(>x) = 1 - \sum_{i=0}^{x} \frac{m^i \mathrm{e}^{-m}}{i!} \qquad (4-4)$$

大于或等于 x 的情况

$$P(\geqslant x) = 1 - \sum_{i=0}^{x-1} \frac{m^i \mathrm{e}^{-m}}{i!} \qquad (4-5)$$

至少是 x 但不超过 y 的情况

$$P(x \leqslant i \leqslant y) = \sum_{i=x}^{y} \frac{m^i \mathrm{e}^{-m}}{i!} \qquad (4-6)$$

用泊松分布拟合观测数据时，参数 m 按下式计算：

$$\frac{观测的总车辆数}{总周期数} = \frac{\sum_{i=1}^{g} x_i f_i}{\sum_{i=1}^{g} f_i} = \frac{\sum_{i=1}^{g} x_i f_i}{N} \qquad (4-7)$$

式中：g—— 观测数据分组数；

$\quad$ f_i—— 周期 t 内到达 x_1 辆车这一事件发生的次（频）数；

$\quad$ N—— 观测的总周期数。

当直接计算各 x 值的概率时，常用下列递推公式：

$$P(0) = \mathrm{e}^{-m} \qquad (4-8)$$

当 $x \geqslant l$ 时，

$$P(x) = \frac{m}{x} P(x-1) \qquad (4-9)$$

泊松分布适用的交通状况为车辆行驶随机性较大的交通流，交通量不大，干扰小的情况，并且观测数据得到的方差等于其算术平均值，即 $\frac{s^2}{m} = 1.0$；当观测数据表明 $\frac{s^2}{m}$ 显著地不等于 1.0 时，就是泊松分布不适合的表示。观测数据的方差可按下式计算：

$$s^2 = \frac{1}{N-1} \sum_{i=1}^{N} (x_i - m)^2 = \frac{1}{N-1} \sum_{i=1}^{g} (x_j - m)^2 f_j$$

$$= \frac{1}{N-1} \sum_{i=1}^{g} f_j x_j^2 - \frac{1}{N(N-1)} \left(\sum_{i=i}^{g} f_j x_j \right)^2 \qquad (4-10)$$

二、二项分布

二项分布：当交通拥挤时，车辆自由行驶机会少，车辆行驶受到约束，这时交通流具有较小方差值，符合二项分布：

$$P(x) = C_n^x P^x (1-P)^{n-x} \qquad (4-11)$$

式中：$P(x)$—— 在某一时间间隔内来车数为 x 辆的概率；

$\quad$ P—— 在观测 n 辆车当中，在某一时间间隔内来车数为 x 辆的频率数；

$\quad$ C_n^x—— 在观测 n 辆车一次取 x 辆的组合。

$$C_n^x = \frac{n!}{x!(n-x)!} \qquad (4-12)$$

由概率论可知，对于二项分布，其均值 $E(X) = nP$，方差 $D(x) = nP(1-P)$，因此，当二项分布拟合观测数据时，公式中参数 p 和 n 可以由众观测样本数据估计值 $\hat{P}$ 和 $\hat{n}$ 来估算：

$$\hat{P} = (m - s^2)/m \tag{4-13}$$

$$\hat{n} = m/P = m^2/(m - s^2) \tag{4-14}$$

上式中 m 和 s^2 是从观测样本数据计算得出，因此二项分布具有 2 个计算参数 m 和 s^2。二项分布适用于交通拥挤，车辆受到约束，并且方差值小于算术平均值，即 $s^2/m < 1$ 的情况。

三、负指数分布

以上是研究某一个时间间隔内对应有一定的来车数的离散型的随机变量分布规律。对于交通流前后车辆的车头时距是连续型的随机变量，其分布规律服从下面的连续型分布。

若车辆到达符合泊松分布，则车头时距就是负指数分布。由式(4-9)知，在计数周期 t 内没车到达($x = 0$)的概率为：

$$P(0) = e^{-\lambda t} \tag{4-15}$$

该式表明，在具体的时间间隔 t 内，如无车辆到达，则上一次车到达和下一次车到达之间，车头时距至少有 t 秒，换句话说，$p(0)$ 也是车头时距等于或大于 t 秒的概率。于是，我们得到：

$$P(h \geq t) = e^{-\lambda t} \tag{4-16}$$

而车头时距小于 t 的概率则为：

$$P(h < t) = 1 - e^{-\lambda t} \tag{4-17}$$

若 Q 表示小时交通量，令 $Q = 3600$(辆/s)，则式(4-17)可以写为：

$$P(h \geq t) = e^{-Qt/3600} \tag{4-18}$$

式中 $Qt/3600$ 是到达车辆数的概率分布的平均值。

若令 T 为车头时距概率分布的平均值，则应有：

$$T = \frac{3600}{Q} = \frac{1}{\lambda} \tag{4-19}$$

于是，式(4-18)又可写为其分布曲线如(图4-1)：

$$P(h \geq t) = e^{-t/T} \tag{4-20}$$

式(4-24)可写为其分布曲线如(图4-2)：

$$P(h < t) = 1 - e^{-t/T} \tag{4-21}$$

通常使用较多的是式(4-20)和(4-21)，因为负指数分布的方差就是 。

负指数分布在描述车头时距的各种分布中，使用最广泛。它适用于车流密度不大，车辆到达是随机的情况。当每小时每车道的不间断车流量等于或小于 500 辆时，用负指数分布描述车头时距，通常是符合实际情况的。

除了以上分布外，交通流在某些形态时，还符合负二项分布、移位负指数分布、爱尔朗分布等，本书不再一一叙述。

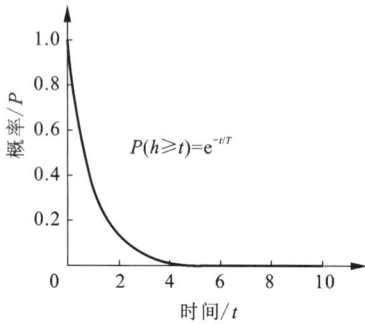

图 4 - 1　大于或等于 t 的车头时距分布曲线

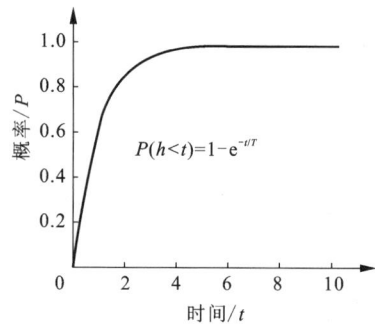

图 4 - 2　小于 t 的车头时距分布曲线

四、统计分布应用举例

例 4 - 1：某路段，交通流量为 360 辆/h，车辆到达符合泊松分布。求

（1）在 95% 的置信度下，每 60 s 的最多来车数。

（2）在 1 s，2 s，3 s 时间内无车的概率。

解：

（1）根据题意，每 60 s 平均来车数 m 为

$$m = \frac{360 \times 60}{3600} = 60$$

于是，由式（4 - 1）知，来车分布为：

$$P(x) = \frac{m^x e^{-m}}{x!} = \frac{6^x e^{-6}}{x!}$$

按式（4 - 16）、式（4 - 17）的递推公式计算，结果如表 4 - 1 所示。

表 4 - 1　递推公式计算结果

x	$P(x)$	$P(\leq x)$	x	$P(x)$	$P(\leq x)$
0	0.0025	0.0025	6	0.1620	0.6115
1	0.0150	0.0175	7	0.1389	0.7504
2	0.0150	0.0625	8	0.1041	0.8545
3	0.0900	0.1525	9	0.0694	0.9239
4	0.1350	0.2875	10	0.0147	0.9656
5	0.1620	0.4495			

因此，根据计算结果，在 95% 的置信度下每 60 s 的最多来车数少于 10 辆。

（2）当 $t = 1$ s 时，$m = 360 \times 1/3600 = 0.1$，由式（4 - 1）知，1 s 内无车的概率：

$$P(0) = \frac{(0.1)^0 e^{-0.1}}{0!} = e^{-0.1} = 0.905$$

同理, 当 $t = 2$ s, $m = 360 \times 2/3600 = 0.2$

$$P(0) = \frac{(0.2)^0 e^{-0.2}}{0!} = e^{-0.2} = 0.8187$$

当 $t = 3$ s 时, $m = 360 \times 3/3600 = 0.3$

$$P(0) = \frac{(0.3)^0 e^{-0.3}}{0!} = e^{-0.3} = 0.7408$$

例 4 - 2: 有 60 辆车随意分布在 5 km 长的道路上, 对其中任意 500 m 长的一段, 试求:

(1) 有 4 辆车的概率。

(2) 有大于 4 辆车的概率。

解: 如 Q 辆车独立而随机地分布在一条道路上, 若将这条道路均分为 z 段, 则一段中所包括的平均车数 m 为:

$$m = \frac{Q}{Z}$$

在本例中, $Q = 60$, $Z = 5000/500 = 10$, 所以, $m = 60/10 = 6$。

(1) 有 4 辆车的概率:

$$P(4) = \frac{6^4 e^{-6}}{4!} = 0.1350$$

(2) 有大于 4 辆车的概率

$$P(>4) = 1 - \sum_{i=0}^{4} \frac{6^i e^{-6}}{i!} = 1 - P(0) - P(1) - P(2) - P(3) - P(4)$$

$$= 1 - 0.0025 - 0.0150 - 0.0450 - 0.090 - 0.1350 = 0.7125$$

例 4 - 3: 一交叉口, 设置了专供左转的信号灯, 经研究指出: 来车符合二项分布, 每一周期内平均到达 20 辆车, 有 25% 的车辆左转但无右转。求:

(1) 到达三辆车中有一辆左转的概率。

(2) 某一周期不使用左转信号灯的概率。

解:

(1) 已知 $n = 3$, $x = 1$, $P = 0.25$ 代入式 (4 - 11), 求到达三辆车中有一辆左转的概率。

$$P(1) = \frac{3!}{1!\ 2!}(0.25)^0 (1 - 0.25)^{3-1} = 0.422$$

(2) 已知: $n = 20$, $x = 0$, $P = 0.25$。

同样, 由式 (4 - 11) 求得:

$$P(0) = \frac{20!}{0!\ 20!}(0.25)^0 (1 - 0.25)^{20-0} = 0.0032$$

第三节　交通流中排队理论

道路上交通流排队现象随时可见，因此，有必要研究交通流中的排队理论及其应用。排队论是研究"服务"系统因"需求"拥挤而产生等待行列（即排队）的现象，以及合理协调"需求"与"服务"关系的一种数学理论，是运筹学中以概率论为基础的一门重要分支，有的书中称为"随机服务系统理论"。这里，主要介绍排队论的基本概念、方法及其在交通工程中的某些应用问题。

一、排对论的基本概念

1. 排队

单指等待服务的，不包括正在被服务的车辆，而"排队系统"既包括了等待服务的，又包括了正在服务的车辆。

例如，一队汽车在加油站排队等候加油，它们与加油站构成一个排队系统。其中尚未轮到加油依次排队等候的汽车行列，称为排队。所谓"排队车辆"或"排队（等待）时间"，都是仅指排队本身而言；如说"排队系统中的车辆"或"排队系统（消耗）时间"，则把正在受服务者也包括在内，后者当然大于前者。

2. 排队系统的三个组成部分

（1）输入过程指各种类型的"顾客（车辆或行人）"按怎样的规律到来。有各式各样的输入过程，例如：

定长输入——顾客等时距到达。

泊松输入——顾客到达时距符合负指数分布。这种输入过程最容易处理，因而应用最广泛。

爱尔朗输入——顾客到达时距符合爱尔朗分布。

（2）排队规则指到达的顾客按怎样的次序接受服务。例如：

损失制——顾客到达时，若所有服务台均被占，该顾客就自动消失，永不再来。

等待制——顾客到达时，若所有服务台均被占，它们就排成队伍，等待服务。服务次序有先到先服务（这是最通常的情形）和优先权服务（如急救车、消防车）等多种规则。

混合制——顾客到达时，若队长小于 L，就排入队伍；若队长等于 L，顾客就离去，永不再来。

（3）服务方式指同一时刻有多少服务台可接纳顾客，每一顾客服务了多少时间。每次服务可以接待单个顾客，也可以成批接待，例如公共汽车一次就装载大批乘客。

服务时间的分布主要有如下几种：

定长分布——每一顾客的服务时间都相等。

负指数分布——即各顾客的服务时间相互独立，服从相同的负指数分布。

爱尔朗分布——即各顾客的服务时间相互独立，服从相同的爱尔朗分布。

为了今后叙述上的方便，引入下列记号：令 M 代表泊松输入或负指数分布服务，D 代表定长输入或定长服务，E_k 代表爱尔朗分布的输入或服务。于是泊松输入、负指数分布服务、N 个服务台的排队系统可以写成 $M/M/N$，泊松输入、定长服务、单个服务台的系统可以写成

$M/D/1$。同样可以理解 $M/E_k/N$，$D/M/N$ 等记号的含义。如果不附其他说明，则这种记号一般都指先到先服务，单个服务的等待制系统。

3. 排队系统的主要数量指标

最重要的数量指标有三个：

（1）等待时间——从顾客到达时起到他开始接受服务的这段时间。

（2）忙期——服务台连续繁忙的时期，这关系到服务台的工作强度。

（3）队长——有排队顾客数与排队系统中顾客数之分，这是排队系统提供的服务水平的一种衡量。

二、单通道排队服务（$M/M/1$）系统

此时，由于排队等待接受服务的通道只有单独一条，故称"单通道服务"系统（图 4-8）。设顾客随机单个到达，平均到达率为 λ，则两次到达之间的平均间隔为 $1/\lambda$。从单通道接受服务后出来的输出率（即系统的服务率）为 μ，则平均服务时间为 $1/\mu$。比率 $\rho = \lambda/\mu$ 叫做交通强度或利用系数，可确定各种状态的性质。如果 $\rho < 1$（即 $\lambda < \mu$）并且时间充分，每个状态将会循环出现。当 $\rho \geq 1$，每个状态是不稳定的，而排队的长度将会变得越来越长，没有限制。因此，要保持稳定状态即确保单通道排队能够疏散的条件是 $\rho < 1$，即 $\lambda < \mu$。

在系统中没有车辆的概率：

$$P(0) = 1 - \rho \qquad (4-22)$$

在系统中有 n 辆车的概率：

$$P(n) = \rho^n (1 - \rho) = \rho^n P(0) \qquad (4-23)$$

排队系统中车辆的平均数：

$$\overline{n} = \frac{\rho}{1 - \rho} \qquad (4-24)$$

排队系统中车辆数的方差：

$$\sigma^2 = \frac{\rho}{(1 - \rho)^2} \qquad (4-25)$$

$\overline{n}$ 和 σ 与 ρ 的关系可绘成图 4-3，从图中不难看出当交通强度 ρ 越过 0.8 时，平均排队长度迅速增加，而系统状态的变动范围和频度增长更快，即不稳定因素迅速增长，服务水平迅速下降。

平均排队长度：

$$\overline{q} = \frac{\rho^2}{1 - \rho} = \rho \, \overline{n} \qquad (4-26)$$

排队系统中的平均消耗时间：

$$\overline{d} = \frac{1}{\mu - \lambda} \qquad (4-27)$$

排队系统中的平均等待时间：

$$\overline{w} = \frac{\lambda}{\mu(\mu - \lambda)} = \overline{d} - \frac{1}{\mu} \qquad (4-28)$$

例 4-4：某高速公路入口处设有一收费站，车辆到达该站是随机的，单向车流量为 300 辆/h，收费员平均每 10 s 完成一次收费并放行一辆汽车，符合负指数分布。试估计在检查站

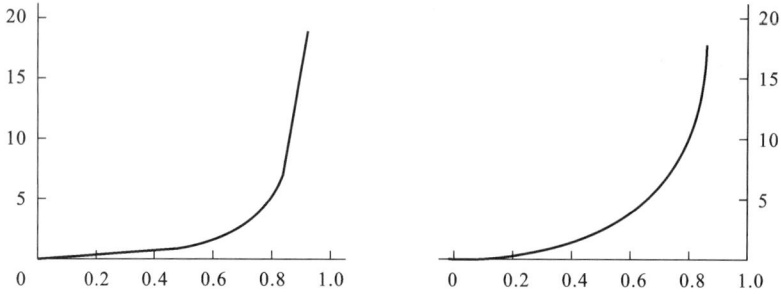

图 4-3　$\bar{n}$ 和 σ 与 ρ 的关系

上排队系统中的平均车辆数。平均排队长度、排队系统中的平均消耗时间以及排队中的平均等待时间。

解：这是一个 $M/M/l$ 系统。由题意知

$$\lambda = 300 \text{ 辆/h}$$

$$\mu = \frac{1}{10} \text{辆/s} = 3600/10 = 360 \text{ 辆/h}$$

$$\rho = \frac{\lambda}{\mu} = \frac{300}{360} = 0.83 < 1$$

该系统是稳定的。

由式(4-24)、式(4-26)、式(4-27)、式(4-28)分别得出

排队系统中车辆的平均数：

$$\bar{n} = \frac{\rho}{1-\rho} = \frac{\lambda}{\mu - \lambda} = \frac{300}{360 - 300} = 5 \text{ 辆}$$

平均排队长度：

$$\bar{q} = \bar{n}\rho = 5 \times 0.83 = 4.15 \text{ 辆}$$

排队系统中的平均消耗时间：

$$\bar{d} = \frac{1}{\mu - \lambda} = \frac{1}{360 - 300} \times 3600 = 60 \text{ s/辆}$$

排队中的平均等待时间：

$$\bar{w} = \frac{\lambda}{\mu(\mu - \lambda)} = \frac{300}{360(360 - 300)} \times 3600 = 50 \text{ s/辆}$$

三、多通道排队服务($M/M/N$)系统

在这种排队系统中，服务通道有 N 条，所以叫"多通道服务"系统。根据排队方式的不同，又可分为：

单路排队多通道服务：指排成一个队等待数条通道服务的情况。排队中头一辆车可视哪个通道有空就到哪里去接受服务，如图 4-4 所示。

多路排队多通道服务：指每个通道各排一个队，每个通道只为其相对应的一队车辆服务，车辆不能随意换队。如图 4-5 所示。这种情况相当于 N 个单通道服务系统。

对于多通道服务系统，保持稳定状态的条件，不是 $\rho < 1$，而是 $\rho/N < 1$。其中 $\overline{\rho}$ 为各通道 ρ 的平均值。现考虑各通道 ρ 值相等的情况有 $\overline{\rho} = \rho$。若令 λ 为进入系统中的平均到车率，则对于单路排队多通道服务系统，存在下列关系式：

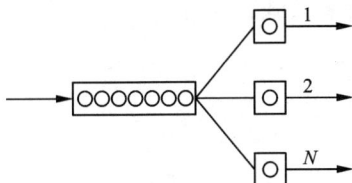

图 4 – 4　单路排队多通道服务　　　　　图 4 – 5　多路排队多通道服务

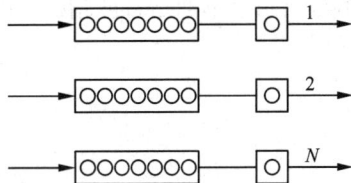

系统中有 N 辆车的概率：

$$P(N) = \frac{\rho^n}{n!}P(0) \qquad 当 n < N \qquad (4-29)$$

$$P(n) = \frac{\rho^n}{N! \; N^{n-N}}P(0) \qquad 当 n \geq n \qquad (4-30)$$

排队系统中的平均车辆数：

$$\overline{n} = \frac{\lambda}{\mu} + \frac{\lambda\mu\left(\dfrac{\lambda}{\mu}\right)^N P(0)}{(N-1)! \; (N\mu - \lambda)^2} = \rho + \frac{P(0)\rho^{N+1}}{N! \; N}\left[\frac{1}{\left(1 - \dfrac{\rho}{N}\right)^2}\right] \qquad (4-31)$$

平均排队长度：

$$\overline{g} = \frac{\rho^{N+1}P(0)}{N! \; N}\left[\frac{1}{\left(1 - \dfrac{\rho}{N}\right)^2}\right] = \overline{n} - P \qquad (4-32)$$

排队系统中的平均消耗时间：

$$\overline{d} = \frac{\mu\left[\dfrac{\lambda}{\mu}\right]^N P(0)}{(N-1)! \; (N\mu - \lambda)^2} + \frac{1}{\mu} = \frac{\overline{n}}{\lambda} \qquad (4-33)$$

排队中的平均等待时间：

$$\overline{w} = \frac{\mu\left[\dfrac{\lambda}{\mu}\right]^N P(0)}{(N-1)! \; (N\mu - \lambda)^2} = \frac{\overline{g}}{\lambda} \qquad (4-34)$$

例 4 – 5：有一收费公路，高峰时段以 2400 辆/h 的车流量通过四个排队车道引向四个收费口。平均每辆车办理收费的时间为 5 s，服从负指数分布。试分别按单路排队和多路排队的两种服务方式计算各相应的指标并比较之。

解：按多路排队计算。

根据题意，有四路排队，即每个收费口有它各自的排队车道，而将到达的车流四等分，于是：

$$\lambda = \frac{2400 \div 4}{3600} = \frac{1}{6}$$

$$\mu = \frac{1}{5}$$

$$\rho = \frac{\lambda}{\mu} = \frac{5}{6} < 1$$

即相当于四个单通道排队情况，由 M/M/I 系统的计算公式，得到：

$$\overline{n} = \frac{\lambda}{\mu - \lambda} = \frac{1/6}{\frac{1}{5} - \frac{1}{6}} = 5$$

$$\overline{g} = \overline{\rho}\overline{n} = \frac{5}{6} \times 5 = 4.17$$

$$\overline{d} = \frac{1}{\mu - \lambda} = \frac{1}{\frac{1}{5} - \frac{1}{6}} = 30$$

$$\overline{W} = \overline{d} - \frac{1}{\mu} = 30 - 5 = 25$$

按单路排队计算，这时：

$$\lambda = \frac{2400}{3600} = \frac{2}{3}$$

$$\mu = \frac{1}{5}$$

$$N = 4, \ \overline{\rho} = \rho = \frac{\lambda}{\mu} = \frac{\frac{2}{3}}{\frac{1}{5}} = \frac{10}{3}$$

$$\frac{\overline{\rho}}{N} = \frac{\frac{10}{3}}{4} = \frac{5}{6} < 1$$

用式(4-29)计算 $P(0)$。为此：

令，
$$Y = \frac{1}{n!}\left(\frac{\lambda}{\mu}\right)^n$$

于是
$$n = 0, \ Y_0 = 1$$

$$n = 1, \ Y_1 = \left(\frac{2}{3} \times \frac{5}{1}\right) = \frac{10}{3}$$

$$n = 2, \ Y_2 = \frac{1}{2 \times 1}\left(\frac{2}{3} \times \frac{5}{1}\right)^2 = \frac{100}{18}$$

$$n = 3, \ Y_3 = \frac{1}{3 \times 2 \times 1}\left(\frac{2}{3} \times \frac{5}{1}\right)^3 = \frac{100}{162}$$

于是：
$$\sum_{n=0}^{N-1} Y_n = 16.0617$$

令 $$Z = \frac{1}{N!}\left(\frac{\lambda}{\mu}\right)^N \frac{N\mu}{N\mu - \lambda} = \frac{1}{4 \times 3 \times 2 \times 1} \times \left(\frac{2}{3} \times \frac{5}{1}\right)^4 \times \frac{4 \times \frac{1}{5}}{4 \times \frac{1}{4} - \frac{2}{3}} = 30.8642$$

将 Y、Z 值代入式(4-29)，得

$$P(0) = \frac{1}{Y+Z} = \frac{1}{16.0617+30.8642} = 0.0213$$

由式(4-29)得：

$$\bar{g} = \frac{\lambda\mu\left(\frac{\lambda}{\mu}\right)^N}{(N-1)!\ (N\mu-\lambda)^2} \cdot P(0) = \frac{\frac{2}{3}\times\frac{1}{5}\times\left(\frac{\frac{2}{3}}{\frac{1}{5}}\right)^4}{3\times2\times1\times\left(4\times\frac{1}{5}-\frac{2}{3}\right)^2}\times0.0213 = 3.3$$

$$\bar{n} = \bar{g}+\rho = 3.3+\frac{10}{3} = 6.6$$

由式(4-33)得：

$$\bar{d} = \frac{\bar{n}}{\lambda} = \frac{6.6}{\frac{2}{3}} = 10.0$$

由式(4-34)得：

$$\bar{w} = \frac{\bar{g}}{\lambda} = \frac{3.3}{\frac{2}{3}} = 5$$

由表4-2可见，在服务通道数目相同时，单路排队优于多路排队。这在 d、w 两项指标的比较中尤为显著，单路排队比多路排队分别减少了67%和80%。因为多路排队多通道服务表面上到达车流量被分散，但实际上受着排队车道与服务通道一一对应的束缚。如果某一通道由于某种原因拖长了为某车服务的时间，显然就要增加在此通道后面排队车辆的等待时间，甚至会出现邻近车道排队车辆后来居上的情形。而单路排队多通道服务就要灵活得多，排在第一位的车辆没有被限制非走某条通道不可，哪儿有空它就可以到哪儿去。因此，就整个系统而言，疏散反而比多路排队要快。这一结论对道路上的收费系统、车辆的等待装卸系统及其他方面的排队系统设计均具有指导意义。

表4-2 两种服务方式指标对比

服务指标	服务方式			服务指标	服务方式		
	多路排队	单路排队	(多—单)/多		多路排队	单路排队	(多—单)/多
系统中车辆数 n	5.0	6.6	-32.0	系统中消耗时间 d	30.0	10.0	67.0
平均排队长度 q	4.17	3.3	21.0	平均排队时间 w	25.0	5.0	80.0

四、简化的排队延误分析方法

交通工程师除了在应用数学上成熟的排队论之外，还对交通拥挤现象以简化的方式做过分析。前提是假定在某一持续时间内车辆的出入是均一的，可以得出下列各项指标：

（1）排队的持续时间 t_T

$$t_T = \frac{\mu}{\mu - \lambda} t_T \qquad (4-35)$$

（2）栅栏关闭受阻的车辆数 n

$$n = \lambda t_T \qquad (4-36)$$

（3）最大排队车辆数 Q

$$Q = \lambda t_r \qquad (4-37)$$

（4）平均排队车辆数 $\overline{Q}$

$$\overline{Q} = \frac{1}{2} \lambda t_r \qquad (4-38)$$

（5）车辆总延误时间 D

$$D = \overline{Q} t_T \qquad (4-39)$$

（6）平均每辆车延误时间 $\overline{d}$

$$\overline{d} = \frac{D}{n} \qquad (4-40)$$

（7）单辆车最长延误时间为

$$t_m = t_r \qquad (4-41)$$

例 4-6：有一公路与铁路的交叉口，火车通过时，栅栏关闭的时间 $t_r = 0.1$ h。已知公路上车辆以均一的到达率 $\lambda = 900$ 辆/h 到达交叉口，而栅栏开启后排队的车辆以均一的离去率 $\mu = 1200$ 辆/h 离开交叉口。试计算由于关闭栅栏而引起的：单个车辆的最长延误时间 t_m，排队疏散时间 t_0，排队持续时间 t_j，受限车辆总数 n，平均排队车辆数 $-\overline{Q}$，单个车辆的平均延误时间 $\overline{d}$，车时总延误 D。

解：栅栏刚关闭时到达的那辆车的延误时间最长：

$$t_m = t_r = 0.1 \text{ h}$$

栅栏关闭期间，车辆只有到达没有离去，因此栅栏刚开启时排队的车辆数量多：

$$Q = \lambda t_r = 900 \times 0.1 = 90 \text{ 辆}$$

栅栏开启后，排队车辆的队头以离去率 μ 疏散离去，而队尾以到达率 λ 向后延长，因此排队的净疏散率为 $(\mu - \lambda)$，疏散时间为：

$$t_0 = \frac{Q}{\mu - \lambda} = \frac{90}{1200 - 90} = 0.3 \text{ h}$$

排队持续时间等于栅栏关闭时间加疏散时间：

$$t_j = 0.1 \text{ h} + 0.3 \text{ h} = 0.4 \text{ h}$$

疏散时间内离去的总车数为受阻车辆总数：

$$n = 0.3 \times 1200 = 360 \text{ 辆}$$

平均排队车辆数：

$$\overline{Q} = 0.5 Q = 45 \text{ 辆}$$

单个车辆的平均延误时间：

$$\overline{d} = 0.5 t_r = 0.05 \text{ h}$$

车时总延误：

$$D = u\,\bar{d} = 360 \times 0.05 = 18\ \text{辆/h}$$

第四节　跟驰理论简介

跟驰理论是运用动力学方法，研究在无法超车的单一车道上车辆列队行驶时，后车跟随前车的行驶状态的一种理论。它用数学模型表达跟驰过程中发生的各种状态。

1950 年，鲁契尔（Reusche）开始研究车辆在排队行驶时的运行状态。1953 年，派普斯（Pipes）用动力学分析车辆跟驰现象，形成了车辆跟驰理论。此后，赫尔曼（Aercn）和罗瑟瑞（Rther）等人又进行了实验室研究并将跟驰理论作了进一步的扩充。

跟驰理论研究的一个主要目的是试图通过观察各个车辆逐一跟驰的方式来了解单车道交通流的特性。这种特性的研究可用来描述交通流的稳定性，加速干扰以及干扰的传播；检验在高速公路专用车道上运行的公共汽车车队的特性；检验管理技术和通信技术，以便预测短途车辆对市区交通流的影响，使尾撞事故减到最低限度。

一、车辆跟驰特性分析

在道路上，当交通流的密度相当大时，车辆间距较小，车队中任一辆车的车速都受前车速度的制约，驾驶员只能按前车提供的信息采用相应的车速。我们称这种状态为非自由运行状态。跟驰理论就是研究这种运行状态车队的行驶特性。

非自由状态行驶的车队有以下三个特性：

①制约性：在一队汽车中，驾驶员总不愿意落后，而是紧随前车前进。这就是"紧随要求"。同时，后车的车速不能长时间地大于前车车速，只能在前车车速附近摆动，否则会发生碰撞。这是"车速条件"。此外，前后车之间必须保持一个安全距离，在前车制动后，两车之间有足够的距离，从而有足够的时间供后车驾驶员做出反应，采取制动措施。这是"间距条件"。紧随要求、车速条件和间距条件构成了一队汽车跟驰行驶的制约性。即前车车速制约着后车车速和两车间距。

②延迟性：从跟驰车队的制约性可知，前车改变运行状态后，后车也要改变。但前后车运行状态的改变不是同步的，后车运行状态的改变滞后于前车。因为驾驶员对前车运行状态的改变要有一个反应过程，需要反应时间。假设反应时间为 T，那么前车在 t 时刻的动作，后车在 $(T+t)$ 时刻才能做出相应的动作，这就是延迟性。

③传递性：由制约性可知，第一辆车的运行状态制约着第 2 辆车的运行状态，第 2 辆又制约着第 3 辆，……第 n 辆制约着第 $n+1$ 辆。一旦第一辆车改变运行状态，它的效应将会一辆接一辆地向后传递，直至车队的最后一辆。这就是传递性。而这种运行状态的传递又具有延迟性。这种具有延迟性的向后传递的信息不是平滑连续的，而是像脉冲一样间断连续的。

二、线性跟驰模型的建立

跟驰模型是一种刺激—反应的表达式。一个驾驶员所接受的刺激是指其前方导引车的加速或减速以及随之而发生的这两车之间的速度差和车间距离的变化；该驾驶员对刺激的反应是指其为了紧密而安全地跟踪前车所作的加速或减速动作及其实际效果。

假定驾驶员保持他所驾驶车辆与前导车的距离为 $s(t)$，以便在前导车制动时能使车停下而不至于和前导车车尾相撞。设驾驶员的反应时间为 r，在反应时间内，车速不变，这两辆车在 t 时刻的相对位置用图 4 - 6 表示，图中 n 为前导车，$n + 1$ 为后随车。两车在制动操作后的相对位置如图所示。

图中：

$x_i(t)$——第 i 辆车在时刻 t 的位置；

$s(t)$——两车在时刻 t 的间距，$s(t) = x_n(t) - x_{n+1}(t)$；

d_1——后随车在反应时间 T 内行驶的距离，

$$d_1 = T\dot{x}_{n+1}(t) = T\dot{x}_{n+1}(T + t) \qquad (4 - 42)$$

d_2——后随车在减速期间行驶的距离；

d_3——前导车在减速期间行驶的距离；

L——停车后的车头间距；

$\dot{x}_i(t)$——第 i 辆车在时刻 t 的速度。

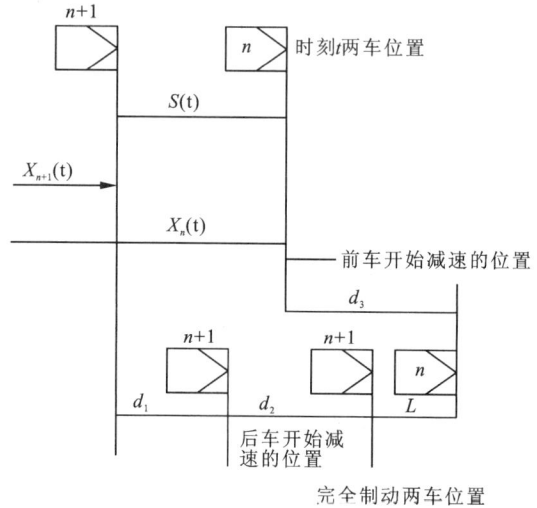

图 4 - 6　线性跟车模型示意图

假定 $d_2 = d_3$，要使在时刻 t 两车的间距能保证在突然制动事件中不发生撞碰，则应有：

$$s(t) = d_1 + L = T\dot{x}_{n+1}(t)(T + t) + L \qquad (4 - 43)$$

对 t 微分，得

$$\dot{x}(t) - \dot{x}_{n+1}(t) = T\ddot{x}_{n+1}(t + T) \qquad (4 - 44)$$

或

$$\ddot{x}_{n+1}(t + T) = \frac{1}{T}[\dot{x}_n(t) - \dot{x}_{n+1}(t)] \qquad (4 - 45)$$

式中，$\ddot{x}_{n+1}(t + T)$ 为后车在时刻 $(t + T)$ 的加速度，称为后车的反应；$1/T$ 称为敏感度；$\dot{x}_n(t) - \dot{x}_{n+1}(t)$ 称为时刻 t 的刺激。这样，式 (4 - 45) 就可理解为：反应 = 敏感度 × 刺激。

式 (4 - 45) 是在前导车制动、两车的减速距离相等以及后车在反应时间 T 内速度不变等假定下推导出来的。实际的跟车操作要比这两条假定所限定的情形复杂得多。比方说，刺激也可能是由前车加速而引起的。而两车在变速过程中行驶的距离可能不相等。为了适应更一般的情形，把式 (4 - 45) 修改

$$\ddot{x}_{n+1}(t + T) = a[\dot{x}_{n(t)} - \dot{x}_{n+1}(t)] \qquad (4 - 46)$$

式中：a 称为反应强度系数，量纲为 s^{-1}。这里 a 不再理解为敏感度，而应看成是与驾驶员动作的强弱程度直接相关。式 (4 - 46) 表明后车的反应与前车发出的刺激成正比，此公式称为线性跟车模型。

第五节 流体力学模拟理论

1955 年，英国学者莱特西尔(Lighthill)和惠特汉(Whitham)将交通流比拟为流体流，在一条很长的公路隧道里，对密度很大的交通流的规律进行研究，提出了流体力学模拟理论。

该理论运用流体力学的基本原理，模拟流体的连续性方程，建立车流的连续性方程。把车流密度的疏密变化比拟成水波的起伏而抽象为车流波。当车流因道路或交通状况的改变而引起密度的改变时，在车流中产生车流波的传播如表 4-3 所示。

表 4-3 交通流与流体流的比较表

物理特性	流体动力学系统	交通流系统
连续体	单向不可压缩流体	单车道不可压缩车流
离散元素	分子	车辆
变量	质量 m	密度 k
	速度 v	车速 u
	压力 P	流量 q
动量	mv	ku
状态方程	$P = CMT$	$q = ku$
连续性方程	$\dfrac{\partial m}{\partial t} + \dfrac{\partial(mv)}{\partial x} = 0$	$\dfrac{\partial k}{\partial t} + \dfrac{\partial(ku)}{\partial x} = 0$
运动方程	$\dfrac{dm}{dt} + \dfrac{c^2}{m}\dfrac{\partial m}{\partial t} = 0$	$\dfrac{du}{dt} + k\left(\dfrac{du}{dk}\right)^2 \dfrac{\partial k}{\partial x} = 0$

通过分析车流波的传播速度，以寻求车流流量和密度、速度之间的关系。因此，该理论又可称为车流波动理论。

流体力学模拟理论是一种宏观的模型。它假定在车流中各单个车辆的行驶状态与它前面的车辆完全一样，这是与实际不相符的。尽管如此，该理论在"流"的状态较为明显的场合，如在分析瓶颈路段的车辆拥挤问题时，仍有其独特的用途。

一、车流连续性方程

假设车流顺次通过断面 I 和 II 的时间间隔为 d_t，两断面的间距为 d_x。同时，车流在断面 I 的流入量为 g，密度为 k。车流在断面 II 的流出量为 $(q+dq)$，密度为 $(k-d_k)$。d_k 取负号表示在拥挤状态。车流密度随车流量的增加而减少。

根据质量守恒定律：

流入量—流出量 = 数量上的变化

即：
$$[q-(q+dq)]d_t = [k-(k-d_k)]d_x \tag{4-47}$$

化简得到
$$-dqd_t = d_k d_x \tag{4-48}$$

$$\frac{d_k}{d_t} + \frac{\mathrm{d}q}{d_x} = 0 \qquad (4-49)$$

又因为

$$q = kv \qquad (4-50)$$

于是：

$$\frac{d_k}{d_t} + \frac{\mathrm{d}(kv)}{d_x} = 0 \qquad (4-51)$$

方程式(4-51)表明，车流量随距离而降低时，车流密度则随时间而增大。

同样，我们还可以用流体力学的理论来建立交通流的运动方程：

$$\frac{d_k}{d_x} = -\frac{\mathrm{d}v}{\mathrm{d}t} \qquad (4-52)$$

方程式(4-52)表明，车流密度增加将产生减速。

二、车流中的波

图4-7是由8车道路段过渡到6车道路段的半幅平面示意图。由图4-7可以看出，在4车道的路段(即原路段)和3车道的路段(即瓶颈段)，车流都是各行其道，井然有序。而在由4车道向3车道过渡的那段时间内，车流出现了拥挤、紊乱，甚至堵塞。这是因为车流在即将进入瓶颈段时会产生一个方向相反的波，就像声波碰到障碍物的反射，或者管道内的水流突然受阻时的后涌那样。这个波导致在瓶颈段之前的路段车流出现紊流现象。

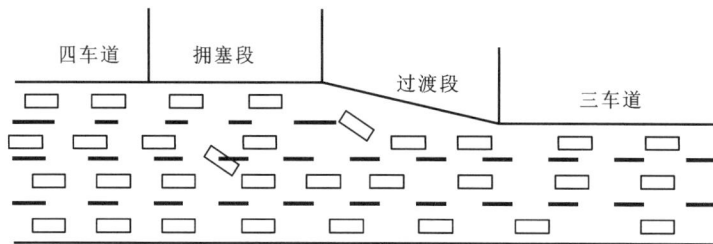

图4-7 瓶颈处的车流波

1. 基本方程

为讨论方便起见，取图4-7所示的计算图式。假设一直线路段被垂直线S分割为A、B两段。A段的车流速度为v_1，密度为k_1；B段的车流速度为v_2，密度为k_2；S处的速度为v_w，假定车流沿路线按照所画的箭头x正方向运行，速度为正，反之为负。并且：$v_1 = $ 在A区的车辆的区间平均车速；$v_2 = $ 在B区的车辆的区间平均车速。则在时间t内横穿S交界线的车数N为

$$N = (v_1 - v_\mathrm{w})k_1 t = (v_2 - v_\mathrm{w})k_2 t \qquad (4-53)$$

即：

$$(v_1 - v_\mathrm{w})k_1 = (v_2 - v_\mathrm{w})k_2 \qquad (4-54)$$

$$v_\mathrm{w} = \frac{(v_1 k_2 - v_2 k_2)}{k_1 - k_2} \qquad (4-55)$$

令A、B两部分的车流量分别为q_1、q_2，则根据定义可得：

$$q_1 = k_1 v_1 , \quad q_2 = k_2 v_2$$

于是,式(4 − 55)变为

$$v_{\mathrm{W}} = \frac{q_2 - q_1}{k_2 - k_1} \tag{4 − 56}$$

当 $q_1 > q_2$、$k_1 < k_2$ 时,v_w 为负值,表明波的方向与原车流流向相反。此时,在瓶颈过渡段(见图4 − 7)内的车辆即被迫后涌,开始排队,出现拥塞。有时 v_w 可能为正值,这表明此时不致发生排队现象,或者是已有的排队将开始消散。

若 A、B 两区车流量与交通密度大致相等,则可以写成

$$q_2 - q_1 = \Delta q , \quad k_2 - k_1 = \Delta k$$

因此,可得传播小紊流的速度

$$v_{\mathrm{W}} = \frac{\Delta q}{\Delta k} = \frac{\mathrm{d}q}{\mathrm{d}k} \tag{4 − 57}$$

至此,以上分析尚未触及到区间平均车速 v_1 及 v_2 与密度 k_1 及 k_2 之间的任何具体关系。如果我们采用已介绍过的线性的速度与密度关系式,即

$$v_i = v_f (1 - k_i / k_j) \tag{4 − 58}$$

如果再进一步,设

$$\eta_1 = k_i / k_j \tag{4 − 59}$$

则可以写出

$$v_1 = v_f (1 - \eta_1) , \quad v_2 = v_f (1 - \eta_2)$$

式中 η_1 及 η_2 是在界线 S 两侧的标准化密度。

将以上关系式代入方程(4 − 59),得波速为

$$v_{\mathrm{W}} = \frac{k_1 v_f (1 - \eta_1) - k_2 v_f (1 - \eta_2)}{k_1 - k_2} \tag{4 − 60}$$

从方程(4 − 59)得到的 η_1 和 η_2 的关系式可用来简化式(4 − 60),结果为

$$v_{\mathrm{W}} = v_f [1 - (\eta_1 + \eta_2)] \tag{4 − 61}$$

上式说明,波速可用交通密度不连续线两侧的标准化密度表示。

2. 交通密度大致相等的情况

如果在界线 S 两侧的标准化密度 η_1 和 η_2 大致相等,如图4 − 8所示。

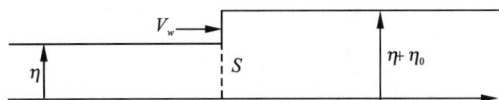

图4 − 8　交通密度的微小不连续性

S 左侧的标准化密度为 η,而 S 右侧的标准化密度为 $(\eta + \eta_0)$,这里,$\eta + \eta_0 \leqslant 1$。在此情况下,设

$$\eta = \eta_1 , \quad \eta_2 = \eta + \eta_0$$

并且 $[1 - (\eta_1 + \eta_2)] = [1 - (2\eta + \eta_0)] = 1 - 2\eta$,式中 η_0 忽略不计。把上式代入式(4 − 61),则此断面的速度就以下列速度传播:

$$v_w = v_f(1 - 2\eta) \qquad (4-62)$$

这是由莱特希尔和惠特汉推导的车流速度传播公式。

3. 停车产生的波

对于车流的标准化密度为 η_1，以区间平均车速 v_1 行驶的车辆，假定下式成立：

$$v_1 = v_f(1 - \eta_1) \qquad (4-63)$$

在道路上，位置 $x = x_0$ 处，因红灯停车，车流立即呈现出饱和的标准化密度 $\eta_2 = 1$。线 S 左侧，车流仍为原来的密度 η_1，按方程（4-63）的平均速度继续运行。将 $\eta_2 = 1$ 代入方程（4-63），就得到停车产生的波速

$$v_w = v_f[1 - (\eta_1 + 1)] = -v_f\eta_1 \qquad (4-64)$$

式（4-64）说明，由于停车而产生的波，以 $v_f\eta_1$ 的速度向后方传播。如果信号在 $x = x_0$ 处变为红灯，则经 t 以后，一列长度为 $v_f\eta_1 t$ 的汽车就要停在 x_0 之后。

4. 发车产生的波

现在来讨论一列车辆起动（发车）所产生的波的性质。假定 $t = 0$ 时，一列车已停在位于 $x = x_0$ 处的信号灯后边。因为这列车停着，所以具有饱和密度 $\eta_1 = 1$。如果在 $t = 0$ 时，$x = x_0$ 处变为绿灯，车辆以速度 v_2 起动，此时，停车一方（S 线左侧）的交通密度仍为饱和密度 $\eta_1 = 1$，而 η_2 可以从下式

$$v_2 = v_f(1 - \eta_2) \qquad (4-65)$$

求得，即

$$\eta_2 = 1 - (v_2/v_f) \qquad (4-66)$$

代入式（4-66），得到

$$v_w = v_f[1 - (\eta_2 + 1)] = -v_f\eta_2 = -(v_f - v_2) \qquad (4-67)$$

所以，一候车队开始运行（发车）就产生了发车波，该波从 x_0 处以 $(v_f - v_2)$ 的速度向后传播。由于发生速度 v_2 一般总是很低，因此可看作几乎以 v_f 速度传播。

三、车流波动理论的应用

例 4-7：车流在一条 6 车道的公路上畅通行驶，其速度为 $v = 80$ km/h。路上有座 4 车道的桥。每车道的通行能力为 1940 辆/h，高峰时车流量为 4200 辆/h（单向）。在过渡段的车速降至 22 km/h，这样持续了 1.69 h，然后车流量减到 1956 辆/h（单向）。试估计桥前的车辆排队长度和阻塞时间。

解：

1. 计算排队长度

（1）在能畅通行驶的车道里没有堵塞现象，其密度为

$$k_1 = \frac{q_1}{v_1} = \frac{4200}{80} = 53 \text{ 辆/km}$$

（2）在过渡段，由于该处只能通过 $1\,940 \times 2 = 3\,880$ 辆/h，而现在却需要通过 4200 辆/h，故出现拥挤，其密度为

$$k_2 = \frac{q_2}{v_2} = \frac{3880}{22} = 177 \text{ 辆/km}$$

由式（4-56）得

$$v_{\mathrm{w}} = \frac{q_2 - q_1}{k_2 - k_1} = \frac{3880 - 4200}{177 - 53} = -2.58 \text{ km/h}$$

表明此处出现迫使排队的反向波,其波速为 2.58 km/h。

因距离为速度与时间的乘积,故此处的平均排队长度为

$$L = \frac{0 \times 1.69 + 2.58 \times 1.69}{2} = 2.18 \text{ km}$$

2. 计算阻塞时间

高峰过去后,排队即开始消散,但阻塞仍要持续一段时间。因此阻塞时间应为排队形成时间(即高峰时间)与排队消散时间之和。

(1)排队消散时间 t'

已知高峰后的车流量 $q_3 = 1956$ 辆/h < 3880 辆/h,表明通行能力已有富裕,排队已开始消散。

排队车辆为

$$(q_1 - q_2) \times 1.69 = (4200 - 3880) \times 1.69 = 541 \text{ 辆}$$

疏散车辆数为

$$q_3 - q_2 = 1956 - 3880 = -1924 \text{ 辆/h}$$

则排队消散时间

$$t' = \frac{(q_1 - q_2) \times 1.69}{|q_3 - q_2|} = \frac{541}{1924} = 0.28 \text{ h}$$

(2)阻塞时间 t

$$t = t' + 1.69 = 0.28 + 1.69 = 1.97 \text{ h}$$

思考与练习

1. 什么是交通流理论?研究交通流理论常用哪些方法?

2. 交通流中各参数之间具有怎样的关系?这些特性对汽车运输组织及公路交通运政管理有什么指导作用?

3. 交通流的泊松分布、二项分布和负指数分布的特点、参数及各自的适用条件是什么?

4. 排队论的基本原理、主要参数(指标)计算及其在交通运政和汽车运输管理等方面的作用。

5. 交通跟驰理论、流体力学模拟理论的依据、模型(方程)的意义及其作用各是什么?

第五章

道路通行能力

第一节　道路通行能力和服务水平概述

一、通行能力概述

进行通行能力分析的主要目的是求得在不同运行质量情况下 1 h 所能通行的最大交通量。亦可求得在指定的交通运行质量条件下所能承受交通的能力。因此，通行能力分析过程中同时要进行运行质量的分析，将公路规划、设计及交通管理等与运行质量联系起来，这样可以合理地使用公路工程资金和提高公路工程和汽车运输的综合经济效益。

1. 通行能力的种类及其定义

确定道路通行能力的种类主要考虑两点：一是通行能力分析必须与运行质量相联系；二是需要有一种具体公路均能与之对比的基本参照通行能力。因此，通行能力按作用性质分为三种：

（1）基本通行能力

是指公路组成部分在理想的道路、交通、控制和环境条件下，该组成部分一条车道或一车行道的均匀段上或一横断面上，不论服务水平如何，1 h 所能通过标准车辆的最大辆数。

（2）可能通行能力

是指一已知公路的一组成部分在实际或预测的道路、交通、控制及环境条件下，该组成部分一条车道或一车行道对上述诸条件有代表性的均匀段上或一横断面上，不论服务水平如何，1 h 能通过的车辆（在混合交通公路上为标准汽车）的最大辆数。

（3）设计通行能力

是指一设计中的公路的一组成部分在预测的道路、交通、控制及环境条件下，该组成部分一条车道或一行车道对上述诸条件有代表性的均匀路段上或一横断面上，不论服务水平如何，1 h 所能通过的车辆（在混合交通公路上为标准汽车）的最大辆数。

2. 计算通行能力的时间单位——交通量和交通流率

由于时间单位愈大，交通不均匀性亦愈大，就愈不能很好反应交通量与运行质量之间的关系。因此，通常是以小时为单位来计算通行能力和设计交通量。

美国考虑到稳定交通流的最短存在时间为 15 min，因此观测分析出 15 min 的交通流量和运行质量的关系。但设计交通量仍以 1 h 为单位，故美国以变通流率而不是以小时交通量来反映通行能力。我国现阶段仍用小时交通量而不用交通流率。

3. 理想条件

理想条件原则上是指对条件更进一步提高也不能提高基本通行能力的条件。各理想条件的内容包括：

（1）道路条件

是指公路的几何特征。包括车道数，车道、路肩和中央带等的宽度，侧向净宽，设计速度及平、纵线形和视距等。

（2）交通条件

是指交通特征。它包括交通流中的交通组成、交通量以及在不同车道中的交通量分布和上、下行方向的交通量分布。

（3）控制条件

是指交通控制设施的形式及特定设计和交通规则。其中交通信号的设置地点、形式和预定时对通行能力的影响最大。其他重要交通控制包括"停车"和"让路"标志、车道使用限制及转弯限制等等。

（4）环境条件

主要指横向干扰程度以及交通秩序等。

对于混合交通的双车道和单车道公路，一车道中所有车辆基本上不是以一列形式行驶，各类车辆行驶的横向位置的范围有差别，常交错行驶，不宜应用理想条件，故定出了具体路段可与之对比的基准条件。

4. 车辆换算系数和换算交通量

（1）车辆换算系数

在分析计算通行能力和服务水平时，需要将标准汽车交通量与实际或预测的交通组成中各类车辆交通量进行换算，需要用到车辆换算系数。此系数的定义是：在通行能力方面某类车辆一辆等于标准车辆的辆数。

（2）换算交通量

也称为当量交通量，就是将总交通量中各类车辆交通量换算成标准车型交通量之和。其计算式如下：

$$V_e = V \sum P_i E_i \qquad (5-1)$$

式中：V_e——当量交通量；

V——未经换算的总交通量；

P_i——第 i 类车交通量占总交通量的百分比；

E_i——第 i 类车的车辆换算系数。

5. 影响通行能力的主要因素及其对通行能力的修正系数

公路各组成部分的主要影响因素及其对通行能力的修正系数参见本章有关内容。要说明的是，路面使用质量尤其是不平整度对通行能力有较大的影响；气候尤其是雨、雪、雾以及台风等对通行能力有时也有较大的影响。但路面使用质量及气候的影响程度变化范围很大，且不易用数字具体表示，故在主要影响因素中没有涉及路面使用质量及气候这两种影响因素。通行能力和服务水平的各种关系及参数值均是在路面使用质量良好及气候正常情况下得出的。

6. 需分别进行通行能力和服务水平分析的公路组成部分

①高速公路(控制进入)的基本路段;

②不控制进入的汽车多车道公路路段;

③不控制进入的汽车双车道公路路段;

④混合交通双车道公路路段;

⑤匝道,包括匝道—主线连接部分;

⑥交织区;

⑦信号控制的平面交叉;

⑧无信号控制的平面交叉;

⑨市区及近郊干线道路。

二、公路服务水平概述

公路通行能力的分析计算离不开交通运行质量。因此通行能力的分析计算必须与服务水平的分析计算一起进行。

1. 公路服务水平的定义

公路服务水平是交通流中车辆运行的条件以及驾驶员和乘客所感受的质量量度。亦即公路在某种交通条件下所提供运行服务的质量水平。

2. 公路服务水平的分级及各级服务水平的运行质量描述

在达到基本通行能力(或可能通行能力)之前,交通量愈大,则交通密度也愈大,而车速愈低,运行质量也愈低,即服务水平愈。达到基本通行能力(或可能通行能力)之后,则交通量不可能再增加,而是运行质量愈低交通量也愈低,但交通密度仍愈大,直至车速及交通量均下降至零为止。高速公路的交通量—车速关系图及交通量—交通密度关系图分别如图5-1和图5-2所示。

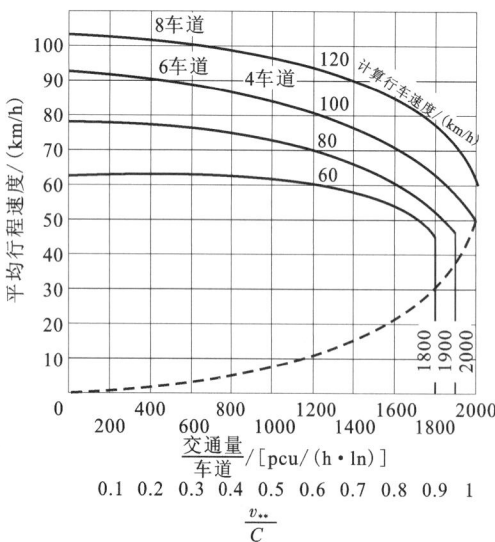

图5-1　高速公路的交通量—车速关系图

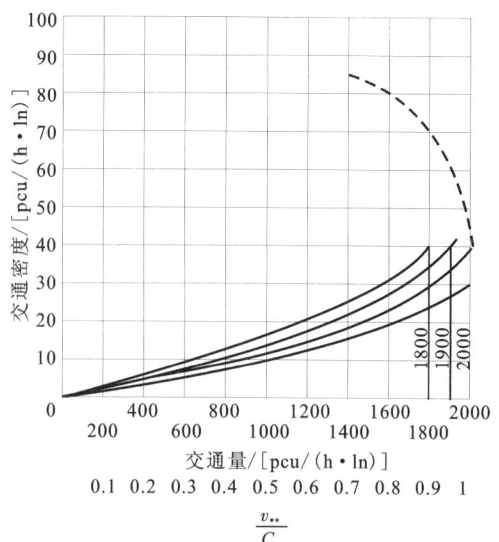

图5-2　交通量—交通密度关系图

美国将服务水平分为 A 至 F 六级，各级服务水平的一般描述摘要如下：

服务水平 A：交通量很小，交通为自由流，使用者不受或基本不受交通流中其他车辆的影响，有非常高的自由度来选择所期望的速度进行驾驶，为驾驶员和乘客提供的舒适便利程度极高。

服务水平 B：交通量较前增加，交通处在稳定流范围内的较好部分。在交通流中开始易受其他车辆的影响，选择速度的自由度相对来说还不受影响。但驾驶自由度比服务水平 A 稍有下降。由于其他车辆开始对少数驾驶员的驾驶行为产生影响，因此所提供的舒适和便利程度较服务水平 A 低一些。

服务水平 C：交通量大于服务水平 B，交通处在稳定流范围的中间部分，但车辆间的相互影响变得大起来，选择速度受到其他车辆的影响，驾驶时需相当留心部分其他车辆，舒适和便利程度有明显下降。

服务水平 D：交通量又增大，交通处在稳定交通流范围的较差部分。速度和驾驶自由度受到严格约束，舒适和便利度低下。当接近这一服务水平下限时，交通量有少量增加就会在运行方面出现问题。

服务水平 E：此服务水平的交通常处于不稳定流范围，接近或达到水平最大交通量时，交通量有小的增加，或交通流内部有小的扰动就将产生大的运行问题，甚至发生交通中断。此水平内所有车速降到一个低的但相对均匀的值。驾驶自由度极低。舒适和便利程度也非常低，驾驶员受到的挫折通常是大的。此服务水平下限时的最大交通量即为基本通行能力（理想条件下）或可能通行能力（具体公路）。

服务水平 F：交通处于强制流状态，车辆经常排成队。跟着前面的车辆停停走走，极不稳定。在此服务水平中，交通量与速度同时由大变小，直到零为止，而交通密度则随交通量的减少而增大。

以上六级服务水平的描述是针对非中断性交通流的公路设施的。

我国公路服务水平现分为四级，一级相当于美国的 A、B 两级，二、三级分别相当于美国的 C 级及 D 级，四级相当于美国的 E、F 两级。

3. 最大服务交通量

每一服务水平有其服务质量的范围。因此，除四级下半段（相当于美国的 F 级）外一、二、三级及四级上半段服务水平都有相应于该级服务水平最差时的服务交通量，该服务交通量在该级服务水平中是最大的，故称最大服务交通量。

4. 公路设计采用的服务水平等级

高速公路基本路段、匝道主线连接处、交织区均采用二级服务水平。但在不得已的情况下，匝道主线连接处及交织区可降低要求采用三级服务水平。

不控制进入的汽车多车道公路路段在平原微丘的地区采用二级服务水平，在重丘山岭地形及在近郊采用二级服务水平。

不控制进入的汽车双车道公路路段采用三级服务水平。

混合交通双车道公路路段采用三级服务水平。

三、道路通行能力和服务水平的作用

（1）用于道路设计

根据设计通行能力与设计小时交通量的对比，可分析得出所设计公路的技术等级及多车道公路的车道数，以及是否需要设置爬坡车道，亦可在道路设计阶段，进行公路各组成部分的通行能力和服务水平分析，发现潜在的瓶颈路段，设计改进后，可在设计阶段就消除将来可能形成的瓶颈路段。

（2）用于道路规划

在分析当前变通流的质量水平，评估现有公路网承受交通的适应程度的基础上，通过交通量预测及投资效益和环境影响等的评估，提出改善和提高公路网的规模和建设项目及其实施的步骤。

（3）用于道路交通管理

根据预测交通量增长情况和对运行条件的分析制定各阶段交通管理措施。

第二节　道路平面交叉口的通行能力

一、无信号交叉口通行能力

1. 行车规定

在无信号灯控制的交叉口上，我国未采取其他交通管理措施。按照惯例，主要道路上的车辆，优先通行，通过路口不用停车，一直通过；沿次要道路行驶的车辆，让主要道路上的车辆先行，寻找机会，穿越主要道路上车流的空挡，通过路口。

主要道路上能够通过的车辆多少，按路段计算。次要道路上能够通过多少车辆，受下列因素影响：主要道路上车流的车头间隔分布、次要道路上车辆穿越主要道路车流所需时间、次要道路上车辆跟驰的车头时距大小、主要道路上车流的流向分布。

这种路口的通行能力，等于主要道路上的交通量加上次要道路上车辆穿越空挡能通过的车辆数。若主要道路上的车流已经饱和，则次要道路上的车辆一辆也通不过。因此，无信号交叉口的通行能力最大等于主要道路路段的通行能力。事实上，在无信号交叉口，主要道路上的变通量不大，车辆呈随机到达，有一定空挡供次要道路的车辆穿越，相交车流无过大阻滞，否则，需加设信号灯，分配行驶权。

2. 交通流向分析

在无信号交叉口，次要道路上的车流，每一流向都面临与之发生冲突的交通流，如图 5 - 3 所示。例如，次要道路上的右转车流与主要道路右侧车道的直行车流发生侧向摩擦、合流。主要道路上的右转车流，驶近交叉口时，由于没使用或没及时使用转弯信号，致使次要道路上右转车流产生误判，行进受到影响，如图 5 - 3 所示。

行驶方向	次要道路车流右转	主要道路车流左转
图示		

行驶方向	次要道路车流直行	次要道路车流左转
图示		

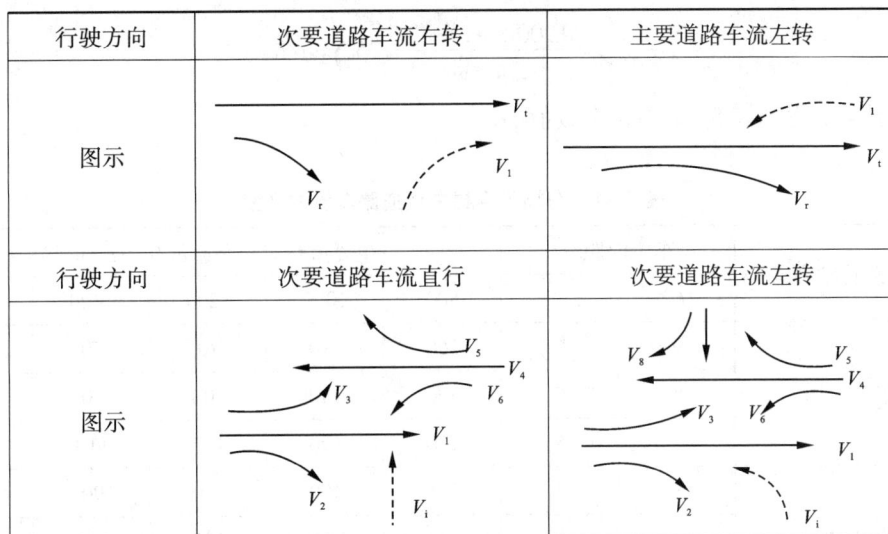

图 5 – 3　交叉口交通流冲突

次要道路的直行车流与主要道路上所有车流都有冲突、摩擦。次要道路的左转车流与次要道路的右转车流、直行车流、主要道路上的各股车流发生冲突、摩擦。此外,主要道路上左转车流与主要道路上的直行、右转车流也有冲突、摩擦。由此可见,主要道路上车流存在的可穿越间隙,有多股车流争相利用。

3. 穿越间隙

可穿越间隙大小与次要道路上的车流通过交叉口的状态有关系。若在进口停车等候,则所需间隙时间为 7~9 s;若驶近路口降速待机,则所需间隙时间为 6~8 s。此外,应当说与穿越车流的流向有关系。

4. 计算公式

假设:主要道路上的车辆优先通过路口;主要车道上的双向车流视为一股车流;交通量不大,车辆之间的间隙分布符合负指数分布;当间隙大于临界间隙 t_0 时,次要道路上车辆方可穿越。次要道路上车辆跟驰行驶时的车头时距 $t=3$ s。

按可穿越间隙理论,推算出次要道路上的车辆每小时能穿越主要道路车流的数量为

$$Q_{次} = \frac{Q_{主} \, \mathrm{e}^{-qt_0}}{1 - \mathrm{e}^{-qt}} \tag{5 – 2}$$

式中:$Q_{主}$——主要道路上的交通量(pcu/h);

$Q_{次}$——次要道路可能通过的车辆数(pcu/h);

q——$Q_{主}/3600$(pcu/s);

t_0——临界间隙时间,对停车待机通过者 $t_0 = 7~9$ s,对减速待机通过者 $t_0 = 6~8$ s;

t——次要道路上车辆跟驰行驶的车头时距,$t = 3~5$ s。

例 5 – 1:无信号灯控制的交叉口,主要道路的双向交通量为 1200 pcu/h,车辆到达符合泊松分布。次要道路上车辆可穿越的临界车头时距 $t_0 = 6$ s。车辆跟驰行驶的车头时距 $t = 3$ s。求次要道路上的车辆可穿越主要道路车流的数量。

解: 由式(5 −2)

$$Q_{次} = \frac{1200 \times e^{-\frac{1200}{3600} \times 6}}{1 - e^{-\frac{1200}{3600} \times 3}} = 257 \text{pcu/h}$$

同样计算,得到表 5 −1 中各个数值。

表 5 −1   车辆可穿越主要道路车流的数量

次要道路行驶方式	车头时距/s		主要道路双向交通量/(pcu·h⁻¹)				
	t_o	t	800	1000	1200	1400	1600
停车等空挡	9	5	160	110	70	50	30
	8	5	200	140	100	70	50
	7	5	250	190	140	110	80
低速等空挡	8	3	275	190	130	90	60
	7	3	345	250	185	135	95
	6	3		335	255	195	150

注:次要道路通行能力很少超过主要道路交通量的二分之一。

美国各州道路运输工作者协会认为,无信号交叉口,在不影响主要道路车辆通行的情况下,次要道路可通过的交通量不超过表 5 −2 中数值。

表 5 −2   无信号交叉口的通行能力表(PCU·h⁻¹)

主要道路为二车道	主要道路交通量	400	500	600
	次要道路交通量	250	200	100
主要道路为四车道	主要道路交通量	1000	1500	2000
	次要道路交通量	100	50	25

二、信号交叉口通行能力

中国道路交通管理条例规定,在没有实施多相位信号灯控制的交叉口,绿灯亮时,允许各行驶方向的车辆进入交叉口。红灯亮时,只允许右转车辆沿右转专用车道行进,但不得影响横向道路上直行车辆的正常行驶。黄灯亮时,已越过停车线的车辆继续行驶,通过交叉口;没越过停车线的车辆应在停车线后等候绿灯。

1. 十字形交叉口的设计通行能力

十字形交叉口(见图 5 −4),设计通行能力等于各进口道设计通行能力之和。进口道设计通行能力等于各车道设计通行能力之和。

(1)一条直行车道的设计通行能力计算公式

$$C_S = \frac{3600}{T}\left(\frac{t_g - t_0}{t_i} + 1\right)\varphi \tag{5 −3}$$

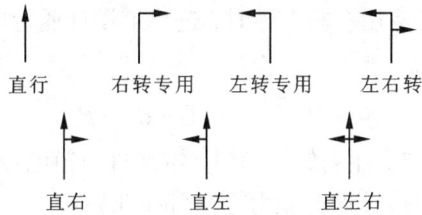

图5-4　十字形交叉口的车道功能区分

式中：C_s—— 一条直行车道的设计通行能力（pcu/h）；

T——信号灯周期（s）；

t_g——信号每周期内的绿灯时间（s）；

t_0——绿灯亮后，第一辆车启动、通过停车线的时间（s），如无本地数据，可采用 2～3 s；

t_i——直行或右行车辆通过停车线的平均时间（s/pcu）；

φ——折减系数，可用0.9。

车辆平均通过停车线的时间 t_i，与车辆组成、车辆性能、驾驶员条件有关。设计时，可采用本地区调查数据。如无调查数据，直行车队可参考下列数值取用。

小型车组成的车队，$t_i = 2.5$ s；

大型车组成的车队，$t_i = 3.5$ s；

拖挂车组成的车队，$t_i = 7.5$ s。

混合车组成的车队，按表5-3选用。为计算方便，将拖挂车划归大型车。

表5-3　混合车队的 t_i 值

大车:小车	2:8	3:7	4:6	5:5	6:4	7:3	8:2
t_i/s	2.65	2.96	3.12	3.26	3.30	3.34	3.42

（2）直右车道通行能力计算公式

$$C_{sr} = C_g \tag{5-4}$$

式中：C_{sr}—— 一条直右车道的设计通行能力（pcu/h）。

（3）直左车道设计通行能力计算公式

$$C_{sl} = C_s(1 - \beta'_1/2) \tag{5-5}$$

式中：C_{sl}——一条直左车道的设计通行能力（pcu/h）；

β'_1——直左车道中左转车所占比例。

（4）直左右车道设计通行能力计算公式

$$C_{slr} = C_{sl} \tag{5-6}$$

式中：C_{slr}——一条直左右车道的设计通行能力（pcu/h）。

（5）交叉口进口道的设计通行能力

前已提及，进口道的设计通行能力等于进口各车道设计通行能力之和。此外，也可根据本进口车辆左、右转比例计算。

（1）进口设有专用左转与专用右转车道时，进口道设计通行能力按式（5-7）计算

$$C_{elr} = \sum C_s/(1 - \beta_l - \beta_r) \qquad (5-7)$$

式中：C_{elr}——设有专用左转与专用右转车道时，本面进口道的设计通行能力（pcu/h）；

$\sum C_s$——本面直行车道设计通行能力之和（pcu/h）；

β_l——右转车占本面进口道车辆的比例。

专用左转车道的设计通行能力为

$$C_l = C_{elr} \cdot \beta_l \qquad (5-8)$$

专用右转车道的设计通行能力为

$$C_r = C_{elr} \cdot \beta_r$$

（2）进口设有专用左转车道而未设专用右转车道时，进口道的设计通行能力按式（5-9）计算

$$C_{el} = \left(\sum C_s + C_{sr} \right)/(1 - \beta_l) \qquad (5-9)$$

式中：C_{el}——设有专用左转车道时，本面进口道设计通行能力（pcu/h）；

C_s——本面直行车道设计通行能力之和（pcu/h）；

C_{sr}——本面直右车道设计通行能力（pcu/h）。

专用左转车道的设计通行能力为

$$C_l = C_{el} \cdot \beta_l$$

（3）进口道设有专用右转车道而未设专用左转车道时，进口道的设计通行能力按式（5-10）计算

$$C_{er} = \left(\sum C_s + C_{sl} \right)/(1 - \beta_r) \qquad (5-10)$$

式中：C_{er}——设有专用右转车道时，本面进口道的设计通行能力（pcu/h）；

$\sum C_s$——本面直行车道设计通行能力之和（pcu/h）；

C_{sl}——本面直左车道设计通行能力（pcu/h）。

专用右转车道的设计通行能力为

$$C_l = C_{el} \cdot \beta_l \qquad (5-11)$$

（4）通行能力折减

在一个信号周期内，对面到达的左转车超过3~4 pcu时，左转车通过交叉口将影响本面直行车。因此，应折减本面各直行车道（包括直行、直左、直右、直左右车道）的设计通行能力。

当 $C_{le} > C'_{le}$ 时，本面进口道折减后的设计通行能力为

$$C'_e = C_e - n_s(C_{le} - C'_{le}) \qquad (5-12)$$

式中：C'_e——折减后本面进口道的通行能力（pcu/h）；

C_e——本面进口道的设计通行能力（pcu/h）；

n_s——本面各种直行车道数；

C_{le}——本面进口道左转车的设计通过量（pcu/h），

$$C_{le} = C_e \cdot \beta_1 \qquad (5-13)$$

式中：C_{le}——不折减本面各种直行车道设计通行能力的对面左转车数(pcu/h)，当交叉口小时为 $3n$，大时为 $4n$，n 为每小时信号周期数。

2. T形交叉口的设计通行能力

(1)图 5-5 所示 T 形交叉口的设计通行能力

该交叉口的设计通行能力为 A、B、C 各进口道通行能力之和。应验算 C 进口道左转车对 B 进口道通行能力的折减。具体计算如下：

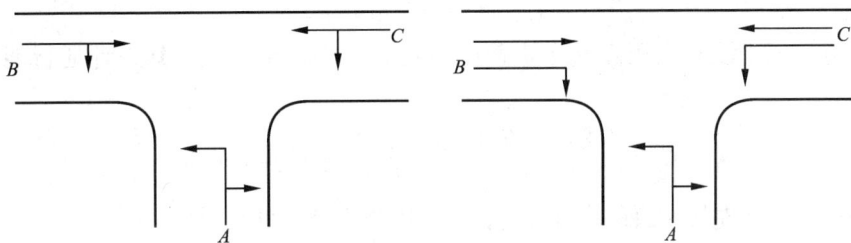

图 5-5　T形交叉口的设计通行能力

①A 进口道的设计通行能力，用式(5-3)计算；

②B 进口道为直右车道，其设计通行能力用式(5-4)计算；

③C 进口车道为直左车道，其设计通行能力用式(5-5)计算。

该交叉口的设计通行能力为 A、B、C 各进口道通行能力之和。应验算 C 进口道左转车对 B 进口道通行能力的折减。具体计算如下：

①A 进口道的设计通行能力，用式(5-3)计算；

②B 进口道布置为设专用右转车道，而未设专用左转车道，其设计通行能力用式(5-10)计算；式中分子只有 C_{ls}；

③当 C 进口车道每个信号周期的左转车超过 3~4 pcu 时。左转车对 B 进口的直行车有影响，应用式(5-13)折减 B 进口道的设计通行能力。

例 5-2：已知某交叉口设计如图 5-6 所示。东西支路一个方向有三条车道，南北支路一个方向有一条车道。信号灯管制交通。信号配时：周期 $T=120$ s，绿灯 $t_g=52$ s。车种比例大车：小车为 2:8，东西方向左转车占该进口交通量的 15%，右转车占该进口交通量的 10%。求交叉口的设计通行能力。

解：先计算东西方向干道。东进口有三条车道，区分为专用左转、直行和直右三种车道。

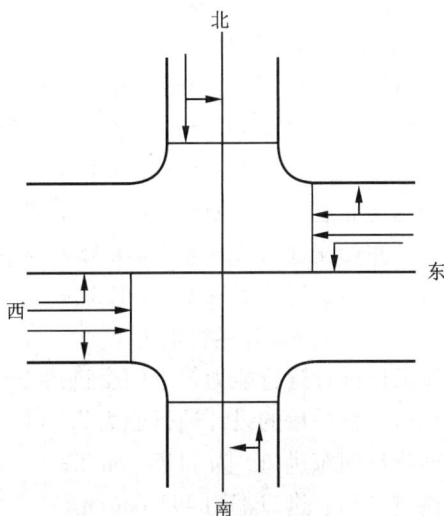

图 5-6　交叉口通行能力计算图

（1）计算直行车道的设计通行能力，用公式

$$C_B = \frac{3600}{T}\left(\frac{t_g - t_0}{t_i} + 1\right)\varphi \tag{5-14}$$

取 $t_0 = 2.3S$，$\varphi = 0.9$。

据车种比例为 2:8，查表 5 - 3，得 $t_i = 2.65$。将已知参数代入公式（5 - 3），则

$$C_B = \frac{3600}{120}\left(\frac{52 - 2.3}{2.56} + 1\right) \times 0.9 = 533 \text{ pcu/h} \tag{5-15}$$

（2）计算直右车道的设计通行能力，用公式（5 - 16）

$$C_{sr} = C_s = 533 \text{ pcu/h} \tag{5-16}$$

（3）东进口属于设有专用左转车道而未设右转专用车道类型，其设计通行能力用公式（5 - 10）计算

$$C_{e1} = \frac{(\sum C_B + C_{sr})}{1 - \beta_1} = \frac{533 + 533}{1 - 0.15} = 1254 \text{ pcu/h}$$

（4）该进口专用左转车道的设计通行能力，用公式（5 - 11）计算

$$C_1 = C_{e1} \times \beta_1 = 1254 \times 0.15 = 188 \text{ pcu/h} \tag{5-17}$$

（5）验算是否需要折减

当 $C_{le} > C'_{le}$ 时，应当折减。

不影响对面直行车辆行驶的左转交通量 C_{le}' 等于 $4n$，n 为 1 h 内周期个数，因为

$$T = 120\text{s}$$

所以

$$n = 3600/120 = 30$$

有

$$C'_{le} = 4 \times 30 = 120 \text{ pcu/h}$$

进口设计左转交通量 $C_{le} = C_1 = 188$ pcu/h。本题情况，$C_{le} > C_{le}'$，需按公式（5 - 18）折减

$$C'_e = C_e - n_s(C_{le} - C'_{le}) = 1254 - 2 \times (188 - 120)$$
$$= 1254 - 136 = 1118 \text{ pcu/h} \tag{5-18}$$

（6）西进口设计通行能力同东进口

（7）南进口设计通行能力

该进口只有直、左、右混行车道，其设计通行能力按公式（5 - 19）计算

$$C_{slr} = C_{sl} = (1 - \beta'_l/2) = 533 \times (1 - 0.15 \times 0.5) = 493 \text{ pcu/h} \tag{5-19}$$

（8）验算南进口的左转车是否影响对面直行车

因为南北进口车道划分相同，即验算北进口左转车是否影响南进口车的直行。

设计左转交通量 $C_1 = 493 \times 0.15 = 74$ pcu/h。

设计左转交通量 $C_1 < C'_{le} = 120$ pcu/h，不需要折减。

（9）交叉口的设计通行能力

交叉口设计通行能力等于四个进口设计通行能力之和。

东进口折减后的设计通行能力为 1118 pcu/h；

西进口同东进口，为 1118 pcu/h；

南进口和北进口都为 493 pcu/h。

故该交叉口的设计通行能力为

$$C = 1118 \times 2 + 493 \times 2 = 3222 \text{ pcu/h}$$

三、环形交叉口的通行能力

环形交叉口是自行调节的交叉口。这种交叉口是在中央设置中心岛，使进入交叉口的所有车辆都以同一方向绕岛行进。车辆行驶过程一般为合流、交织、分流，避免了车辆交叉行驶。环形交叉口的优点是车辆连续行驶、安全，不需要设置管理设施，避免停车，节省燃料，噪声低，污染小。同时，起到美化城市的作用。缺点是占地大，绕行距离长。非机动车和行人较多及有轨道交通线路时，不宜采用。

1. 环形交叉口类型

环形交叉口按中心岛直径大小分为三类：

①常规环形交叉口，中心岛直径大于 25 m，交织段比较长，进口引道不拓宽成喇叭形（见图 5 - 7）。我国现有的环形交叉口大都属于此类。

②小型环形交叉口，中心岛直径小于 25 m，引道进口加宽，做成喇叭形。便于车辆进入交叉口（见图 5 - 8）。

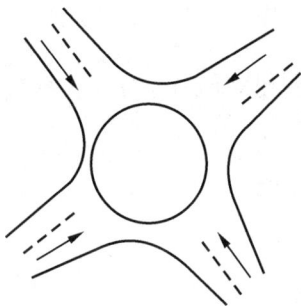

图 5 - 7　常规环形交叉口　　　　　　　　　　图 5 - 8　小型环形交叉口

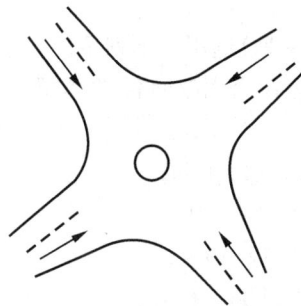

③微型环形交叉口，中心岛直径一般小于 4 m，中心岛不一定做成圆形，也不一定做成一个，可用白漆画成圆圈，不用凸起（见图 5 - 9）。这种环交，实际上是渠化交叉口。

2. 常规环形交叉口的通行能力

常规环形交叉口通行能力计算图式如图 5 - 10 所示，其通行能力按下列公式计算。

（1）沃尔卓普（Wardrop）公式

$$C = \frac{280\left(1 + \dfrac{e}{w}\right)\left(1 - \dfrac{P}{3}\right)}{1 + \dfrac{w}{l}} \tag{5 - 20}$$

式中：C——交织段上设计通行能力（pcu/h）；

　　　　　l——交织段长度（m）；

　　　　　w——交织段宽度（m）；

　　　　　e——环交入口平均宽度，$e = 1/2(e_1 + e_2)$；

　　　　　e_1——入口引道宽度（m）；

　　　　　e_2——环道突出部分的宽度（m）；

　　　　　P——交织段内进行交织的车辆与全部车辆之比（%）。

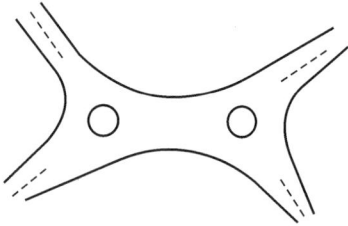

图 5－9　剪刀式微型环形交叉口　　　　图 5－10　常规环形交叉口通行能力计算图式

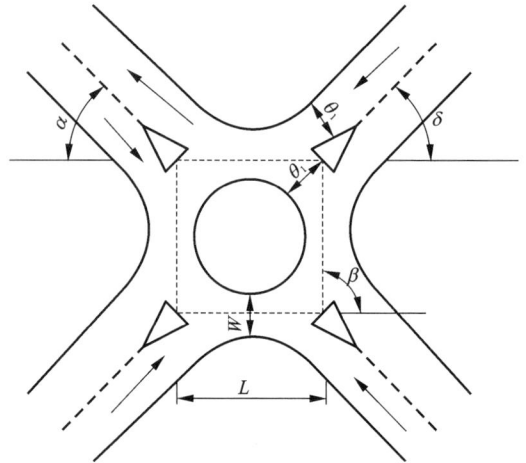

式(5－20)适用于下列条件：

引道上没有因故暂停的车辆；环交位于平坦地区，纵坡不大于4%；各参数应在下列范围：

$w = 6.1 \sim 18.0$ m；

$e/w = 0.4 \sim 1.0$；

$w/l = 0.12 \sim 0.4$；

$e_1/e_2 = 0.34 \sim 1.41$；

$P = 0.4 \sim 1.0$；

驶入角 a 宜大于30°；

驶出角 δ 应小于60°；

交织段内角 β 不应大于95°。

(2)英国环境部暂行公式

英国对环形交叉口素有研究。1966年对环交实行了左侧优先的行驶法规，即规定行驶在环道上的车辆可以优先通行，进入环道的车辆让路给环道上的车辆，等候间隙驶进环道。这样，式(5－20)不适用，应采用式(5－21)计算交织段的设计通行能力

$$C = \frac{160\left(1 + \dfrac{e}{w}\right)}{1 + \dfrac{w}{t}} \qquad (5-21)$$

式中：C——交织段通行能力，再乘以0.85，等于设计通行能力(pcu/h)；

其余各参数的意义、取值范围同前。

当重车超过15%时，对该式应做修正。

例 5－3：某环形交叉口环道宽12 m，西北和东南象限中的交织距离长48 m，东北和西南象限中的交织距离长42 m，$e_1 = 6$ m，$e_2 = 12$ m，远景年设计交通量如图5－11所示。求设计通行能力，验算能否通过设计交通量。

解：用公式(5－37)分别计算四个象限交织段的设计通行能力。现列表5－4计算如下：

表5－4　环形交叉口通行能力计算用表

象限	l	w/l	e/w	$1+e/w$	$160w(1+e/w)$	$1+w/l$	N	$0.85N$	远景流量
东北	42	0.286	0.75	1.75	3360	1.286	2612	2220	1450
西北	48	0.25	0.75	1.75	3360	1.25	2686	2283	1400
西南	42	0.286	0.75	1.75	3360	1.286	2612	2220	1450
东南	48	0.25	0.75	1.75	3360	1.25	2686	2283	1450

由计算结果可知，各象限的设计通行能力均大于相应象限的远景设计交通量。

我国长春、沈阳、哈尔滨、大连、长沙、南京、广州等城市都有不少环形交叉口，使用效果很好。特别是在作为小区中心、城乡分界标志和解决复杂路口等方面很适用。根据我国使用经验，结合自行车交通的情况，环形交叉口的设计通行能力如表5－5所示。

表5－5　环形交叉口设计通行能力

机动车车行道设计通行能力/$(\mathrm{pcu \cdot h^{-1}})$	2700	2400	2000	1750	1600	1350
相应自行车数/$(辆 \cdot \mathrm{h^{-1}})$	2000	5000	10000	13000	15000	17000

注：表列机动车道的设计通行能力，包括有15%的右转车，当右转车为其他比例时，需予以调整。

表列数值适用于交织长度$L_W = 25 \sim 30$ m。若$L_W = 30 \sim 60$ m时，表中数值按下式修正

$$\varphi_W = 3L_w/(2L_W + 30) \tag{5-22}$$

3. 小型环形交叉口的通行能力

小型环交的特点是环道较宽、进出口做成喇叭形，对进入环道的车辆提供较多的车道，车流运行已不存在交织现象。在所有进口引道都呈饱和状态条件下. 经过试验，得到公式(5－23)。

$$C = K(\sum W + \sqrt{A}) \tag{5-23}$$

式中：C——环交实用通行能力，该值乘以0.8等于设计通行能力(pcu/h)；

$\sum W$——所有引道基本宽度的总和(m)，如图5－12所示；

A——引道拓宽增加的面积($\mathrm{m^2}$)，$A = \sum a$，即图中阴影部分；

K——系数$[\mathrm{pcu/(h \cdot m)}]$，

三路交叉，$K = 70$；

四路交叉，$K = 50$；

五路交叉，$K = 45$。

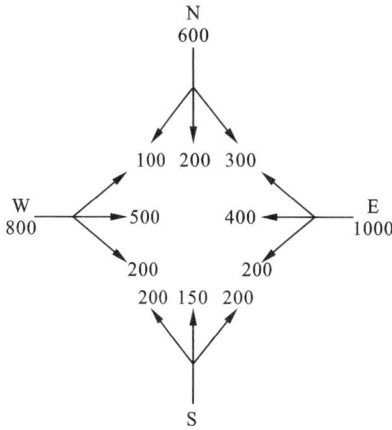

图 5 – 11　某环交设计交通量

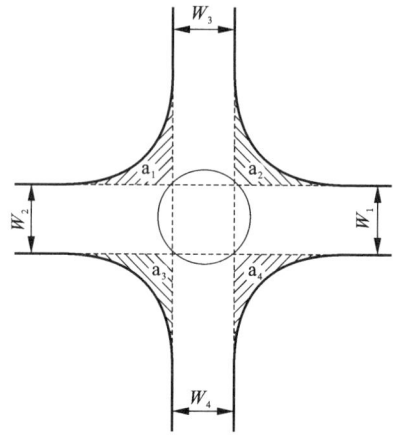

图 5 – 12　小型环形交叉通行能力计算图

第三节　高速公路交织区段通行能力

一、概述

1. 交织运行的定义及分类

（1）交织运行的定义

两个或更多交通流沿公路相当长路段运行的总方向相同且在没有交通控制设施的情况下，相交而过的运行称交织运行。

（2）交织区的分类

交织区分简单交织区和多重交织区两类。

简单交织区由一单个汇合点接着有一单个分离点形成，多重交织区由一个汇合点接着有两个分离点、或由两个汇合点接着有一分离点形成。

2. 交织区长度

交织区长度对驾驶员完成所需的全部车道变换所用的时间和空间起着制约作用。交织区长度短了，实行车道变换的密度和骚乱的程度就要增加。

交织区长度是从汇合三角区上一点，即从车道 1 右边缘至入口车道左边缘的距离为 0.6 m 的那一点，至分离三角区车道 1 右边缘至出口（分离）车道左边缘距离 3.7 m 的点的距离。

图 5 – 13　交织区长度量测示意图

交织区长度如图 5 – 13 所示。

3. 简单交织区构造形式

由于交织运行受到车道变换的极为不利的影响。因此车道变换成为交织区的重大运行特征，故又有一个极大的影响运行的几何特征，即交织区构造形式。交织构造涉及交织区段的入口车道受出口车道的数目和相对位置，它对交织区段中所发生的车道转换数目能产生重大影响。

交织区构造形式由交织车辆在通过交织区段时所必须进行的最少车道变换数来区分。

构造形式 A、B、C 的一般示意图分别如图 5 - 14 及图 5 - 15、图 5 - 16 所示。

当两匝道间的辅加车道长度大于 610 m 时，就不作为交织区，而将两匝道作为孤立匝道处理。

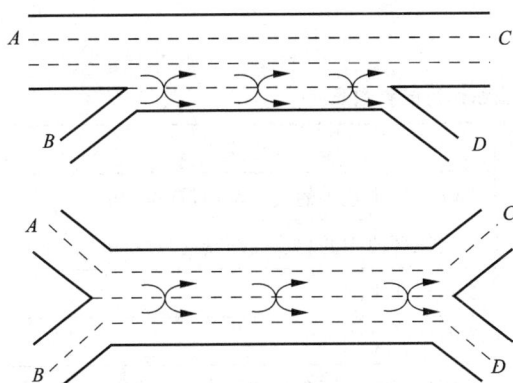

图 5 - 14　构造形式 A 交织区

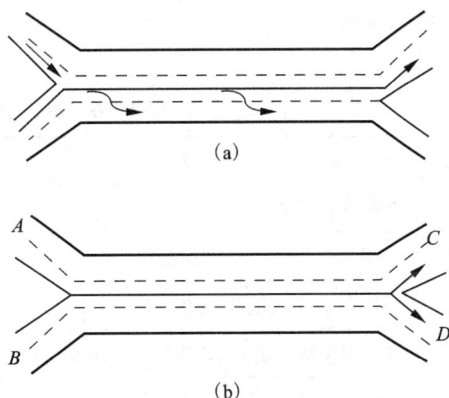

图 5 - 15　构造形式 B 交织区

①在入口三角区汇合的大交织；

②在入口三角区汇合并且在出口三角区车道平衡的大交织。

4. 交织宽度和交织运行形式

（1）交织宽度

交织宽度由交织区段的车道数来量度。但这不仅仅由影响交织运行的车道总数目来量度，而且还由交织车辆和非交织车辆所使用这些车道的百分率来量度。

交织运行由于其性质决定必然产生交通扰乱。因此，一交织车辆比一非交织车辆需要占用车行道中更多的空间。交织车辆与非交织车辆相对的空间使用关系由交织和非交织交通量的相对关系及交织车辆所必须进行的车道变换数来

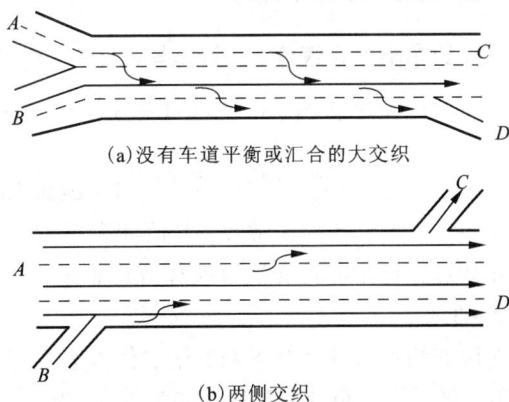

(a)没有车道平衡或汇合的大交织

(b)两侧交织

图 5 - 16　构造形式 C 交织区

确定。车道变换数决定于交织构造形式，因此，交织和非交织车辆使用车行道的比例不仅由相对的交通量，而且还由交织区构造形式共同来确定。

构造形式能限制交织车辆使用外侧车道，这种限制在构造形式 A 中最厉害，因为所有交织车辆都必须穿过一路拱线。这种限制在构造形式 B 中最小。

（2）交织运行形式

交织运行分约束及非约束运行两种形式。

在交织区中所有车辆一般总是企图在使所有交通流达到同样平均行驶速度的方式下来利用可使用的车道。但有些情况下交织构造会限制交织车辆充分利用车道来达到上述平衡运行。此时交织车辆只利用了可供使用的车道中比所期望使用的为少的一部分，而非交织车辆则利用了比期望为多的部分。在此情况下，交织区的运行为约束运行。当交织构造不限制交织车辆去利用所期望使用的那部分时，交织运行就是非约束运行。表 5-6 为影响交织区段交织运行的参数表。

表 5-6　影响交织区段交织运行的参数表

参数	定　义	参数	定　义
L	交织区段长度（m）	V_{W2}	两交织流中较小的交织交通量（pcu/h）
N	交织区段车道总数（整数）	N_{nw}	两交织区段中的总非交织交通量（pcu/h）
N_W	交织车辆所用的车道数（不一定是整数）	V_R	交通量比 V_W/V
N_{nw}	非交织车辆所用的车道数（不一定是整数）	R	交织比 V_{W2}/V_W
V_W	交织区段中的总交织交通量（pcu/h）	S_W	交织区段中交织车辆的平均行驶速度（km/h）
V	交织区段中的总交通量（pcu/h）	S_{nv}	交织区段中非交织车辆的平均行驶速度（km/h）
V_{W1}	两交织流中较大的交织交通量（pcu/h）		

二、交织运行形式的确定

1. 交织车辆运行速度（S_W）和非交织车辆运行速度（S_{nw}）的计算

①平均行驶速度 S_W 和 S_{nw} 的计算见式（5-24）。

$$S_W \text{ 或 } S_{nw} = 24.1 + \frac{80.47}{1 + a(0.3048)^d(1 + V_R)^b(V/n)^c/L^d} \qquad (5-24)$$

式中 a、b、c、d 均为常数，其值如表 5-7 所示。

在计算过程中需将交通量换算成理想条件下的小客车当量交通量。应用的车辆换算系数见表 5-8。

先以非约束形式计算 S_w 和 S_{nw}，代入表 5-8 中相应公式计算 N_w，与该表中右列的 N_{wmax} 一比较，确定为约束或非约束，如为约束，则需重新计算约束运行的 S_w 和 S_{nw}。

②从式（5-24）可看出：长度加大，由于车道变换的密集程度减小了，因此车速加大；当交织交通量在总交通量中的比例 V_R 增加时，扰乱增加，非交织和交织车辆的车速都减低了；当平均每车道承担的总交通量 V/N 增加时，交织和非交织车辆的车速也都减低了。

表 5 – 7　常数 a、b、c、d 值

构造形式		交织车速 S_w 的常数值				非交织车速 S_{nw} 的常数值			
		a	b	c	d	a	b	c	d
A	非约束	0.266	2.2	1.00	0.90	0.020	4.0	1.30	1.00
	约束	0.280	2.2	1.00	0.90	0.020	4.0	0.8	0.60
B	非约束	0.100	1.2	0.77	0.50	0.020	2.0	1.42	0.95
	约束	0.160	1.2	0.77	0.50	0.015	2.0	1.30	0.90
C	非约束	0.100	1.8	0.85	0.50	0.015	1.8	1.10	0.50
	约束	0.100	2.0	0.85	0.50	0.013	1.6	1.00	0.50

表 5 – 8　N_W 计算式及 N_{Wmax} 值

构造形式	非约束运行所需要车道数 N_W 计算式	N_{Wmax}
A	$N_W = 1.21 N \cdot V_R 0.571 \cdot L \cdot 0.234/S_W 0.438$	1.4
B	$N_W = N(0.085 + 0.703 V_R + (71.57/L) - 0.011(S_{nw} - S_w)) \cdot$	3.5
C	$N_w = N(0.761 - 0.00036L - 0.0031(S_{nw} - S_w) + 0.047 V_R)$	3.0 *

2. 运行形式的确定

(1)在确定交织区是约束运行还是非约束运行时，可对 N_W 和 N_{Wmax} 进行比较。当 $N_W \leqslant N_{Wmax}$ 时是非约束运行，当 $N_W > N_{Wmax}$ 时为约束运行。其中：

N_W——交织车辆为达到平衡(或非约束)运行所必须使用的车道数(不一定为整数)。

N_{Wmax}——对于指定的交织构造形式，可被交织车辆使用的最大车道数(不一定为整数)。

N_W 的计算式及 N_{Wmax} 的值如表 5 – 8 所示。

注：a 对于双侧交织区，主线所有车道均用作交织车道

(2)三种形式的特点

形式 A 路段中能被交织车辆作用的最大车道数是最受限制的。一般交织车辆将它们限制在邻接路拱线两车道之中来进行交织运行，但非交织车辆也将留一些在这两车道中，故不论有用的车道数是多少，交织车辆一般最多用到 1.4 车道。

形式 B 路段中交织车辆作用车道方面没有大的约束。由于交织车辆使用"贯行"交织车道以及紧挨其的两个车道，及部分使用外侧车道，故交织车辆可以占据多至 3.5 车道。当交织交通量占总交通量的大部分时，这种形式的构造形式最为有效。

形式 C 路段中有一"贯行"的交织车道。但由于有交织流需要两条或两条以上的车道变换，就约束了交织车辆去使用路段的外侧车道，因此交织车辆能用的车道数不大于 3.0。有一例外就是双侧构造。其中高速公路的所有车道都是"贯行"交织车道，故交织车辆可使用全部车道而不受限制。

形式 A 路段当路段长度增加时，交织车速变得很高，交织车辆为了保持这样的车速需要更多的车道，因此，当路段长度增加时，形式 A 路段更易发生约束运行。形式 B 和形式 C 路段与此相反，增加路段长度对交织车速的影响较形式 A 路段上小(这主要因为形式 B 和形式 C 路段上交织车辆和非交织车辆的混合行驶)，这就不易发生约束运行。

三、交织区段运行参数

交织区段运行参数的限制值如表 5-9 所示。

表 5-9　交织区段运行参数的限制值

构造形式	交织通行能力 V_W 最大值/(pcu · h^{-1})	最大 V/N 值/(pcu · h^{-1})	最大交通量比 V_R		最大交织比 R	最大交织长度 L/m
A	1800	1900	N 　　 V_R 2　　 1.0 3　　 0.45 4　　 0.35 5　　 0.22		0.50	610
B	3000	1900	0.80		0.50	760
C	3000	1900	0.50		0.40	760

四、交织区段服务水平

交织区衡量服务水平及划分服务水平级别的关键性参数是交织车辆的平均行驶速度和非交织车辆的行驶速度。其服务水平标准如表 5-10 所示。

表 5-10　交织区服务水平标准

服务水平等级	最小平均交织速度/(km · h^{-1})	最小平均非交织速度/(km · h^{-1})
一	80	86
二	72	77
三	64	67
四	56[a,b]	56[a,b]

注：a. 四级服务水平下半部是强制流状态，车速很不稳定，变化于 0~56 km/h 之间；
　　b. 56 km/h 系计算时使用，与实地测速相比有一些差别。

通常设计时采用二级服务水平。当需要采取改进措施而有困难不得已时可降低一级采用三级服务水平。当交织流和非交织流中一个或两者均低于设计采用的服务水平等级时，就需采取改进措施，改进措施之一是改变交织构造形式。

第四节　公共交通线路的通行能力

一、公共交通

公共交通是指城市空间内地面的、地下的与地上架空的，按规定线路行驶，有固定的停靠站，行车间隔小，客流量大，随上随下的客运交通。如公共汽车、公共无轨电车、地铁、轻轨、轮渡等交通。与此相对应的是私人个体交通，如小汽车、摩托车、自行车等交通。

在经济发达国家，小汽车交通量大，给城市交通造成很大压力。交通拥挤，经常阻塞，停放车辆很困难，且污染城市环境。在发展中国家，非机动车交通面广量大，同样给城市交通造成很大压力。因此，世界各国都倡导发展公共交通。

公共交通的车辆与小汽车相比，占用道路空间小，客运能力大。一般而言，一条公共交通线路的客运能力为：

公共汽车 6000 ~ 8000 人/h；

无轨电车 8000 ~ 10000 人/h；

轻轨 10000 ~ 30000 人/h；

地铁 40000 ~ 60000 人/h。

二、公共汽车交通线路的通行能力

公共汽车交通线路的通行能力受沿线各站通行能力的制约，其中通行能力最小的停靠站，是控制线路通行能力的站点。停车站的通行能力取决于车辆占用停车站的时间长短。因此，公共汽车交通线路的通行能力为

$$C = \min[\,C\,] = 3600/T \tag{5-25}$$

式中：C——公共汽车交通线路的通行能力（辆/h）；

　　　C——停车站的通行能力（辆/h）；

　　　T——车辆占用停车站的总时间（s）。

汽车在站停靠时间与车辆性能、车辆结构、上下车乘客的多少、车站秩序等因素有关系。一般可按下式估算：

$$T = t_1 + t_2 + t_3 + t_4 \tag{5-26}$$

式中：t_1——车辆进站停车用的时间（s），$t_1 = \sqrt{2l/b}$，其中 l 为车辆驶入停车站时，车辆之间的最小间隔，取等于车辆长度（m）；b 为进站时刹车减速度，一般取 $b = 1.5 \ m/s^2$。

　　　t_2——车辆开门和关门时间，为 3 ~ 4 s。

　　　t_3——乘客上下车占用时间（s），$t_3 = \Omega k t_0/n_d$，其中，Ω 为公共汽车容量；k 为上下车乘客占车容量的比例，一般 $k = 0.25 ~ 0.35$；t_0 为一个乘客上车或下车所用时间（s），平均约为 2 s；n_d 为乘客上下车用的车门数。

　　　t_4——车辆起动和离开车站的时间（s），$t_4 = \sqrt{2l/a}$，其中，a 为离开停车站时的加速度，可取 $a = 1.0 \ m/s^2$；l 含义同前。

将上述各值代入式（5-25），简化，得到

$$C = \frac{3600}{T} = \frac{3600}{2.57\sqrt{l} + \dfrac{\Omega k\, t_0}{n_d} + 4} \tag{5-27}$$

按式(5-27)可以计算公共汽车交通线路的通行能力。线路的设计通行能力等于该计算值乘0.8。

例5-4：一条公共汽车线路，配备 BK661 铰接公共汽车。该车车身长 17 m，额定容量 195 人。3 个车门，计算该线路的设计通行能力。

解：经分析，找到乘客上下车最多的站点，该站的 $k = 0.4$。一个乘客上下车平均占用时间 $t_0 = 2.5$ s。将参数代入 (5-27) 得

$$C = \frac{3600}{T} = \frac{3600}{2.57\sqrt{17} + \dfrac{0.4 \times 2.5 \times 195}{3} + 4} = 53 \text{（辆/h）}$$

设计通行能力为 $53 \times 0.8 = 42$ 辆/h。

公共汽车交通的客运能力：

公共汽车线路的客运能力等于线路的通行能力乘汽车的额定容客量。对上述例题而言：

公共汽车线路的客运能力 $= 53 \times 195 = 10335$ 人/h；

公共汽车线路的设计客运能力 $= 42 \times 195 = 8190$ 人/h。

三、提高公共汽车交通线通行能力的措施

从通行能力计算公式来看，通行能力大小与客流分布、运营管理情况、车辆特性有关系。客流沿线各站分布比较均匀，通行能力大；客流集中某几个站，通行能力小。此外，可考虑如下各点：

①维持好站点乘车秩序，缩短乘客上下车时间。

②增加车门个数，加大车门宽度，降低车辆底盘高度，减少踏步阶数，缩短乘客上下车时间。

③改善车辆动力性能，提高驾驶员驾驶技术，缩短车辆进、出站时间。

④在一条较长的街道上，同时开设几条公共汽车线，同一站点将几路公共汽车沿行车方向分开设置停靠站位，提高通行能力。

$$C'_{线} = ngCgK \tag{5-28}$$

式中：$C'_{线}$——各线路总通行能力（辆/h）。

n——分开布设停靠站的个数，$n = 1 \sim 3$。

K——分开布设站时，相邻站位互相干扰，使通行能力降低的系数。

$n = 1$ 时，$K = 1$；

$n = 2$ 叫，$K = 0.8$；

$n = 3$ 时，$K = 0.7$。

C——一条公共汽车线路的通行能力。

第五节　自行车道的通行能力

一、服务水平分级与指标选定

对于自行车道服务水平标准，如级别分得太多，各指标的定性定量难以掌握，太少又不能反映自行车交通运行现实状况的差异。因此建议按五级划分，对路段与交叉口分别考虑，指标亦有所不同。

对路段的服务水平建议用骑行速度、占用道路面积、交通量负荷与车流状况等指标。对交叉口服务水平标准增加了停车延误时间和路口停车率两个指标，而删去了车流状况，力图简明实用，并便于测定，同时也考虑这些资料获得的可能性。

1. 服务水平指标

（1）交通量负荷系数 X

定义为所评定路段高峰小时自行车交通量与该路通行能力的比值。

$$X = N/C \tag{5-29}$$

式中：N——路段上高峰小时自行车交通量（辆/h）；

　　　C——路段上自行车的通行能力（辆/h）。

此值愈大表明道路负荷愈重，越小负荷越轻，运行条件越好。

根据现在一些城市的交通调查资料，城市主干线上、交叉口上的交通负荷均较重，一般此值均超过 0.5，有些路段和交叉口甚至达到或接近 1，因此，可将 0.5 作为一级服务水平的一个指标，而 1 作为最不利的五级服务水平指标。

（2）速度比例系数 Y

定义为在某种服务水平条件下自行车骑车速度 $v_{实}$ 与自由状态（理想状态）下骑车人实际选择的舒适理想的行车速度 v_{max} 之比。

$$Y = v_{实}/v_{max} \tag{5-30}$$

式中：$v_{实}$——某种服务水平条件下实际骑行速度（km/h）；

　　　v_{max}——理想条件下骑行者所选择的速度（km/h）。

在路段上速度比例系数变化为 0.3~0.8 左右，而在交叉口处则情况较差，一般为 0.2~0.6 左右，为了更直观和明确的表达，服务水平标准中直接采用了运行速度。

（3）密度饱和系数 q

在某种服务水平条件下实际行车密度 $q_{实}$ 与最大的行车密度 q_{max} 之比。

$$q = q_{实}/q_{max} \tag{5-31}$$

式中：$q_{实}$——某种服务水平条件下实际的行车密度（辆/m²）；

　　　q_{max}——最大的行车密度（辆/m²）。

这个从 0 到 1 的无量纲系数表示自行车实际运行时所占有的空间的大小，越小则自行车可占用的空间就越大，骑行的自由度也越大，骑车人越感到舒适轻松快慰。

（4）车流状况

是指在某种服务水平条件下车辆可以自由行动的程度，如加速减速、超车转向等，即运行时所处的状态。一般用自由运行、基本自由运行、稳定运行、接近（准）稳定运行和束缚

(受限)运行等表示。

(5)延误时间

主要是指车辆在通过路口处于红灯受阻情况下等待绿灯开放的时间延误,另外还包括过停车线后在路口内的二次延误。

(6)停车率

这项指标主要说明通过路口时停车等候的车辆数占全部流量的百分率。停车率大表示路口通过困难,停车率小表示易于通过。

2. 建议的路段与交叉口的服务水平

列于表5-11和表5-12。

表 5-11　建议的自行车道路路段交通服务水平标准

等级 指标	一	二	三	四	五
骑行速度/(km/h)	> 25	25 - 20	20 - 15	15 - 10	10 - 15
占用道路面积 /(m²/辆)	> 9.0	9 - 7	7 - 5	5 - 3	< 3
交通量负荷系数	< 0.4	0.4 - 0.55	0.55 - 0.7	0.7 - 0.85	> 0.85
车流状况	自由骑行	基本自由骑行	车流运行稳定	非稳定流运行受限	间断式束缚交通流
适用条件与运行状态描述	在公路或独立的自行车道上,骑行舒适无干扰,可以自选速度或超车,行人亦可穿越	在独立自行车道或专用自行车道上,很少干扰,骑车人尚舒适,车速可以改变,但稍有约束,可以超车,行人亦可穿越	在专用自行车道或独立自行车道上常有干扰,速度受限不能变更骑车线路,可以维持安全车速,行人横穿难	在物体隔离设施的自行车专用路上,车流密集,干扰多,速度低,行人横穿车道已不可能	在仅有画线混行道路上,车流密集,干扰严重,车速很低,一车倒下后面跟车倒,行人不能横穿

表 5-12　建议的自行车道路路段交通服务水平标准

等级 指标	一	二	三	四	五
过交叉口骑行速度 /(km·h⁻¹)	> 16	16 - 13	13 - 9	9 - 6	6 - 4
停车延误时间/s	< 30	30 - 40	40 - 60	60 - 90	> 90
交通量负荷系数	< 0.5	0.5 - 0.7	0.7 - 0.8	0.8 - 0.9	> 0.90
路口停车率%	< 20	20 - 30	30 - 40	40 - 50	> 50
占用道路面积 (m²/辆)	>8	8 - 6	6 - 4	4 - 2	< 2

等级 指标	一	二	三	四	五
使用条件与运行状态描述	车辆有较大的自由度，过交叉口方便，基本上在本相位上通过	车辆自由度较小，通过交叉尚易，大部分车辆在本相位通过	车辆成队列前进，过交叉口需等待较长时间，部分车辆等到下一周期才可通过	车辆前进速度极低，骑车者随时准备下车推行，大部分车需等到下一周期方能通过	自行车首尾相接，拥挤严重，大部分骑车人下车推行，有时停止等候绿灯，大部分车辆等到下一周期才能通过，甚至还通不过

二、自行车道的理论通行能力

1. 按汽车行驶原理计算自行车道通行能力与最佳速度

根据交通流原理，一条自行车道的最大通行能力，可由前后车辆之间动的安全净空进行计算。

$$L = \frac{vt}{3.6} + \frac{v^2}{254(\varphi \pm i)} + l + l_0 \qquad (5-32)$$

式中：L——动的安全净空；

$\qquad v$——车速，大多在 10 ~ 20 km/h 之间；

$\qquad t$——反应时间(s)，一般为 0.5 ~ 1.0 s，取平均值为 0.7 s，则"$vt/3.6 = 0.194v$"；

$\qquad \varphi$——轮胎与路面之间的黏着系数，多在 0.3 ~ 0.6 之间，取 0.5；

$\qquad i$——道路纵坡，在平原区城市可取 0；

$\qquad \varphi$——制动系数 = 0.0079；

$\qquad \beta$——安全间距，一般在 0 ~ 1 m 之间；

$\qquad l_0$——自行车的车身长度，常用 1.9 m。

则其理论通行能力计算值 N 为

$$N = \frac{1000v}{l_0 + 0.9 + 0.194v + 0.0079\,v^2} = \frac{1000v}{L} \qquad (5-33)$$

求最大值，令 $x = 1000\,v$，$x = 1000\,v_\lambda y = l_0 + 1.9 + 0.194v + 0.0079\,v^2$

$$\frac{\mathrm{d}N}{\mathrm{d}V} = \frac{y\left(\frac{\mathrm{d}x}{\mathrm{d}v}\right) - x\left(\frac{\mathrm{d}y}{\mathrm{d}v}\right)}{y^2} = \frac{1000y - x(0.194 + 0.0158v)}{y^2}$$

设 $\dfrac{\mathrm{d}N}{\mathrm{d}v} = 0$，求得 v 的最大值，

$$1000y - x(0.194 + 0.0158v) = l_0 + 1.9 + 0.194v + 0.0079\,v^2 = 0$$

当 $l_0 = 0.5$ 时，通行能力最大的车速 $v = (2.4/0.0079)^{\frac{1}{2}} = 17.43$ km/h，通行能力 $N = 2119$ 辆/h。

当 $l_0 = 1.0$ 时，通行能力最大的车速，$v = (2.9/0.0079)^{\frac{1}{2}} = 19.16$ km/h，通行能力 $N =$

2012 辆/h。

当 $l_0 = 0$ 时，通行能力最大的车速，$v = (1.9/0.0079)^{\frac{1}{2}} = 15.51$ km/h，通行能力 $N = 2280$ 辆/h。

理论通行能力的计算结果汇于表 5 – 13。

2. 按车头时距原理计算自行车道的通行能力

按此原理，只要测得正常条件下连续行驶的自行车流中前后两车的最小车头时间间隔 t_i 值，即可用下式计算其通行能力：

$$N = 3600/t_i \tag{5-34}$$

式中：，t_i——连续行驶车流中两自行车的纵向最小时间间隔(s)

表 5 – 13 自行车一条车道的理论通行能力计算数值

$\bar{v}/$ (km)	$\dfrac{\bar{v}t}{3.6}$	$\beta = \dfrac{1}{254 \times 0.5}$	βv^2	$L = l_0 + 1.9 + 0.194v + 0.0079v^2$			$N = \dfrac{1000\bar{v}}{l}$			备注
				$l_0 = 0$	$l_0 = 0.5$	$l_0 = 1$	$l_0 = 0$	$l_0 = 0.5$	$l_0 = 1$	
5	0.97	0.0079	0.20	3.07	3.57	4.07	16	1400	1229	$\varphi = 0.5$
10	1.94	0.0079	0.79	4.63	5.13	5.63	29	1949	1776	$l_{实} = 1.5$
15	2.91	0.0079	1.78	6.59	7.09	7.59	21	2116	1976	$t = 0.7$
20	3.88	0.0079	3.16	8.94	9.44	9.94	60	2119	2012	$i = 0$
25	4.85	0.0079	4.93	11.68	12.18	12.68	22	2052	1972	
30	5.82	0.0079	7.11	14.83	15.33	15.83	76	1957	1895	
							22			
							37			
							21			
							40			
							20			
							23			

根据南京与北京大量实际观测资料，t_i 最小值分别为 1.24 s 和 1.2 s，平均最大值分别为 2.41 s 和 2.37 s，总的平均值为 1.8 s。将最小、最大及平均的 t_i 值分别代入上式，得 $N_{时} = 1\,500 \sim 3\,000$ 辆/h，平均为 2000 辆/h。同按上述车头间距原理所算得的数值相差较大，其原因是实际行驶时各车辆不保留足够的安全间隔。同时也因前车不是说停就停，也有制动距离，所以实际上车辆之间时距要较理论上计算应保持时距要小。在交叉口受阻时，车速很慢，这时车头间隔仅为 2.2 ~ 2.5 m，车辆之间的净距只有 0.2 ~ 0.5 m，在停车时车辆相互穿插，车道利用率很高，密度可达 0.54 辆/m²。

三、实际通行能力

1. 短时间最大通过量

最大通过量是选择路段高峰时期某一短时间内密集车流,观测其通过断面的最大交通量,可按下式计算:

$$N_{\max} = \frac{N'_1}{B-0.5} \times \frac{3600}{t'} \tag{5-35}$$

式中:$N_{\max}$——自行车单车道最大通过量(辆/h);

B——自行车道的宽度(m);

t'——密集车流通过观测断面的某短时段(s);

N'_1——t时段内通过观测断面的自行车数量(辆)。

每条自行车道宽度定为1 m,但考虑到路线两侧为进水口,需保留一定的安全间隙,每侧应减去0.25 m,即$B-0.5$。

2. 实际可能的通行能力(或称平均通过量)

实际有可能采用的不是高峰小时行车最为密集的短时间通过量,而是较长时间车辆连续通过断面的自行车数量(此时车流不过分密集和拥挤)除以统计时间,再换算为单车道的通过量,称为路段平均通过量,以下式表示:

$$N_{可} = \frac{N_t}{B-0.5} \times \frac{3600}{t} \tag{5-36}$$

式中:$N_{可}$——每米宽度内自行车连续1 h内通过断面的数量,实际为1 h内连续车流的平均通过量(辆/h);

B——自行车道的宽度(m);

t——连续车流的通过时间(s);

N_t——t时间内通过观测断面的自行车数量,是确定自行车路段通行能力的重要参数,受道路、交通管理及气候等条件影响较大,因此,有条件的城市或设计单位应自行测定,并选择符合实际的N值。

3. 设计通行能力的计算

(1)长路段设计通行能力

其计算公式为

$$N = N \cdot C_1 \tag{5-37}$$

式中:$N_长$——长路段(一般认为5 km左右)每米宽度自行车道(一条车道)的设计通行能力。它不考虑交叉口或其他纵横向干扰的影响(辆/h);

C_1——考虑到街道的性质、重要性和使用要求而规定的街道等级系数,根据城市道路规范编写组的研究,快速干道、主干道的C定为0.8,次干道和土路的C定为0.9。

(2)短路段设计通行能力(即实际城市街道的路段通行能力)

根据南京、北京、福州等城市对N值的测定,先后获得13万多个数据(见表5-14),分为有分隔带和无分隔带两种,无分隔带的路段N_t为0.51辆/(s·m),有分隔带的路段N_t为0.58辆/(s·m)

表 5 – 14　单位时间通过观测断面的自行车数量 N_t 观测数值

城市名称	隔离带情况	非机动车有效宽度 $(B-0.5)/m$	观察数量/辆	自行车平均行驶速度 $/(km \cdot h^{-1})$	每 5 s 通过的自行车数量/辆	通过的自行车数量 $/[辆/(s \cdot m^{-1})]$
北京	无	3.9	12433	14.23	9.85	0.51
北京	有	5.5	8678	16.28	17.91	0.65
南京	有	3.3	1551	14.28	9.39	0.57
福州	有	6.5	3096	13.44	14.50	0.45
无锡	有	3.2	2975	12.50	10.52	0.66
平均值	无		12433	14.23		0.51
	有		16300	14.01		0.58

故：无分隔带的 $N = 0.51 \times 3600 = 1836$ 辆/(h · m)，可取 1800 辆/(h · m)；

有分隔带的 $N = 0.58 \times 3600 = 2088$ 辆/(h · m)，可取 2100 辆/(h · m)。

考虑到城市街道的路段通行能力与交叉口间隔，行人过街道及红绿灯周期的关系很大，路口的通行能力往往控制了路段通行能力，故设计城市街道自行车道通行能力时，应考虑路口信号灯等的影响因素。北京等地的观测分析认为路口等综合影响的折减系数 C_2 平均值约为 0.55，故得出有交叉口路段上自行车道设计的通行能力公式：

$$N = C_1 \cdot C_2 \cdot N = C_1 \cdot C_2 \cdot \frac{N_2}{B-0.5} \cdot \frac{3600}{t} \qquad (5-38)$$

将 C_1、C_2 分别代入，则得

无分隔带的快速干道、主干道的路段设计通行能力为：

$N = 0.8 \times 0.55 \times 0.51 \times 3600 = 808$，取 800 辆/(h · m)；

次干道、支路为：

$N = 0.9 \times 0.55 \times 3600 = 908$，取 900 辆/(h · m)。

有分隔带的快速干道、主干道的路段设计通行能力为：

$N = 0.58 \times 0.8 \times 3600 = 918$，取 900 辆/(h · m)；

次干道、支路为：

$N = 0.58 \times 0.9 \times 3600 = 1037$，取 1000 辆/(h · m)。

(3)信号灯交叉口的设计通行能力

对信号交叉口停车断面自行车通过量的研究表明，红灯后放行的前一段时间车辆比较密集，以后就逐渐减小，根据以 5 s 为单位进行的大量观测，Q_1 为全部放行时间(绿灯时间)通过量，Q_2 为每次放行前 20 s 的通过量，Q_3 为放行时间段内最密集的 5 s 的通过量，将此三项数值汇总列于表 5 – 15。

表 5 - 15 交叉口上自行车放行特征交通量统计表

交叉口	观察断面宽度/m	放行时间平均通过量 Q_1/{辆/(5 s·m^{-1})}	放行的前 20 s 通过量 Q_2/{辆/(5 s·m^{-1})}	放行最大 5 s 通过量 Q_3/{辆/(5 s·m^{-1})}
西单	8.00	2.214	3.285	3.630
东单	3.75	2.006	3.210	3.400
崇文门	6.50	2.282	2.880	3.150
东四	5.00	1.907	2.780	3.270
双井	6.00	2.990	3.360	3.730
甘家口	4.50	2.332	2.803	3.330
地安门	3.20	2.264	3.073	3.800
珠市口	3.80	2.796	3.138	3.320
平均值		2.336	3.066	3.459

采用整个放行时间的平均通过量 Q_1 作为路口设计通行能力似乎偏低,因为有时 20 s 以后的车辆很少,甚至没有什么车辆通过。采用最为密集的 5 s 的通过量 Q_3,则过于密集、拥挤,可能给行车安全造成不利,且毫无余地,故亦不宜选作设计通行能力。而前 20 s 的通过量虽前半段较密集,后半段比较稀,平均来看还属于正常,故以此时段的通过量作为交叉口的设计通行能力,可能较为安全、适中。从表 5 - 39 知,8 个路口 Q_2 的数值在 2.8 ~ 3.3 之间,平均值为 3.066 辆/(5 s·m),换算为单条自行车道为: $\dfrac{3.066 \times 3600}{5} = 2208$ 辆/(h·m),可取 2200 辆/(h·m) 是绿灯每小时的通行能力。对于具体路口引道,必须乘以绿信比,例如信号周期为 60 s,而绿灯时间为 30 s,则其通行能力为 $2200 \times \dfrac{30}{60} = 1100$ 辆/(h·m);如绿信比为 25/60,则可得到 $2200 \times \dfrac{25}{60} = 917$ 辆/(h·m)

对于不受平交路口影响路段、受平交路口影响路段及交叉口进口路段的自行车道的通行能力的建议值列于表 5 - 16,如设计单位有条件时亦可选择典型路段进行实际观测确定。

表 5 - 16 建议的自行车道通行能力(单位: 辆/(h·m))

路段分离情况	不受平交路口影响路段	受平交路口影响路段	交叉口进口路段
物体分离	2100	1000 ~ 1200	1000 ~ 1200
标线分离	1800	800 ~ 1000	800 ~ 1000

思考与练习

1. 简述道路通行能力的定义、作用，它与道路交通量的差别和内在关系？

2. 影响道路通行能力的因素有哪些？各表现在哪些方面？

3. 道路通行能力可以分成哪几类？分类的依据是什么？各是如何定义的？

4. 道路的服务水平是如何定义的？服务水平的分级是按什么指标划分的？服务水平的高低与交通量的大小有何关系？

5. 写出路段通行能力的计算公式、计算步骤。

6. 简述平面交叉的类型、通行能力计算理论并写出其计算公式。

第六章
道路交通规划简介

第一节　交通规划的概念与流程

一、交通规划的定义

所谓规划，是指确定目标与设计达到该目标的策略或行动的过程，而交通规划，就是确定交通目标与设计达到交通目标的策略或行动的过程。

具体地讲，交通规划是经过交通现状调查，预测未来在人口增长、社会经济发展和土地利用条件下对交通的需求，制定出相应的交通网络形式，并对拟定的方案进行评价，对选用的方案编制实施建议、进度安排和经费预算的工作过程。随着我国社会主义建设事业的发展，特别是改革开放以来，人们对交通运输事业重要性的认识不断加强和深化。但由于我国还是一个发展中国家，国民经济的总体水平还相对比较落后，国家不可能在短时间内拿出大量的资金来解决长期积累的交通建设问题。因此，依靠现代科技来解决交通规划问题，使有限的资金得到更有效的利用，便具有非常重要的现实意义。

二、交通规划的内容和流程

交通规划是研究并制订一个能使人与货物运送安全、高效、经济并使人的出行舒适、方便且环境不受干扰的交通系统，它一般包括下列内容和工作流程，如图 6－1 所示。

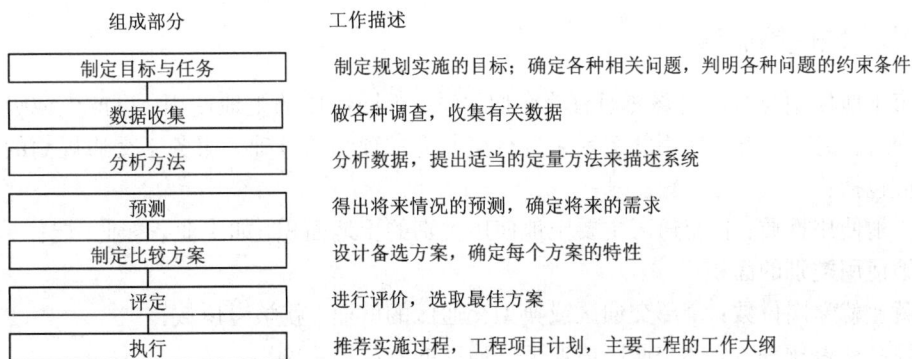

组成部分	工作描述
制定目标与任务	制定规划实施的目标；确定各种相关问题，判明各种问题的约束条件
数据收集	做各种调查，收集有关数据
分析方法	分析数据，提出适当的定量方法来描述系统
预测	得出将来情况的预测，确定将来的需求
制定比较方案	设计备选方案，确定每个方案的特性
评定	进行评价，选取最佳方案
执行	推荐实施过程，工程项目计划，主要工程的工作大纲

图 6－1　交通规划的一般步骤及说明

①经济调查和分析：包括与交通有关的社会经济统计资料、历年客货运输资料、以及各个交通分区的现状用地资料和规划用地资料，对这些进行系统的调查、整理和分析。

②交通现状调查：对规划区域内现有各类交通现状进行调查，包括：各式运输已形成的运输网轮廓以及相互间的联系情况；各式运输工具的数量、装载质量、平均速度、吨位利用系数和行程利用系数、各式运输受季节限制的情况；现有道路及正在修建中的道路分布状况、技术等级、交通流量和交通拥挤情况；铁路及车站的技术现状和发展情况；航道及码头港口现状和发展资料；航线及机场现状和发展资料。

③交通需要调查：包括客、货流的生成与吸引，出行目的、出行方式以及停车调查等。

④根据以上各项调查资料，建立交通需求模型和交通评价模型，对现状系统进行综合交通评价，并进行未来各个时期的交通需求预测。

⑤根据对现状的综合交通评价和交通需求预测资料，提出近期的交通治理方案和交通系统规划方案。其中，包括道路网、旅客运输系统、货物流通系统、停放车辆系统以及交通管理方案。

⑥在对上述方案进行综合评价的基础上，确定道路网的布局，包括道路网的形式和指标，各条道路的等级和功能，各个交叉口的类型及有关技术参数等。

⑦建立交通数据库，不断进行交通信息反馈，修订交通模型、交通预测数据和规划方案，使规划保持继续和不断完善。

第二节　交通规划的相关调查

一、城市社会经济基础资料调查

需收集的城市社会经济基础资料包括：

①人口资料：包括城市人口总量及各交通区分布、人口年龄结构、性别结构、职业结构、出生率、死亡率、机械增长率等。

②国民经济指标：包括国民收入、各行业产值、人均收入、产业结构等。

③运输量：包括客货运历年运输量、各运输方式比重等。

④交通工具：包括各方式、各车种的交通工具拥有量。

二、城市土地使用调查

城市土地使用与城市道路交通有着密切关系，不同性质的土地使用，可产生或吸引不同性质的交通，交通与土地使用的关系是进行交通需求预测的基础。服务于交通规划的土地使用调查应包括：

①土地使用性质：各交通区主要土地使用类别的土地面积，如工业、商业、居住、科教卫生等土地使用类别的面积；

②就业就学岗位数：全部交通区或典型交通区的就业、就学岗位数；

③商品销售额等：全部交通区或典型交通区的商品销售额。

三、城市居民出行 $O-D$ 调查

居民出行 $O-D$ 调查的内容包括居民的职业、年龄、性别、收入等基础情况，以及各次出行的起点、讫点、时间、距离、出行目的、所采用的交通工具等出行情况。

居民出行 $O-D$ 调查采用的调查方法主要有家庭访问法、电话询问法、明信片调查法、工作出行调查法、职工询问法以及月票调查法等。

居民出行 $O-D$ 调查的抽样率一般取城市人口总数的 1% 到 5%，在进行交通规划时，如以前没有进行过居民出行调查，建议取较高的抽样率，有历史 $O-D$ 资料时，可采用小抽样率，并结合隶属数据进行扩充。

四、城市流动人口出行 $O-D$ 调查

流动人口是城市总人口中特殊的组成部分，流动人口的出行规律如出行次数、出行方式等与城市居民出行规律有较大的差异，在我国更是如此，因此，要详细了解流动人口的出行状况，必须对流动人口出行进行调查。

流动人口的组成十分复杂，因此调查难度较大，对不同类别的流动人口应采取相应的调查方法。常住和暂住流动人口一般可采取与居民 $O-D$ 调查类似的方法，对于当日进出的流动人口，可采用在城市的出入口，如车站、码头等直接询问的方式进行。

五、机动车出行 $O-D$ 调查

机动车出行 $O-D$ 调查包括公交车出行 $O-D$ 调查及非公交车出行 $O-D$ 调查两类。

城市公交车出行 $O-D$ 调查的内容包括行车路线、行车次数、行车时间等，可直接由公交公司的行车记录查到。

城市境内除公交车外的其他机动车辆境内出行 $O-D$ 调查的内容，包括车辆的种类、起讫点、行车时间、距离、载客载货情况等。

除了城市公交车外的其他机动车出行 $O-D$ 调查的方法，一般有发放表格法、路边询问法、登记车辆牌照法、车辆年检法以及明信片调查法等。

六、城市道路流量调查

城市道路流量调查资料时进行现状交通网络评价、交通阻抗函数标定以及未来路网方案确定的重要依据。城市道路流量调查主要包括道路机动车流量调查、交叉口机动车流量调查、道路自行车流量调查、交叉口自行车流量调查以及核查线流量调查等。

（1）道路机动车流量

主要道路分车型、分时段交通量。重要道路连续调查 24 h，一般路段调查 16 h 或 12 h。

（2）交叉口机动车流量

主要交叉口分车型、分时段、分流向交通量，流量调查 16 h 或 12 h；流向调查两个高峰小时。

（3）道路自行车流量

主要道路分时段交通量，重要道路调查 24 h，一般道路调查 16 h 或 12 h。

（4）交叉口自行车流量

主要交叉口分时段、分流向流量。流量调查 16 h 或 12 h，流向调查两个高峰小时。

（5）核查线流量

核查线流量用于校核交通预测模型。每条核查线把规划区分成两部分，尽可能利用天然障碍线，如河流、铁路、城墙等。核查线与道路相交处需进行流量调查。

七、道路交通设施调查

道路交通设施调查主要包括道路调查，如各道路路段的登记、机动车道及非机动车道路面宽度、机非分隔方式、长度、坡度、交通管理方式等；交叉口调查，如交叉口的类型、坐标和控制方式等；停车场调查，如停车场位置、形式以及停车容量等。

八、公交营运及线路客流调查

公交调查的目的是为了了解公交线路上的乘客分布规律、平均乘距、平均乘行时间及公交车平均载客量，为公交线网规划提供依据。公交线网运营情况可以直接从公交公司调查得到，公交线路客流状况需通过公交线路随车调查获得。

九、货物源流调查

货物源流调查的目的是为货物运输发生、分布预测提供基础数据，调查内容包括有关单位的某一年或某一月某一周内的货物运入、运出量，运输起讫点，货物种类及单位基本情况。由于城市所辖的单位比较多，不可能全部调查，一般取年运输量达到一定水平的单位开展调查。

第三节　交通需求预测

一、城市社会经济发展预测

城市社会经济发展指标是城市交通客运、货运预测的基础。城市社会经济发展预测一般包括以下内容。

1. 城市经济发展预测

城市经济发展预测就是要确定各规划特征年城市经济发展指标。包括各特征年城市国内生产总值总量及在各交通区的分配等指标，以此作为城市客货运量预测的依据。一般情况下，城市政府部门对本城市的经济发展做过规划，如城市的十年发展纲要等。因此，城市经济发展指标可以根据已经制定的城市发展纲要并结合城市总体规划，城市历年经济发展规律等情况综合确定。

2. 城市人口发展预测

同样，城市人口发展预测就是要确定各特征年的城市常住人口、暂住人口以及流动人口规模，以此作为城市客运预测的依据。

与经济发展指标一样，一般情况下市政府部门制定的城市发展纲要中已经包括了城市各特征年的人口指标。本预测中，主要任务是根据既定的人口规模以及现状人口特征资料，确定各特征年的人口年龄结构及人口在各小区的分布。

3. 劳动力资源与就业岗位预测

劳动力资源是指城市人口、暂住人口中具有劳动能力的人数。各特征年的劳动力资源以各年人口指标为基础，考虑当前劳动力资源占总人口的比例、人口的年龄结构变化、未来的退休年龄等因素确定。不计未来特征年的失业率，即认为劳动力市场是平衡的，那么，就业岗位数就等于劳动力资源数。

取得全市的劳动力资源数和就业岗位数后，还需要将其分配到各个交通区。劳动力资源数在各交通区的分配，可以根据各交通区人口数按比例分配。就业岗位数在各交通区的分配，需根据各交通区内所包含的工业、商业、科教卫生等用地的面积和密度而定。

4. 学生人数及就学岗位预测

城市学生总人数的确定类似于劳动力资源预测，以各特征年人口为基础，考虑当前学生人数在总人口中的比例，人口的年龄结构变化，义务教育的普及和高等教育的发展等因素综合确定。不考虑失学问题，可以认为未来各特征年的就学岗位数等于学生人数。未来各特征年学生人数在各交通区的分布，可以根据各交通区人口数比例确定。就学岗位数在各交通区的分布，应根据各交通区科教卫生用地面积及密度确定。

二、城市客运需求发展预测

对于交通需求预测，目前国际上比较常用的是"四阶段"模型，即把交通需求预测过程分为四个阶段：出行生成、出行分布、方式划分以及交通分配。

出行生成是指通过对城市社会经济资料的分析，预测各交通区的出行发生量及出行吸引量，即 $O-D$ 矩阵中的"行和"和"列和"。

出行分布是将各小区的出行发生量与出行吸引量转换成各交通区之间的 $O-D$ 分布矩阵。

方式划分是指确定出行量中各交通方式所占比例，方式划分通常在出行分布结束后进行，也可以在出行生成后，出行分布前进行。

交通分配是指把各出行方式的 $O-D$ 矩阵分配到具体的交通网络上，产生道路交通量或公交线路乘客量。

在上述四阶段中，由于交通分配过程依赖于道路网络方案。因此，通常把交通分配归入网络方案论证过程中。

1. 城市居民出行产生预测

城市居民出行产生预测按照出行目的的分类进行。通常，出行目的分上班、上学、公务、购物、文体、访友、看病、回程及其他九类。据统计，出行目的中，上班、上学、回程占了绝大部分，一般在80%到90%，我们称这类出行为"生存出行"，这类出行是居民为生存必须进行的，其他出行比例较少，只占10%到20%，我们称这类出行为"弹性出行"或"生活出行"。一般来说，弹性出行占的比例越高，生存出行占的比例越低，则这个城市的生活水准就越高。

由于生存出行在出行结构中占主体，只要抓住了这个主要矛盾，做细致的分析、预测工作，则出行产生的预测精度能大大提高。因此，在出行产生预测中，我们把出行目的分为上班、上学、回程、弹性四类分别进行。

上班、上学、回程、弹性四类出行目的的出行量预测基本模型，可以采用下列形式的一种或几种：

$$Y_{ij} = a + bX_{ij} \qquad (6-1)$$

$$Y_{ij} = aX_{ij}^{\ b} \qquad (6-2)$$

$$Y_{ij} = ae^{bX_{ij}} \qquad (6-3)$$

式中：Y_{ij}——i 交通区 j 类出行目的的出行发生量；

X_{ij}——i 交通区相应于 j 类出行目的的出行发生量影响因素，工作出行取为劳动力资源数，上学出行取为居住学生数，弹性出行取为居住人口数，回程出行取为非回程出行吸引量；

a、b——回归系数，根据现状居民出行调查资料及经济调查资料标定。

通常情况下，采用式(6-1)的线性模型已具有足够的预测精度。

表 6-1 为无锡市居民出行发生量预测模型的标定结果。

表 6-1　无锡市居民出行发生量预测模型

出行目的	发生量预测模型	相关系数
上班	$Y_{i1} = 1.104X_{i1} - 55.36$ $X_{i1\cdots i}$ 交通区劳动力资源数	0.9835
上学	$Y_{i2} = 1.396X_{i2} - 4.830$ $X_{i2\cdots i}$ 交通区居住学生数	0.9968
弹性	$Y_{i3} = 0.646X_{i3} - 17.07$ $X_{i3\cdots i}$ 交通区居住人口数	0.8395
回程	$Y_{i4} = 0.899X_{i4}$ $X_{i4\cdots i}$ 交通区非回程出行吸引量	0.9998

2. 城市居民出行吸引预测

与居民出行产生预测一样，城市居民出行吸引量预测也是按上班、上学、回程、弹性四类出行目的分别建模，并采用相同的基本模型。

$$Y_{ji} = a + bX_{ji} \qquad (6-4)$$

$$Y_{ji} = aX_{ji}^{\ b} \qquad (6-5)$$

$$Y_{ji} = ae^{bX_{ji}} \qquad (6-6)$$

式中：Y_{ji}——i 交通区 j 类出行目的的出行发生量；

X_{ji}——i 交通区相应于 j 类出行目的的出行发生量影响因素，工作出行吸引取为交通区就业岗位数、上学出行吸引取为就学岗位数，回程出行吸引取为交通区居住人口数；

a、b——回归系数，根据现状资料标定。

表 6-2 为无锡市居民出行吸引量预测模型。

表 6 – 2　无锡市居民出行吸引量预测模型

出行目的	吸引量预测模型	相关系数
上班	$Y_{5i} = 1.043X_{5i} + 128.5$ $X_{5i\cdots i}$：交通区就业岗位数	0.9982
上学	$Y_{6i} = 1.281X_{6i} + 27.00$ $X_{6i\cdots i}$：交通区就学岗位数	0.9031
回程	$Y_{7i} = 1.262X_{7i} - 3.2$ $X_{7i\cdots i}$：交通区居住人口数	0.9987

3. 城市居民出行生成预测

将各类出行目的的城市居民出行发生量、吸引量相加，便形成城市居民全目的出行生成，它们分别是出行 $O-D$ 矩阵中的"行和"和"列和"。

4. 城市居民出行分布预测

城市居民出行分布预测就是要根据前面预测的各交通区发生量及吸引量，确定各交通区之间的出行量分布，即计算未来特征年居民出行量在 $O-D$ 表中的各元素值。因此，出行分布模型是一种空间相互作用模型。城市居民出行分布预测模型主要分为两大类，增长系数法和重力模型法。

（1）增长系数法

增长系数法需要事先给定一个先验的 $O-D$ 矩阵（历史的、抽样调查的或是按照某一种数学方法计算的），并假设预测的 $O-D$ 矩阵与先验的 $O-D$ 矩阵具有基本相同的分布形式。模型的计算主要是解决了交通需求的增长以及交通区之间的平衡问题。包括平均增长系数模型、Fratar 模型以及 Furness 模型。

（2）重力模型法分布预测

交通分布预测的重力模型考虑了两交通区之间的吸引强度与吸引阻力，认为两交通区之间的出行吸引与两交通区的出行发生、吸引量成正比，与交通区之间的交通阻抗成反比，与增长系数法相比，重力模型预测考虑的因素比较全面，尤其是强调了局部与整体之间的相互作用，比较切合实际，即使没有完整的 $O-D$ 表，也能预测 $O-D$ 矩阵。重力模型的一个致命缺点是短程 $O-D$ 分布偏大，尤其是区内出行，在预测时必须给予注意。

重力模型有多种形式，目前在规划中应用最广泛，精度较好的是行程时间模型及双约束重力模型。

5. 城市居民出行方式结构预测

城市居民出行方式结构预测即将前面预测的居民全目的出行量分解成各种交通方式的出行量，并转换成各种交通工具的出行量。在城市道路交通规划中，交通方式或出行方式分为步行、自行车、公交、出租车、摩托车、单位车、私家车及其他几类。

从目前国内城市交通预测的实践看，在进行居民出行方式划分的预测中，一个普遍的趋势是定性和定量分析结合、在宏观上依据未来国家经济政策、交通政策及相关城市的比较，来对未来城市交通结构做出估计，然后在此基础上进行微观预测。因为影响居民出行行为心理、生活水平等均从不同侧面影响居民出行方式结构，其演变规律很难用单一的数学模型或表达式来描述。尤其是在我国经济水平、居民的物质生活水平还相对较低，居民出行以非弹性出行占绝大部分，居民出行方式可选择余地不大的情况下，可采用这样的思路：宏观与微观相结合，宏观指导微观。

首先在宏观上，考虑该城市现状居民出行方式结构及其内在因素，定性分析城市与未来布局和规模变化趋势、交通系统建设发展趋势、居民出行方式选择决策趋势，并与同类城市进行比较，初步估计规划年城市交通结构可能的取值。

表6-3为无锡市2010年居民出行方式结构建议值，其中的出租车、摩托车、单位车出行通过交通管理拟采取的管理政策确定的。

表 6-3　无锡市 2010 年居民出行方式结构建议值

出行方式	步行	自行车	公交	出租车	摩托车	单位车	其他	合计
出行比例/%	13～15	53～54	16～19	3	7	3	2	100

其次在微观上，根据该城市居民出行调查资料计算出不同距离下各种方式分担率，然后，考虑各种交通方式特点，最佳服务距离、不同交通方式之间竞争转移的可能以及居民出行选择行为心理等因素，对现状分担率进行修正。经过若干次计算，使城市总体交通结构分布值落在第一步所估计的可能取值范围之内。

三、城市货运交通需求发展预测

城市货运交通需求预测包括城市货物出行总量预测、货物出行产生预测、货物出行吸引预测及货物分布预测四个方面。

1. 城市货物出行总量预测

一个城市的道路货运总量与该城市的国民生产总值、商品零售额、土地使用有着密切的关系，通常城市道路货运总量通过与该城市国民生产总值、商品零售额的历史资料建立回归预测模型，并根据产业结构、工业区分布进行修正。

2. 交通区货运发生、吸引量预测

各交通区的货运发生、吸引量、以城市道路货运总量为基础，根据各交通区的土地使用性质进行分组，对大型企业的货运发生、吸引量要作专门预测，最后进行货运总量的平衡及调整。

3. 城市货运分布预测

与城市客运分布预测一样，各交通区的货运发生、吸引量需通过分布预测转换成货运量 $O-D$ 矩阵，并根据货车的运输效率转换成卡车 $O-D$ 矩阵。

用于城市货运分布预测的预测方法与客运一致，但货运分布预测中最常用的模型为双约束重力模型，客货运分布预测的模型参数需分别标定，两者差异较大。

4. 城市交通需求预测结果分析

通过前面的预测，可以得到该城市各特征年的出行方式出行量 $O-D$ 出行矩阵及各种车辆 $O-D$ 矩阵，这些 $O-D$ 矩阵是城市道路网规划与评价的基础。

四、停车设施需求预测

1. 停车需求的定义及特征

停车需求预测是城市停车设施系统规划的重要内容,也是制定停车场设施建设方案和停车场管理制度的重要基础。进行停车需求预测要求对停车系统的现状进行全面分析研究,掌握其发展的内在规律,并运用科学的方法正确预测停车需求的发展趋势。

停车需求是指各种出行目的的驾车在各种停放设施中停放车辆的要求。停车需求可以分为两大类:基本停车需求和社会停车需求。

根据国内外研究成果,停车需求的特性主要表现为以下两个方面:

①派生性:在人类社会中,对食物、住所等的需求是一种源需求,而停车需求与交通需求一样,都是一种非源需求,即派生性需求。它来源于社会经济活动,伴随着交通出行而产生,它是一种手段而不是目的,也就是说,人们不是为了停车而停车,停车本身并不是最终目的,而是为了达到进行其他活动,如上班、业务、购物、娱乐的目的而采取的手段。

②二重性:停车需求的二重性是指停车需求既存在难以约束的随机性,同时又存在一定程度的可控性。一方面,城市停车系统是一个开放、动态的系统,用户在使用停车系统的时间、地点和停车设施类型上是随机的,停车需求的这种随机性无疑加大了停车管理的难度,使其在供求关系的调节上往往难以摆脱被动的和滞后的局面;另一方面,无论是停车需求的产生,还是其时空分布,以及停车者的停车选择行为,均有不同程度的可控性。

2. 停车需求的影响因素分析

(1)宏观影响因素分析

影响城市机动车辆停放需求的宏观因素主要包括城市土地利用状况、机动车保有量以及出行水平、城市人口及社会经济发展状况等方面。

规划区域内土地开发利用方式是影响停车需求最敏感的因素。土地利用的不同、单位土地面积所产生的停车需求也有所不同。例如:对于同样面积的农业土地和商务用地所产生的停车需求有很大的不同,通常后者会产生较前者更多的停车需求。

城市机动车数量是产生车辆出行和停车需求的必要条件,从静态的角度看,车辆增长直接导致了停车需求的增加,这主要是因为车辆的停放时间一般比行驶时间长得多,统计结果表明每增加一辆注册汽车,将增加1.2~1.5个停车泊位需求,区域内平均机动车流量的大小不仅影响该区域停车设施的总需求量,而且影响停车设施的高峰小时需求量。

人口状况是城市规模大小的直接体现,城市总人口的变化意味着消费量的变化和使用交通工具的机会变化,停车需求量也会随之改变。根据美国联邦公路局对美国67个城市所做的调查研究表明:人口超百万的城市其停车需求量是50~100万人口城市的1.8倍,是20~50万人口城市的2.2倍,是10~25万人口城市的5.8倍。

(2)配建停车设施影响因素分析

配建停车场主要是为其主体建筑的车辆停放以及主体建筑所吸引的外来车辆服务,因此一般不对社会开放,其停车需求主要影响因素有以下几点:

1)主体建筑物类型

配建停车场的车辆停放特征与其所服务的主体建筑物类型有关,因而分析停车需求应首先确定建筑物的特征。不同类型的建筑物其对应的用地性质、土地开发强度、出行吸引特性也不相同，从而影响了就业人员及其出行目的的分布，进而决定了建筑物停车需求量和车辆停放特征。

2）主体建筑物所处区位

区位，是指了某种活动所占据的场所在城市中所处的空间位置。城市是人与各种活动的聚集地，各种活动大多有聚集的现象，占据城市中固定的空间位置，形成区位分布。

城市中不同功能和性质的土地利用共同形成了城市生产力的布局和结构体系，在这一体系中，不同区位的土地利用所进行的社会、经济、文化活动的性质和频繁程度不同，表现出的停车需求也有很大的差异。与其他区域相比，中心区完善的功能，高强度的土地利用率和大量的就业岗位，使之成为城市各类活动汇集的焦点，其停车需求远比城市其他区域大，城市的停车问题往往主要集中在中心区的停车问题上。此外，对于属于同一种类型的多个建筑物，由于其在城市中所处区位的不同，也将会产生不同的停车需求率。

3）主体建筑物级别与规模

城市用地通常是按照城市用地结构的等级序列相应地分级配置的，一般分为三级：市级、居住区级以及小区级。同一类型中的不同级别的建筑物及其规模也存在着差异，通常级别越高，其建筑物规模越大。

公共建筑物的这种分级设置对其停车需求水平及车辆停放时空分布的影响较为显著，例如住宅的停车需求受该住宅区居民经济收入和机动车保有量的制约，因而不同级别的住宅其停车需求也不相同。如别墅配建标准可以达到一户一位以上，而普通商品房则可按照 1 到 3 户设置停车位；办公建筑的停车需求取决于办公楼的性质，一般来说，政府级别越高，企业规模越大，其停车需求就越大。

（3）换乘通车设施需求影响因素分析

从国外对换乘需求预测模型的研究中可以看出，影响出行者选择换乘方式的因素很多，如换乘设施区位交通条件、设施周边的土地利用性质、设施的服务属性、公交服务水平、小汽车出行成本、城市交通政策等方面。很多因素与社会经济水平或者说人们的生活方式息息相关，这些因素常常会由于国情的不同而存在较大的差异。

1）小汽车出行者选择行为

换乘需求总量是出行者对于换乘方式选择的结果。换乘出行者在国外也被定义为"有选择用户，即出行者绝大多数属于小汽车拥有者，每次出行都可以在公共交通、小汽车之间进行选择，而非受限制用户"，因此，可以将城市小汽车出行者看作未来换乘方式的潜在用户群。国外的经验研究表明，小汽车出行者选择换乘方式出行的行为不仅受到各种客观因素的制约，而且其自身的性别、年龄、收入以及驾车者的心理压力，对道路拥挤的忍受程度等主观因素也起着不可或缺的作用，主客观因素的协同作用使出行者选择换乘方式出行。因此，小汽车出行者选择行为对于换乘的需求有重要影响。

2）城市公交服务水平

公共交通是整个换乘出行过程中的一个重要组成部分。公交出行时间必须大于总出行时间的50%作为一个重要的换乘布局准则在美国和英国都得到了证实。通常，换乘的出行时间由三个部分组成，即开车达到换乘的时间、公交候车时间、乘坐公交车的时间。因此，公交的发车频率、运行速度将直接影响换乘需求。

3）城市交通政策

换乘将停车作为政策调节的工具，通过供给来引导出行需求以获得交通模式新平衡的一项政策，因此城市停车政策对换乘需求将产生深远的影响。城市交通政策主要包括改变交通模式竞争能力的政策，减少出行需求的决策，对交通设施使用权的政策等。此外，其他相关的配套设施包括公交优先策略、拥挤收费、信息诱导等，这些措施的实施或者直接改变了某种出行方式的出行环境和出行空间，或者间接地改变了小汽车出行成本与公交车出行成本的比例，改变了公共交通与小汽车交通间的竞争关系，因此也必将对换乘的需求产生重大影响。

4）换乘设施特性

设施特性对换乘需求影响主要包括可达性、可用性、经济性、方便性、舒适性、安全性。

综上，由于换乘具有多重性，因此换乘需求的大小，必须受到众多因素的影响，从分析和建模方面的角度考虑，这里将影响因素归纳为上层因素和下层因素两类，如出行者个体出行特征、公共交通服务水平以及相关的停车政策等。下层因素是影响换乘需求量在各个换乘设施分布的因素，主要指换乘设施的服务质量，如可达性、安全性、方便性等表达换乘站点吸引力测度的因素。可以认为上层因素决定了换乘作为一种特殊的交通方式在城市交通结构或是某一区域交通结构中的总比例，下层因素决定着出行者对各具体地点的换乘设施选择。

3. 城市机动车停车需求预测的一般方法

对城市机动车停车需求预测的研究主要为解决以下问题：区域停车设施需求总量；停车需求量在各研究区域的密度分布。停车需求预测在世界上许多大城市进行了不少研究，各国的国情不同，城市发展形态不同，经济增长不同，停车预测模式也不同，因此计算方法差异较大。总结起来大致有停车生成率模型、相关分析模型、概率分布模型、交通量—停车需求模型等预测方法。

（1）停车生成率模型

停车生成率是指单位土地利用指标所产生的停车泊位数，停车生成率模型是建立在土地利用性质与停车需求产生率的关系上的。其基本原理是研究区域内各种不同的土地利用功能所产生的不同停车需求生成率，而区域总停车需求量等于这些单个地块吸引量的总和。

该模型的优点是：停车需求的计算可以采用研究区域内用地性质相近、规模相当、用地功能比重相对独立的组合大样本作为建模抽样的基础，既避免了调查的困难，又提高了典型资料的使用率；对研究区域不仅可以得到总停车需求，还能按照土地使用功能比重计算出每一土地使用的停车产生量，适用性很强。

停车生成率模型计算的缺点在于：由于建模的基础是单一用地类型，因此在研究土地使用类型多而混合的城市区域时，回归数据容易受其他因素干扰；模型对现状停车需求分析较为精确，但是对于规划年各土地使用类型的停车生成率难以把握，因此预测周期不宜过长；模型更适用于规划年土地使用变化不大的城市研究区域。

（2）相关分析模型

相关分析模型旨在建立停车需求量与城市经济活动及土地使用变量之间的函数关系。该模型是美国道路研究协会发表的研究成果，它突出了城市内人口、建筑面积、职工岗位数等停车设施需求影响较大的参数。由于不同类型用地的停车生成率往往是土地利用、人口、交通量等因素的交互结果，它们之间又相互影响，因此，仅采取将各地块停车需求产生率简单相加的方法未必完全适用。类似模型将各土地利用因素作为整体进行回归分析，更适用于对一个大型、综合区域或整个城市进行预测，对于土地使用复杂的区域，由于相关变量较多，模型精度会受到影响。

（3）概率分布模型

概率分布模型是基于交通产生角度建立的停车需求预测模型。该模型假设：城市商业活动中心的综合规模越大，功能越齐全，交通越便利，就越能吸引人们的出行。停车设施概率分布模型适用于呈多核发展的城市或者是研究区域内有多个中心商业区的土地利用状况下的停车需求量预测，该模型充分考虑了土地使用的集约度以及区位的价值因素，物理意义明确，但模型的使用和参数标定建立在详细的土地利用和交通出行调查基础上，如果没有大规模交通调查或停车调查资料相配合，难以使用该模型求解。

（4）交通量—停车需求模型

该模型建立的基本思路是任何地区的停车需求必然是到达该地区行驶车辆被吸引的结果，停车需求泊位数为通过该地区流量的某一百分比。如果该地区用地功能较为均衡、稳定，则预测结果较为可靠。

交通量—停车需求模型适用于对城市规划区域进行宏观的停车需求分析，与动态交通的预测方法相结合，不仅可以计算出停车需求，而且可以得到研究区域内机动车出行的停车率。该模型的不足在于无法具体得到区域内每一类型土地使用的停车设施需求量，因此，通常作为验证其他预测模型计算结果的有效方法。

（5）停车设施需求预测模型的转换与修正

预测规划年的需求停车量的直接目的是为了计算满足其需求所必需供应的停车场的泊位数量。必要的停车场供应量不仅应该能够满足一天中高峰小时的停车需求，还必须考虑区位特点、季节变动和周日变动等影响停车行为及停车特征的因素。其中对于停车时间和泊位周转量的计算非常重要。不同土地使用类型的停车时间和周转率有所不同，停车时间越短，周转率越大，则车位的使用效率越高，同样停车场所需的停车泊位也越少，因此在预测规划年对停车设施需求量时，必须对停车需求量模型进行转换与修正。

4. 配建停车设施需求计算方法

（1）单一用地建筑物配建停车泊位计算方法

对建筑物停车设施配建指标的研究也是对各土地使用所产生的停车生成率的计算和求解，对建筑物是单一用地功能而言，主要计算步骤如下：

1）建筑物用地类型样本的选择

在进行建筑物停车生成率研究时，需要对相同用地类型的大量样本进行调查。为了保证调查结果的准确性并在分析时排除其他因素的干扰，在对样本选择中必须注意：调查区域相对独立，用地类型单一；该建筑物拥有较充足，供其独自使用的停车设施；可以获得该建筑物土地使用的特征指标，如建筑面积、就业岗位数、座位数等；调查建筑物在该类土地利用中具有典型性，不具有特殊的、在该类用地中仅其自身才有的性质。

2）建筑物用地指标的选择

建筑物的停车生成与动态交通需求一样，也是土地开发利用的结果，因此在进行停车生成率分析时应选择能较好反映土地利用性质情况的自变量进行回归计算。根据《城市用地分类与建设用地标准》规范的规定，我国城市用地可以划分为 10 大类、46 个中类、73 个小类。

研究表明，各典型用地类型对建筑物配建停车生成率相关性较好，用地指标如表 6-4 所示。

在确定了建筑物用地类型后，可以根据表 6-4 选择不同用地指标作为自变量分别进行一元或多元回归分析，找出与停车需求量相关性最好的参数。

表 6-4　土地利用—停车需求相关指标对应表

典型用地类型	停车需求用地指标
居住用地	建筑面积
医疗卫生用地	员工数量、床位数、日就诊人数
工业、仓储用地	员工数量、建筑面积
影院、展馆等娱乐用地	座位数量、建筑面积
交通枢纽用地	高峰小时平均客流量
道路广场用地	建筑面积
市政、办公用地	员工数量、办公面积
教育文化用地	教职工人数、学生人数
商业用地	建筑面积

3）车种换算

对建筑物配建停车调查的结果，应以小汽车为计算当量，换算成标准泊位进行统计，参照《都市停车库设计》，车辆换算系数以及停车泊位占用面积如表 6-5 所示。

表 6-5　车辆换算当量系数表

车型	小型	中型	大型
车辆换算系数	1.0	2.0	2.5
占用泊位面积（m²）	15.7	34.4	53.4

4）建筑物配建停车需求计算方法

对于某一特定用地功能的公共建筑物而言，其停车需求量计算公式为：

$$P = aS \tag{6-7}$$

式中：P——建筑物停车需求量；

　　　a——建筑物停车生成率（标准车位/单位用地指标）；

　　　S——与建筑物用地相关性最好的单位用地指标，如建筑面积、就业岗位数、座位数等。

（2）混合用地建筑物配建泊位数量计算方法

随着社会经济的发展，城市土地使用的符合程度越来越高，尤其是城市中心区，土地使用越来越趋向于综合开发，多数大型公共建筑物集多种功能于一身，特别是商业类用地，一般都与住宅、餐饮娱乐或办公等综合开发，如第一层用作零售门面房，其他的楼层用作居住或者办公等。在这种情况下，难以按单一用地类型对其进行建筑物归类和计算相应的配建泊位数量。

混合用地中不同的用地性质吸引的出行目的不同，可以分为刚性停车需求和弹性停车需求。刚性停车需求包括夜间车辆停放需求以及上班停车需求，具有车位固定，停放时间长，周转率低的特点；其他目的的出行产生弹性停车需求，具有停放灵活性高、停放时间短、车位周转快的特点。刚性、弹性停车需求的高峰需求量发生的时刻通常有所差异，因此，在混合用地建筑物配建停车指标的计算时尤其要充分考虑这一点，实现共享停车，将能有效地减少混用地的配建泊位数量，同时提高了泊位的利用率。根据美国对办公用地与宾馆用地公用停车场地的研究，共享停车可使混合用地的停车产生率下降10%左右。

5. 换乘停车设施需求预测方法

换乘停车设施尽管表现为服务于车辆停泊，但其主要功能是实现停车场使用出行方式的转化。因此，其需求预测也有别于城市机动车停车需求预测的一般方法。

（1）预测模型总体思路

1）换乘出行总量预测

应用随机效用理论建立二项模型，从未来年各种方式出行特征以及向换乘转移的特点出发，在对每种出行方式阻抗与换乘方式阻抗间相互关系有充分的认识和研究的前提下，建立概率转移模型，根据该概率和相应出行方式的出行量计算出换乘方式出行总量。

2）换乘需求分配预测

以停车设施的可用性作为需求量的分配依据，利用网络均衡理论和超级网络方法，建立换乘需求分配模型，计算出换乘方式出行总量在各个停车场的分配量，进一步考虑出行者选择行为受换乘设施容量限制影响以及混合交通网络的基础上，建立可变需求下的分配模型和混合交通下的混合分配模型，使该模型能够更加有效的描述出行者的换乘出行行为。

（2）换乘出行总量预测

1）基本步骤

换乘出行总量预测的基本步骤是：在已知未来年没有换乘方式存在时各种出行方式的出行产生量预测结果的前提下，根据各种方式出行特征以及向换乘方式转移的可能性，对各种出行方式进行必要的筛选和组合，得到一组重新整合过的出行方式集合。分析集合中每个元素与换乘方式间的效用关系，通过换乘意向调查分别建立向换乘方式的转移率模型，预测未来年存在换乘方式时现状各种方式向换乘方式转移的比例，从而得到未来年换乘方式的出行量。

2）确定有转移可能性的出行方式

根据美国的调查发现，换乘用户中49.2%的人来自于自驾车出行，23.2%的人来自于合乘出行，10.4%的人来自于公共交通出行，另外14.9%的人属于诱增出行。英国的调查得到类似的结论。在我国城市交通出行方式中，主要以步行、自行车、摩托车、公交车、出租车、单位车、私家车这7种交通出行方式为主。从发展趋势看，步行和自行车交通作为一种非机动化方式适用于城市内部的短距离出行，相对于中长距离出行的通勤出行方式换乘，无论从方式的适用范围、出行目的还是从出行者的个体属性上看，其向换乘方式转移的可能性较小，可以不予考虑。

3）BL 模型建立

BL 模型是 20 世纪 70 年代发展起来的非集计模型，它以随机效用理论为基础，描述每个交通参与者的交通出行行为。主要步骤包括：效用函数的确定、选择方案集合、特征变量的选择以及模型的求解。

4）预测模型计算步骤：具体预测方法如图 6-2 和表 6-6 所示

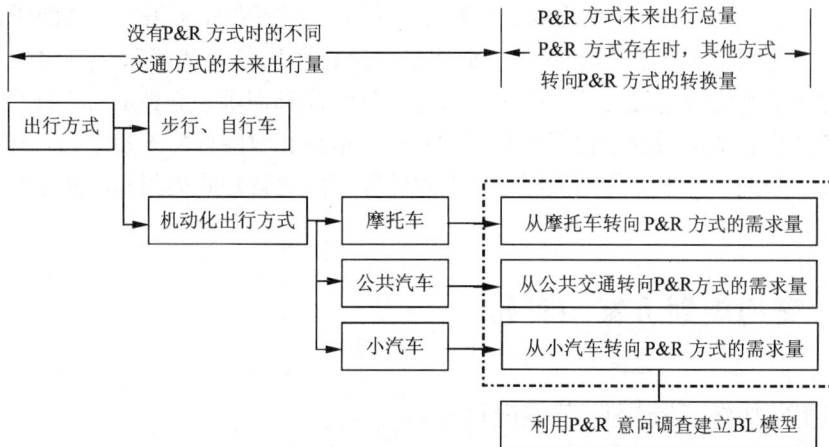

图 6-2　换乘方式分担率预测模型的总体构成图

表 6-6　对换乘方式未来交通需求的预测方法

项目	预测方法及转换率模型	备注
转换交通量预测的通用方法	利用 P&R 意向调查数据建立了不同目的的 P&R 转换率模型，考虑随着经济的增长，未来时间价值将上升，对参数进行了调整。	P&R 意向调查是针对"有选择"用户，即小汽车拥有者。因此，当被调查者没有小汽车时，默认其选择结果为否，即不会转移到 P&R 方式
从自行车摩托车向 P&R 转换	P&R 的效用说明变量：个人属性、所需时间、费用；自行车和摩托车的效用说明变量：个人属性、所需时间	
从公共交通向 P&R 转换	P&R 的效用说明变量：个人属性、所需时间、费用；公共汽车的效用说明变量：个人属性、所需时间、票价	
从小汽车向 P&R 转换	P&R 的效用说明变量：个人属性、所需时间、费用；小汽车的效用说明变量：个人属性、所需时间、费用	

在表 6-6 中，非小汽车出行方式向换乘方式转移时，由于相互转换的两种方式之间存在较大的属性差异，如果只是简单地以出行时间和费用计算结果的差异来决定方式选择会有所偏颇。因此，建议在这几类模型中重点考虑出行者的个人属性变量，或者是在出行时间和出行费用的计算上考虑到出行者的社会经济特征。

（3）换乘实施需求分配预测

根据国外的研究，通常换乘出行者在进行停车换乘时并非总是固定地使用某一停车场，而是存在至少两个以上的选择。通过对停车设施使用效果的调查也发现，设施服务水平不仅影响着该设施的使用效率，同时也对换乘出行总量产生影响。因此，如何将换乘出行量准确、合理地分配到这些停车场是换成需求预测技术的关键问题。在道路交通分配中，经常使用 Wardrop 第一用户均衡原理来描述出行者路径行为选择。这一原理所研究的是两点间出行单位在出行起讫点间如何分布的问题。它假设：第一，所有用户都试图选择最短路径到达其目的地；第二，所有用户都根据同一标准判断路径的长短；第三，所有用户都可以得到当前交通状态下可供选择路径的全部信息。

一般而言，停车需求分为两大类，一类称之为车辆拥有者停车需求，也即所谓夜间停车需求，主要是为居民或单位车辆夜间停放服务，较容易从各区域车辆注册数的多少估计出来；另一类是车辆使用过程之停车需求，即所谓日间停车需求，主要是由于社会、经济活动所产生的各种出行所形成的。由于出行活动目的、地点和时间等均不易掌握，其需求分析就显得十分复杂和困难。世界各国大都市常发生的停车问题就是此类问题，也是停车规划研究的主要问题。

第四节　交通规划方案与评价

一、城市道路网络布局规划方案设计

1. 城市道路交通网络规划的步骤

①在现状交通网络质量评价的基础上，参考城市总体规划及分区规划中的路网系统方案，根据城市形态及发展趋势确定一个初始的道路网络方案；

②将预测的各方式出行 $O-D$ 量分配至路网方案上，预测每一交叉口，每一路段的分配交通量及路段平均车速、交叉口平均延误；

③分析评价每一路段及每一交叉口的交通负荷、服务水平及路网总体评价指标；

④根据交通质量评价及网络总体性能评价结果，调整路网规划方案，返回步骤②，直到规划方案可行、合理。

2. 道路网络规划的一般原则

城市道路系统首先应满足人流、客货车流的安全通畅，同时应反映出城市风貌、历史和文化传统，为地上地下工程管线和其他设施提供空间，并满足城市日照通风与城市救灾避难要求。在进行城市道路网络系统的规划时，应对上述功能综合考虑、相互协调。

满足城市交通运输系统的要求是道路网络系统规划的首要目标，为达到此目标，规划的道路网络系统必须"功能分清、系统分明"，为组成一个合理的交通运输网络创造条件，使城市各交通区之间有"方便、迅速、安全、经济"的交通联系。这种道路网络系统由交通性与生活性两种道路组成，按照道路在城市中的地位、作用、交通性质、交通速度以及交通流量等指标，可将道路分为快速路、主干路、次干路以及支路四类。快速路及主干路为交通性道路，次干路兼有交通性和生活性两重功能，并以交通功能为主，支路一般为生活性道路，在居住区、商业区、工业区内起着广泛的联系作用。

城市道路系统应能适应今后城市用地的扩展、交通结构的变化和快速交通的要求，城市道路网络中快速干道以及主干道是路网的骨架，应便捷地联系城市各主要功能区，形成客货运输机动车的重要走廊(包括公交客运走廊)。次干道和支路是对交通走廊的补充，以通行公交汽车、自行车以及分区的内部交通为主。为了构成一个协调的运输系统，各类干道以及支路的路网密度，在不同的规划阶段必须予以保证。表6-7和表6-8为城市道路规划设计规范规定的各类道路规划指标。

表6-7 大、中城市道路网规划指标

项目	规划人口/万人	快速路	主干路	次干路	支路
机动车设计速度 /(km·h⁻¹)	≥200	80	60	40	30
	50~200	60~80	40~60	40	30
	20~50	—	40	40	30
道路网密度 /(km·km⁻¹)	≥200	0.4~0.5	0.8~1.2	1.2~1.4	2~3
	50~200	0.2~0.4	0.8~1.2	1.2~1.4	2~3
	20~50	—	1.0~1.2	1.2~1.4	2~3
道路中机动车 车道条数/条	≥200	6~8	6~8	4~6	2~3
	50~200	4~6	4~6	4~6	2
	20~50	—	4	2~4	2
交通所需的 道路宽度/m	≥200	35~40	40~50	25~45	15~30
	50~200	30~35	35~45	25~40	15~20
	20~50	—	30~40	25~35	12~20

表6-8 小城市和建制镇道路网规划指标

项目	规划人口/万人	次干路	支路
机动车设计速度/(km·h⁻¹)	5~20	30	20
	1~5	30	20
	0.2~1	30	20
道路网密度/(km·km⁻¹)	5~20	3~4	3~5
	1~5	4~5	4~6
	0.2~1	5~6	6~8
道路中机动车车道条数/条	5~20	2~3	2
	1~5	2~3	2
	0.2~1	2	2
交通所需的道路宽度/m	5~20	20~30	12~15
	1~5	20~30	12~15
	0.2~1	15~20	8~12

3. 城市道路网布局规划

城市道路网络系统是由于城市的发展，为满足城市交通、土地利用及其他要求而形成的，城市道路网络系统的布局与形态取决于该城市的结构形态，地形地理条件、交通条件、不同功能的用地分布等。目前常用的道路网络系统可归纳为四种形式：方格式、放射环形式、自由式及混合式。各类城市在进行交通规划时，应根据该城市的城市形态、地理条件、主要客货流方向及强度确定其道路网络系统的布局与形态，不应套用固定的模式。

4. 各种城市道路规划原则

（1）快速路规划

快速干道是为了车速高、行程长的汽车交通连续通行设置的重要道路，一般在大城市、带状城市或组团式城市内设置，并与城市出入口道路和城市高等级公路有便捷的联系。

快速路应设置中央分隔带，以分离对向车流，并限制非机动车进入，部分控制快速路两侧出入的道路。快速路上出入道路的间距以不小于 1.5 km 为宜。快速路与快速路、主干路以及交通量较大的次干路相交时，应采用立体交叉方式；与交通量较小的次干路相交时，可采用进口拓宽式信号控制，但应保留修建立交桥的可能。原则上支路不能与快速路直接相接。快速路两侧不应设置吸引大量人流和车流的公共建筑物出入口。

（2）主干路规划

主干路是城市道路网络的骨架，是连接城市各主要分区的交通干线，以交通功能为主，与快速路共同承担城市的主要客、货运输。

主干路上机动车与非机动车应实行分流，主干路两侧不宜设置吸引大量人流和车流的公共建筑物出入口。主干路与主干路相交时，一般应采用立交方式，近期采用信号控制时，应为以后修建立交桥留出足够的用地和空间；主干路与次干路、支路相交时，可以采用信号控制或交通渠化方式。对于公交客流比较集中的主干道，可以设置公交专用道，在公交专用道上布设公交快线。

（3）次干路规划

次干路是介于城市主干路与支路之间的车流，人流交通的主要集散道路，应设置大量的公交线路，广泛联系城内各区。次干路两侧可以设置吸引人流和车流的公共建筑、机动车和非机动车的停车场地、公交车站和出租车服务站。次干路与次干路、支路相交时，可采用平面交叉口。

（4）支路规划

支路是次干路与街坊内部道路的连接线，其上可设置公交线路。支路在城市道路中占有很大的比重，在城市分区规划时必须保证支路的路网密度。支路与支路相交可以不设置管制或信号控制。

（5）环路规划

当穿越市中心的流量过多，造成市中心区道路超负荷时，应在道路网络中设置环路。环路的设置应根据交通流量与流向而定，可以是全环，也可以为半环，不应套用固定的模式。为了吸引车流，环路的等级不应低于主干路，环路规划应与对外放射的干线规划相结合。

（6）城市出入口道路规划

城市出入口道路具有城市道路与公路双重功能，考虑到城市用地发展，城市出入口道路两侧的永久性建筑物至少退离道路红线 20 ~ 25 m。城市每个方向应有两条以上出入口道路，有地震设防的城市,尤其要重视出入口的数量。

5. 城市道路网络布局方案交通质量评价

城市道路网络规划方案的交通质量评价是指将预测的城市交通需求量分配到已经拟定的道路网络布局方案上,分析规划的交通网络能否适应未来各特征年的交通需求。道路交通网络的交通质量评价包括道路网络计算机处理、道路交通阻抗分析、网络交通分配、道路交通负荷及服务水平分析五个部分。

(1)城市道路网络计算机处理

在处理交通网络时,首先必须把交通网络抽象化,即把交通网络抽象为点(交叉口)与面的集合体。抽象后的道路交通网络可以采用多种形式进行编码,便于计算机识别和运算。常用的有邻接矩阵、边编目标、邻接目录表等方式。其中,采用邻接目录表编码最为有效。

(2)道路交通阻抗分析

道路交通阻抗函数,简称路阻函数,是指路段行驶时间(交叉口延误)与路段(交叉口)交通之间符合的函数关系,它是交通分配的关键。

(3)道路网络交通分配

交通分配是城市交通规划的一个重要环节,也是 OD 量推算的基础。所谓交通分配就是把各种出行方式的空间 OD 分配到具体的交通网络上,通过交通分配所得到的路段,交叉口交通量资料是检验道路规划网络是否合理的主要依据之一。

对于交通分配,国内外均进行过较多的研究,数学规划方法、图论方法以及计算机技术的发展,为合理的交通分配模型的研制及其应用提供了坚实的基础。国际上通常把交通分配方法分为平衡性模型和非平衡性模型两大类,并以 Wardrop 第一、第二原理为划分依据。

Wardrop 第一原理为:网络上的交通以这样一种方式分布,就是所有使用的路线都比没有使用的路线费用小。Wardrop 第二原理认为,车辆在网络上的分布,使得网络上所有车辆的总出行时间最小。

如果交通分配模型满足 Wardrop 第一、第二原理,则该模型为平衡模型,并且,满足第一原理的称为使用者优化平衡模型,满足第二原理的称为系统优化平衡模型。如果分配模型不使用 Wardrop 原理,而是采用了模拟方法,则被称为非平衡模型。

平衡交通分配模型比较适合于宏观研究,非平衡模型由于具有结构简单、概念明确、计算简便等优点,在实际工程中得到了广泛的应用,效果良好。

非平衡模型根据其分配手段可以分为有迭代和无迭代两类,就其分配形态而言,可以分为单路径和多路径两类。因此,非平衡模型可以分为表 6-9 中的四种类型。

(4)道路交通负荷及服务水平分析

交通负荷分析是指分析网络中交叉口、路段的机动车以及非机动车饱和度。饱和度被定义为分配交通量与设计通行能力之比。

所谓服务水平是指道路使用者根据交通状态,从速度、舒适度、方便、经济和安全等方面所能得到的服务程度。影响服务水平的因素很多,如饱和度、平均车速、交叉口延误、安全性、经济性以及便利性等。其中,最主要的是饱和度,其次是平均车速或平均延误,前者用于路段分析,后者用于交叉口分析。原则上要求规划网络中的每一路段,每一交叉口的服务水平均能满足设计要求。

表6-9　非平衡模型分类

形态 ＼ 分配手段	无迭代分配	迭代分配
单路径型	最短路(全有全无)分配	容量限制分配
多路径型	多路径分配	容量限制—多路径分配

6. 城市道路交通规划方案综合评价

（1）城市道路交通规划评价原则

①科学性原则：建立的评价指标必须科学地、合理地、客观地反映城市交通系统性能以及其影响；

②可比性原则：评价必须在平等的，具有可比性的价值体系下才能进行，否则就无法判断不同城市交通网络的相对优劣。同时，可比性必然要求具有可测性。没有可测性的指标是难以进行比较的。因此，评价指标要尽量建立在定量分析基础之上。

③综合性原则：城市交通规划评价指标体系应全面地、客观地、综合地反映城市交通规划方案的性能和效果。

④可行性原则：评价指标必须定义确切、意义明确、并且力求简明实用。现有的一些城市交通规划评价指标中有些意义含糊，难于确定，缺乏实用性，可行性。

（2）城市道路交通规划经济效益评价

对交通规划方案的经济效益评价要通过两方面的核算才能完成，即成本和效益。无论是成本还是效益，都有直接和间接之分。

从成本来看，直接费用包括初次投资费用，以及有关的交通设施、交通服务的运营和维修费用等；间接费用包括其他政府机构所需的经费开支、如公安机关为了加强限制车速及停车规定，或公共交通终点站的保护防护所增加的费用，增加大气和噪声污染，拥挤加剧等的社会费用，交通事故费用，能源、轮胎消耗费用等。

从效益来看，直接经济效益和出行时间节省，降低运输成本，减少交通事故等，间接效益如改善大气质量，减少噪声污染，以及改善投资环境、生活质量，增加地区旅游吸引力等。

（3）城市道路交通规划技术性能评价、

根据交通规划层次和要求不同，对规划方案的技术性能评价可以从两个层次上来分析。第一层次是城市交通网络总体性能评价，是从城市交通网络整体出发，从城市总体规划，城市交通远景战略规划的角度来分析评价交通网的总体水平，交通网络布局质量、交通网络总体容量等；第二个层次是城市交通线路节点性能的评价，是从单条线路或整个交叉口出发，分析交通线路或交叉口的容量、服务水平、延误、事故等，适用于中长期综合交通和近期治理规划。

（4）城市道路交通规划社会环境影响评价

今天人们越来越深切体会到，交通问题不仅是一个技术经济问题，而是一个影响广泛的社会问题。评价一个规划方案的好坏不仅要用技术性能和可见的货币价值来衡量，而且要看其能否带来良好的社会环境效益。

交通系统对社会环境的影响体现在正负两个方面：负面效应包括噪声、废弃、振动、安全、恐惧、视线阻挡、拥挤疲劳、社区阻隔等；正面效应包括可达性提高，促进生产，扩大市场，地价升高，改善景观等。

目前国内已经在交通噪声监测评价、汽车尾气扩散模式、城市交通综合效益分析评价模式等方面取得了一些理论成果，今后应致力于在城市交通规划实践中推广应用，并对理论模式作进一步深化完善。

二、公路网规划及其评价

1. 公路网规划的目的意义

进行公路网规划的意义表现在：保障国民经济和工农业生产的健康发展；促进区域经济平衡及协调发展；节省车辆行驶时间，降低运输成本，提高公路运输效率；促进公路运输与其他运输方式之间的协调发展；合理投放和使用公路建设资金；节约土地资源、保护自然环境。

公路网规划按其规划区域的性质一般分为：国家干线公路网规划、省域干线公路网规划、市域干线公路网规划以及县域县乡公路网规划四类，某些地区为了强调某类公路或某一区域的重要性，也可做针对性公路网规划，如江苏省高速公路网规划、苏南地区干线网规划等。

2. 公路网规划中的交通调查工作

在进行公路网规划时，一般要进行两大类调查工作，即一般性调查及重点性调查。

一般性调查包括政策方针调查和资源环境调查；前者包括国家的有关政策、方针、区域社会经济发展规划、行业规划、行业政策。资源环境调查包括主要工况布局、主要产品产量分布、环境保护要求等。

重点性调查包括社会经济调查，具体包括区域及各分区的人口、面积、国民生产总值；规划区域及各分区的经济结构、产业结构、城镇布局、重大经济布局的调整、新建的大型工况、企业、主要产品的产量及分布等。

交通运输调查，包括铁路、公路、水运、航空以及管道五大运输方式历年的客货运输量及周转量；历年的公路运输量及周转量；主要道路的历年交通量；五大运输方式的历年 OD 表；五大运输方式的运输成本、平均速度以及利用效率等。

以及基础设施调查，包括五大运输方式的运输网络结构、运输设施状况、运输方式发展规划等。

三、交通运输需求发展预测

公路网规划中的交通需求发展预测包括社会经济发展预测、综合交通运输发展预测、公路交通运输发展预测、公路运输量分布预测及公路交通量分配预测五个方面。

1. 社会经济发展预测

社会经济发展预测的预测指标包括未来规划年份的区域总人口及其分布、工农业总产值及其分布、人均国民收入及人均消费水平等。社会经济发展预测以政府部门发展规划，区域经济发展规划以及现状调查的统计分析资料为基础进行。

2. 综合交通运输发展预测

综合交通运输发展预测的预测指标包括区域综合客运运输量的预测及其在各交通小区的

分配。预测方法有时间序列法、回归分析法以及弹性系数法等。

时间序列法是利用历年的运输量资料进行趋势分析来预测未来的运输量，一般要求收集资料的年份超过预测年份，这是一种宏观的趋势分析法，分析简便但是精度不高。

回归分析法是利用历史资料建立运输量与影响运输量的各因素，如国民生产总值、人口、人均生活水平指数等之间的相关关系，用回归模型来预测未来的运输量，这种方法是本质的微观分析法，虽然烦琐但是精度较高。

3. 公路交通运输发展预测

公路交通运输发展预测的预测指标包括区域公路客运运输总量以及各交通区的公路客货运输发生量、吸引量。预测方法有车辆效率法、分担率法以及弹性系数法等。

车辆效率法是根据区域及各交通区将来可能拥有的客货车辆拥有量及载运效率来预测公路客货运输的运输量。

分担率法是根据将来各运输方式的运输能力将前面确定的综合运输量分解为各运输方式的运输量。

弹性系数法是根据公路交通增产率与国民经济增长率之比在一定时期内基本稳定这一特点来预测公路运输量。

4. 公路客货运输量分布预测

公路客货运输量分布预测时将前面预测的各交通区公路客货运发生量、吸引量转变成交通区之间的空间分布量，即 OD 矩阵。公路交通分布预测方法主要有增长系数法以及重力模型法两大类，其模型结构与城市交通规划中的交通分布模型一致，只是模型参数有较大区别。

5. 公路交通量分配预测

公路交通量分配预测是把预测的 OD 矩阵分配到具体的公路网络上，产生公路交叉口及路段交通量。公路分配量分配方法与城市道路交通分配方法基本相同，通常也分最短路分配，容量限制增量加载分配，多路径分配以及容量限制多路径分配四种，分配方法相同，但参数有很大差别，特别是公路与城市道路的交通阻抗区别很大。

四、公路网规划方案形成

公路网规划方案形成包括三个过程：初始公路网络规划方案的形成；网络计算机处理；公路网络规划方案的调整。

1. 初始公路网络规划方案的形成

初始公路网络规划方案通过以下过程形成：对现状公路网络进行交通质量评价，找出现状公路网络的交通问题及解决这些问题的公路建设项目；将预测的 OD 量在现状公路网上进行交通分配，找出公路网将来的主要交通流向，并提出交通走廊方案；对基本上已确定近期内拟建的项目进行分析；将以上项目进行迭加，并进行必要的网络连通性、平顺性、密度均匀性的项目增补，便可以形成初始方案。尽管初始方案很粗糙，并不一定能解决交通问题，但它是最终方案的基础。

2. 网络计算机处理

网络计算机处理是为了对公路网方案的抽象，包括点、线、网三个方面的抽象。

在由东南大学开发的公路网规划通用计算机软件"交运之星公路版"中，公路网节点被抽象为六类：信号交叉口、环形交叉口、立体交叉口、无控制交叉口、城镇及枢纽。公路网路段被抽象为八类：高速公路、一级公路、二级公路、三级公路、四级公路、等外公路、汽渡、城市道路。网络抽象用邻接目录来表示。

3. 公路网络规划方案的调整

公路网络规划方案的调整是建立在对方案的评价基础之上的。一个方案，包括初始方案，通过计算机处理后，并可进行交通分配，并产生交通，如交通量、车速、密度、负荷度以及经济环境评价方面的详细指标，根据这些指标，便可以对其进行评价。一般来说，初始方案不能满足交通质量、经济效益、环境保护等方面的要求，需根据评价结果进行调整，我们把能满足交通质量、经济效益、环境保护要求的规划方案视为可行规划方案，一般情况下，可行规划方案有多个。

五、公路网规划方案评价

公路网络规划方案的评价包括三个方面：技术评价，内容有网络特征评价、交通特征评价；经济评价，包括直接效益分析、费用分析、净现值分析、效益费用比、内部回收率及投资回收期分析；综合评价，主要评价规划方案实施后对国民经济发展的推动作用及可能产生的正反两个方面的社会效果。综合评价一般是对多个必选方案进行的，最终还需要提出方案的推荐意见。

六、公路网规划的实施计划编制及规划滚动

一般情况下，公路网规划要考虑 30 年的发展期，即规划跨度为 30 年，分为近期、中长期、远期三个建设阶段，每个建设阶段各 10 年，公路网规划的实施计划编制是把最终的规划方案分解为建设项目，并排定建设项目的建设序列。

在编制公路网规划方案的实施计划时，应遵循"近期细、中期粗、远期有设想"的原则，即近期建设计划的编制要细化，细到有确定的建设项目，每个项目的开工时间及竣工时间；中期建设计划可相对粗，主要确定建设项目以及项目的建设排序即可，不需要确定每个项目的开工建设时间；远期建设只作规划，即只要有规划方案，不需要列出建设项目排序。

一般情况下，公路网规划方案每 1~2 年都要局部调整。5~10 年要做一次滚动，并始终遵循"近期细、中期粗、远期有设想"的原则，向前滚动，有序发展。

思考与练习

1. 什么是交通规划？交通规划的目的是什么？
2. 交通规划包括哪些基本内容？
3. 出行端点可分为起点和讫点或者分为产生和吸引，二者有什么不同？
4. 何谓"四阶段"模型？四阶段中，各阶段进行什么预测？
5. 增长系数法、重力模型法的区别是什么？各有什么优缺点？

第七章
交通安全

第一节　交通事故及调查

交通事故调查是事故发生后，由交警或交通监理对现场测量、拍照，填写调查表格，它是分析事故原因和鉴定事故责任的根本依据。

一、现场调查的内容

发生道路交通事故的地点及其有关范围的空间场所，称为交通事故现场。如果现场内的车辆、人畜、物体等均保持事故刚结束的原始位置和状态，称为原始现场。因自然原因（风、雨等）或人为原因（抢救伤者或肇事人有意破坏、逃逸等）使原始位置或状态发生改变的现场称为变动现场。原始现场能最直接、最全面地提供有关事故的资料和证据，对事故现场调查有重要的意义。

现场调查可以概括为对交通事故现场的情况（当事人、车辆、道路和交通条件）用科学的方法进行时间、空间、心理和后果调查。

1. 时间调查

确定发生交通事故的时间坐标，是分析事故过程的一个重要参数。

2. 空间调查

调查各有关物体（包括车辆、散落物、印迹、尸体等）的相对位置，用以确定车辆相互运动的速度、路线和冲击点。

3. 心理（书证）调查

调查当事人的心理状态、身体与精神状态、交通条件（车、路、环境）对当事人的影响。

4. 后果调查

调查人员伤、亡情况，致伤、致死部位和原因、车辆损坏和物资损失情况。

一般公安部门均有含以上调查内容的统一表格，供执行人员填写。

二、现场勘查测绘工作

现场测绘工作主要包括收取物证、现场摄影、绘现场图、车辆检验、道路鉴定、收取书证和尸体检验。事故现场调查的一般程序按事故过程的先后顺序进行调查，现场范围不大，痕迹及残留物体集中时，可从现场中心开始向外围进行；现场范围较大，痕迹及残留物体分散，中心不明确时，可以从外围向中心调查；现场范围分散，物体痕迹零乱，可以分片、分段地进行；在现场上物体痕迹容易受自然条件（例如风、雨等）或过往人、车的破坏时，可从最易受破坏的地方开始。

现场勘查工作必须对以下各点做好明确清楚的勘查测绘、现场拍照和摄影。

①车与车（或车撞人、撞物）开始相互接触的接触点，接触痕迹的部位、高低、深浅，是摩擦还是撞击，并注意在接触部位上是否有血迹、头发、布丝等物证。

②车辆停放位置、方向，人体躺卧的位置、形状，车与人之间的距离，车、人与道路两侧的距离。

③车与车（或人、物）从开始接触到停车总的距离，测量该距离应从开始摄影到停车后的车前部最突出部位计算。

④测量汽车的刹车痕迹时，应区别其重刹车印与轻刹车印，并注意每只轮胎的刹车痕迹是否相同。

⑤测量车辆的高度、长度、宽度以及轴距和前后轮距等，测量轮距和轴距应先把汽车的前轮调正，测量轮距应以轮胎面之中心线为基准，若后轮是双轮时，应测量其外侧之轮胎中心线。

⑥与现场有关的道路、交通设施以及影响视线的障碍物等的鉴定，包括路面状况，路基、桥涵的质量，道路的坡度弯道、超高和视距等。

⑦车辆检查，其主要内容包括：转向、制动、挡位、轮胎、灯光、后视镜、雨刮器等，及其乘员和装载情况。

⑧若事故中有当时死亡的，要对碰撞、碾压、刮擦、挤打部位、伤情、致伤、致死原因等写出鉴定材料，并应摄影。

⑨其他与当时情况有关的天气、地物地形等现场草图绘成后，应让肇事人或其单位负责人在草图上签字。

⑩对事故频发地点，应将收集到的事故资料按其发生路段绘在道路平面图与纵断面图上，在交叉口可绘制交叉口事故类型图。

三、交通事故报告

交通事故统计报告是书面文字记录，汇总交通事故的情况.各项数据应具有客观性、系统性、全面性和科学性。

交通事故报告的范围为：凡违反道路交通规则造成的人员伤亡、牲畜伤亡、车辆财物损失均应列入统计报告范围，具体要求：

①统计报告的项目与标准必须真实、准确并具有严密的统一性，范围、项目、指标、表示期限等内容均应按国家统一规定表格进行填写。

②统计报表要数据准确反映真实、全面并逐级上报。

③交通事故的一般统计报告制度是向上级送报统计表分为月报、季报和年报三种。

第二节　交通事故分析与预测

　　交通事故的分析研究包括对单个事故的成因分析和对大量交通事故的综合分析。前者是对典型交通事故或对众多事故中取样作全面的成因分析，探求主观和客观原因、直接因素与间接因素。后者则从大量的交通事故中总结出共性的普遍规律，为制定防止和减少交通事故的对策与措施提供依据和基础资料，同时研究和比较采取政策的有效程度、道路安全设施和投资效率等。前者称为微观分析，后者为宏观分析。本节主要介绍宏观分析的内容和方法。

一、交通事故分析的主要方法

　　分析交通事故的主要方法有统计分析法、分类分析法、排列图法、因果分析图法、统计分析表法、坐标图法和圆图法等。

1. 统计分析法

　　该法是依靠能够客观反映事实的数据资料。例如，通过交通事故次数、死亡、损失、原因地点、时间、道路、车辆、驾驶员、骑自行车人、行人等数据资料来客观地反映事实，据此科学地推理、判断，从而将包含在数据中的规律性揭示出来：它分三个步骤即统计、调查和整理、统计分析和统计判断。交通事故分析中应用的是统计分析方法，即尽可能地用总体分析，而不是取样分析。

2. 分类分析法

　　分类法既是加工数据的一种重要方法，也是分析交通事故原因的一种基本方法。目的是通过分类把性质不同的数据以及错综复杂的交通事故的原因划分清楚，给出一个明确、直观、规律性的概念。

　　分析交通事故常用的数据分类法有：

　　①按时间区分；②按当事人区分；③按事故车辆区分；④按道路区分；⑤按事故原因区分；⑥按事故现象区分；⑦按人体受害部位区分；⑧按死亡情况区分；⑧按车辆所属系统区分。

3. 排列图法

　　排列图法即巴雷特图法，是找出事故主要原因的一种有效方法。

4. 因果分析图法

　　因果分析图也称特性因素图或树枝图，它给人以直观的概念且逻辑性强，因果关系明确。但它是定性分析，而没有定量分析，用此法分析交通事故的具体案例尤为适用。

5. 统计分析表法

　　统计分析表法，即利用统计调查表来进行数据整理和粗略原因分析，也是交通安全管理工作中常用的分析方法，如交通事故月报表。

6. 坐标图法

　　就是在坐标纸上画出坐标图来分析交通事故情况，通常用于对交通事故数量的分析。坐标图如图 7-1 所示。

7. 圆图法

就是将要分析的项目，按比例画在一个圆内，即整个圆360°为100%，180°为50%，90°为25%，这样画在一个圆内可以比较直观地看出各个因素所占的比例，该法可以分析交通事故的原因、类别、道路、时间、人员等，如图7-2所示。

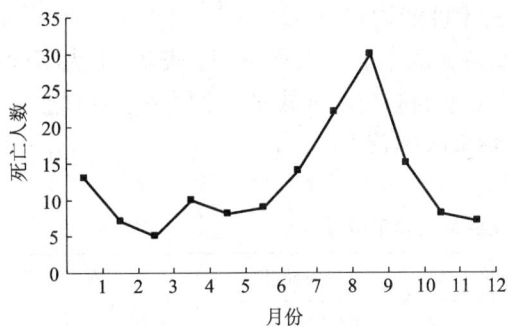

图7-1 各月死亡人数坐标图

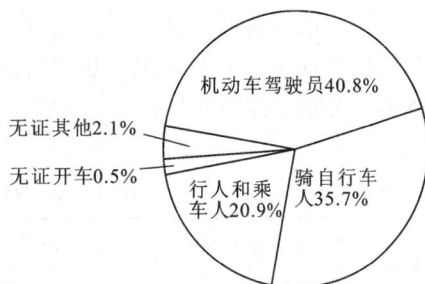

图7-2 圆图法

8. 交通事故分析图

用事故状况符号和道路状况符号，将实际发生的事故填写在地图上就是事故分析图，如图7-3所示。

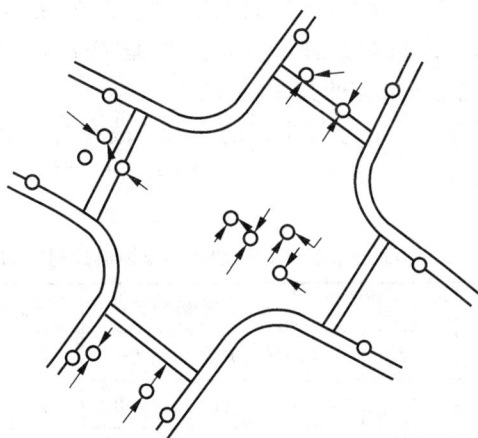

图7-3 交通事故分析图

二、交通事故成因分析

交通事故的成因分析可分为直接原因和间接原因，亦可分为人、车、路与环境等因素。

1. 人的因素的分析

90%以上交通事故的发生都或多或少含有人的因素，因此人是事故分析的主要对象。不同性别，年龄、体质的驾驶员，其生理、心理、感知、分析、判断和反应均不完全相同。而感知迟钝、判断不准、操作失误在事故中占绝大多数，其中感知错误所占的比重最大，这多半是由于驾驶员身体、生理、精神和情绪等状态以及年龄、经验等内在原因所致。

判断错误主要是对过街行人，如儿童或老人行动的方向速度判断失误以及看错了前方的道路线形，误判了对方的行动等所造成的，如驾驶员判断的车头间隔往往比实际的间隔小。

2. 车的因素分析

在大量事故统计资料中，由于车辆的各种故障而造成的交通事故虽不多，但从预防考虑仍是一个重要因素，如转向系统、制动性、轮胎的技术性能均有影响。

不同性质或行业的车辆。不同动力性能的车辆造成的交通事故亦不同，表 7 - 1 为不同行业车辆的交通事故分布情况。从中可以看出，社会车辆的交通事故多，主要由于企事业单位车辆零星分散、管理不善所致，一般专业运输车辆事故率较小。

表 7 - 1　不同行业车辆的交通事故分布情况

事故类型	社会车辆		公共汽车		专业车辆		拖拉机		军车	
	次数	%	次数	%	次数	%	次数	%	次数	%
事故	113	49.1	32	13.9	37	16.1	27	11.7	21	9.1
死	24	47.1	7	13.7	7	13.7	10	19.6	3	5.9
伤	75	40.5	37	20.0	28	15.1	18	9.7	27	14.6

从宏观角度出发的著名的研究成果，有根据从 1930 年到 1950 年若干国家交通量和交通事故的统计数据。进行国际性的比较求出的交通事故率之例，根据该研究可知每 10 万人的年度的死亡人数 D/P 与每千人汽车保有量 N/P 之间呈 $D/P = 0.0003 \ x(N/P)^{1/3}$ 关系，对 1960—1967 年的统计数据也得出同样的关系(见图 7 - 4)。

此外，在城市中由机动车与自行车等造成的交通事故亦有一定的规律性。表 7 - 2 为南京市自行车、机动车等交通事故的比例。从表 7 - 2 中可见，自行车占交通事故比重很大，须认真研究其预防措施。

表 7 - 2　南京市自行车、机动车等交通事故的比例表

事故类型	机动车		自行车		轻摩托车		其他车辆		行人	
	次数	%	次数	%	次数	%	次数	%	次数	%
事故	230	36.9	293	47.0	11	1.8	26	4.1	64	10.2
死	51	49.5	37	35.9	3	2.9	2	1.0	1.0	9.7
伤	185	34.8	261	49.2	8	1.5	25	4.7	52	9.8

3. 道路与交通环境的因素分析

(1)道路的种类与规格

交通事故发生状况也因道路的种类、规格而变化。图 7 - 5 表明美国道路种类与交通量及事故件数关系的统计结果。由图可知，事故件数随着日平均交通量的增加而增加，而郊区高速公路上的事故比一般高速道路增加比例大。此外，交通事故件数与车道数也有关系。6 车道道路比 4 车道道路事故增加比例小。

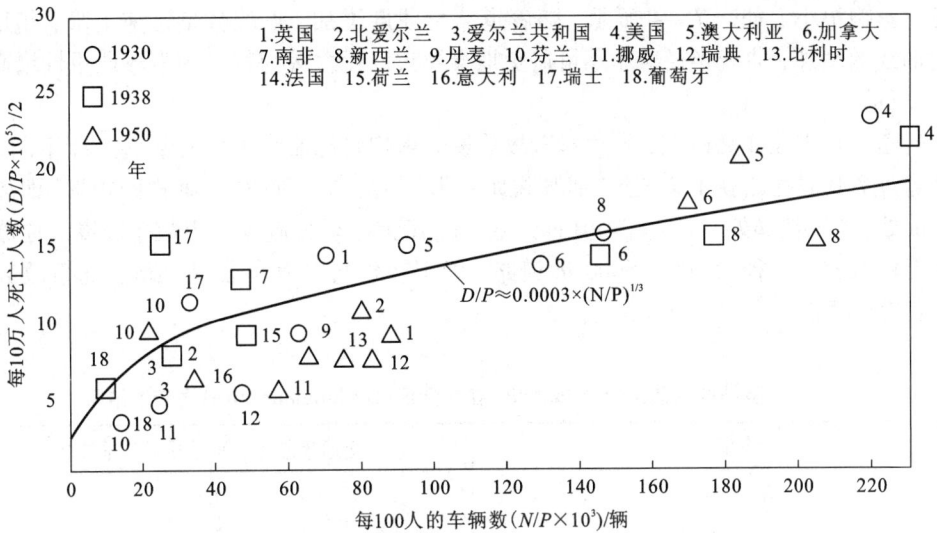

图7-4 世界各国1960—1967年统计数据

日本道路种类与道路规格相对应,图7-6表示各种道路上的死亡事故件数的变化。由图可知,在一般国道上死亡事故件数较多。从1987年前后开始增加的情况看,一般国道、市镇乡村道的增加程度逐渐增大。

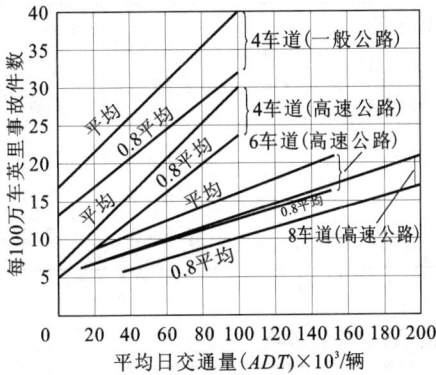

图7-5 美国道路种类与交通量
及事故件数关系的统计结果

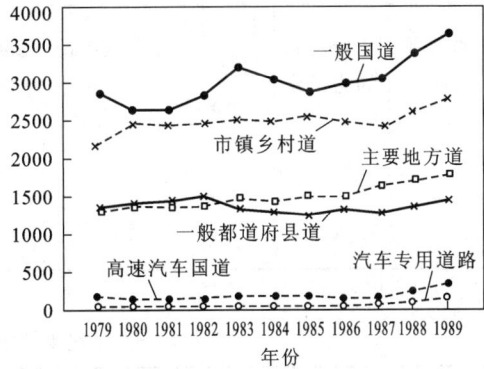

图7-6 各种道路上的死亡事故件数的变化

(2)道路线形对交通事故的影响

道路几何线性要素构成是否合理,线形组合是否协调,对交通事故有较大的影响。

①曲线半径。有10%~12%的道路交通事故发生在平曲线上。并且在半径愈小的曲线路段上,发生的交通事故愈多,即曲率愈大,事故率愈大,曲率在10以上的事故率急增。表7-3是英国的格蓝维尔(Glanville)在白金汉(Buckinghamshire)调查的结果。

②曲线的频率。曲线出现频率对道路交通事故的影响,只有在半径小于600 m时才显示

出来。在路上较频繁地设置曲线会相应地减少道路交通事故，对于大半径弯道，曲线设置频率的相对影响很小。如表 7-4 所示，随着道路弯曲度增加，事故数量迅速下降；相反，在 1 km 内曲线数增加，曲线半径减小不可避免地会导致以死亡数为特征的事故严重性增高，如表 7-5 所示。

　　③转角。在平曲线路段上，转角对事故数量的影响要比曲线半径的影响大，当平曲线的转角不超过 200 时道路就不会超过"清晰视距矩形"的范围。所谓"清晰视距矩形"即离驾驶员 50 cm 处（挡风玻璃处），尺寸为 10 cm×6 cm 的范围，转角越大则事故率越高。原苏联塞留可夫对白俄罗斯半径为 100 ~ 5000 m 道路，确定转角与百万车公里道路交通事故数的关系，如表 7-6 所示。

表 7-3　英国的格蓝维尔（Glanville）在白金汉（Buckinghamshire）调查的结果

曲率	交通事故率（每百万车英里）/%
0 ~ 1.9	2.6
2 ~ 3.9	3.0
4 ~ 5.9	3.5
6 ~ 9.9	3.8
10 ~ 14.9	13.6
15 以上	14.9

表 7-4　曲线出现频率对道路交通事故的影响

曲线半径 /m	1 km 内的曲线数	1 百万车公里的事故数	曲线半径 /m	1 km 内曲线数	1 百万车公里的事故率	曲线半径 /m	1 km 内的曲线数	1 百万车公里的事故率
>580	0.3 0.6 ~ 1 2.5 ~ 3	1.6 1.87 1.5	580 ~ 290	0.3 0.6 ~ 1 2.5 ~ 3	3.06 2.62 1.6	<175	0.3 0.6 ~ 1 2.5 ~ 3	8.2 3.7 2.2

表 7-5　曲线半径减小对道路交通事故的影响

平局转角/ [(°)·km⁻¹]	1 百万车公里的死亡数			
	曲线半径大于 1500 m 的曲线	曲线半径/m		
		1500 ~ 600	600 ~ 300	<300
0 ~ 25	0.75	0.75	0.63	5.38
25 ~ 50	0.56	0.56	0.56	0.93
50 ~ 75	0.44	0.31	0.56	1.00
175	0.25	0.31	0.63	0.75

表7-6　转角与百万车公里道路交通事故数的关系

转角	8	8~20	20~30	>30
交通事故率(每百万车公里)/%	1.44	1.56	1.64	2

④陡坡。从表7-7德国高速公路统计资料可以看出，随坡度加大，竖曲线半径变小，事故率增加。图7-7、图7-8为日本统计资料得到的纵坡与事故率的关系。

表7-7　德国高速公路统计资料

坡度/%	交通事故率(每亿车公里)/%
0~1.99	46.5
2~3.99	67.2
4~5.99	190.0
6~8.00	210.5

⑤线形组合。交通安全的可靠性不仅与平曲线形、纵坡有关，而且与线形组合是否协调有密切关系，即使线形标准均符合规范，但组合不当亦会导致事故增加。

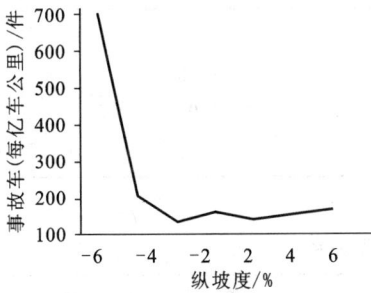

图7-7　日本统计资料得到的
纵坡与事故率的关系

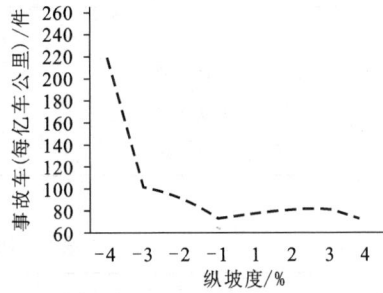

图7-8　日本统计资料得到的
纵坡与事故率的关系

ⓐ大纵坡与平曲线重合时，道路行车事故大大增加(见表7-8)。

表7-8　大纵坡与平曲线重合时对道路行车事故影响

纵坡/%	沿下列半径的曲线行驶，在百万车公里上发生的道路交通事故数				
	>10000 m	3000~4000 m	2000~3000 m	1000~2000 m	400~1000 m
0~2	0.28	0.42	0.40	0.50	0.73
2~4	0.20	0.25	0.20	0.70	1.06
4~6	1.05	1.30	1.50	1.85	1.92
6~8	1.32	1.65	1.70	2.00	2.33

　　ⓑ一个大平曲线上有几个变坡点，或一个竖曲线内有几个平曲线时，会使视线不平衡，驾驶员易发生判断错误。

　　ⓒ短直线介于两同向曲线之间形成断背曲线，使司机产生错觉，误看成反向曲线，发生操作错误，造成事故。

　　ⓓ凸形曲线顶部以及凹形竖曲线底部设小半径平曲线起点，前者使司机失去引导，后者使司机产生视觉误差，引起事故。

　　ⓔ凹形竖曲线过短易发生视觉错误，引起司机对上坡估计过陡，造成碰车、翻车。

　　ⓕ凸形竖曲线顶部或凹形竖曲线底部设反向平曲线拐点，也容易造成事故。

　　⑥视距。视距对交通事故影响很大，视距不良明显地增加事故率(表7-9)，这在小半径弯道视距不良地段，小半径凸形竖曲线视距不良地段，交叉口与铁路平交处以及超车视距不足地段尤为明显。

　　(3)车道宽度对交通事故的影响

　　一些调查研究表明，车道宽度加宽事故减少。科布(Cope)趁对240 mile的两车道道路从18ft扩宽到22ft的机会，通过调查证明，道路扩宽后在交通量较少的地点能减少21.5%的事故率，在交通量大的地点可减少46.6%的事故率(见表7-10)。

表7-9　视距对交通事故影响

视距/m	交通事故率(每百万辆公里)/件
<240	1.49
240~450	1.18
450~750	0.93
>750	0.68

表7-10　交通量与事故率关系

扩宽的交通事故率(每百万辆英里)/件	减少比率/%	扩宽前的交通量/(辆/d)
<1.5	21.5	2170
1.5-1.9	25.2	2284
2.0-2.4	34.4	2700
>2.3	46.6	3006

　　路肩加固或拓宽后事故率会减少，但当路肩宽度大于2.5 m以上时，对道路交通事故的影响就不明显了。

　　日本的车道宽度与交通事故发生件数状况如表7-11所示。随着道路宽度的增加，每公里事故发生件数增加，特别在相当于干线道路的130 m以上宽度的道路上，事故发生的可能性较高。除此之外，交通事故也与道路性质相关，也因路肩、中央分隔带、路面状况而异。

　　(4)道路交叉口与交通事故率的关系

　　对道路交叉口交通事故有强烈影响的五个因素依次为交通量、有无信号机、冲突点数、交叉口长度、车行道宽度。

交叉口交通事故率同交叉口的冲突点数量相关,冲突点多则事故多,交叉口冲突点可由下式计算:

$$C = n^2(n-1)(n-2)/6 \qquad (7-1)$$

式中:C——交叉口冲突点数目;

n——交叉口汇集的道路条数。

麦克唐纳(McDonald)和维布(Web)调查了美国加州具有 150 个分隔道路交叉口的肇事情况,其结果表明:交叉路的交通量比主线更对交通事故有影响;相互交叉的两条路总交通量与交通事故并没有任何相关关系,交叉道路中交通量小的那条反而比大的那条事故多,此外麦克唐纳提议用下式求交叉口的事故次数;

$$N = 0.000783 V_d^{0.455} \cdot V_c^{0.253} \qquad (7-2)$$

式中:N——年间交叉口交通事故次数;

V_d——主线的年平均交通量;

V_c——交叉道路年平均日交通量。

表 7-11 日本的车道宽度与交通事故发生件数状况

道路宽度 /m	昼	构成率 /%	夜	构成率 /(百分之)	合计	构成率 /(百分之)	每公里交通事故发生件数
<3.5	20733	4.7	4.342	2.1	25075	309	0.1
>3.5	78881	18.0	21958	10.7	100839	15.7	0.1
>5.5	217775	49.8	103347	50.2	321122	49.9	1.8
>9.0	60766	13.9	36285	17.6	97051	15.1	1.8
>13.0	45120	10.3	32165	15.2	76385	11.9	5.5
>19.5	10632	2.4	7762	3.8	18394	2.9	7.0
其他道路	3227	0.7	1004	0.5	4231	0.7	—
合计	437134	100.0	205963	100.0	643097	100.0	—

注:道路宽度在人行道与车道分开时为车道宽度;

  对高速汽车国道、汽车专用道路等上下行车道路中央分隔带、隧道等分离时道路宽度为单向车道宽度。

  设置中央分隔带可以防止两对向车流相撞,减少交通事故(表 7-12)。

表 7-12 设置中央分隔带与交通事故

交通量/(辆/d)	四车道上每 100 万车公里的事故率/件								
	无分隔带			有分隔带			有分隔带与人口检察站		
	1	2	3	1	2	3	1	2	3
<5000	1.94	1.0	5.6	0.31	3.1	—	—	4.0	—
5000~1000	1.31	1.37	7.3	0.62	1.5	4.0	—	—	2.1
10000~15000	1.31	2.19	6.9	0.89	2.12	5.3	—	—	1.4
>15000	3.9	2.55	4.1	—	2.74	5.1	—	—	1.5

注:在第 1 栏内为万德日利斯(荷兰)的资料;在第 2 栏内为拉法(英国)的资料;在第 3 栏内为别尔沃利德(美国)的资料;

关于没有信号机的交叉口，维布提出下列关系：

城市部分，车速接近 40 km/h 的情况下：

$$N = 0.030X^{0.55} \cdot Y^{0.55} \tag{7-3}$$

郊区部分，车速接近 64～72 km/h 的情况下：

$$N = 0.030X^{0.45} \cdot Y^{0.36} \tag{7-4}$$

乡村部分，车速接近 64～72 km/h 的情况下：

$$N = 0.030X^{0.5} \cdot Y^{0.29} \tag{7-5}$$

式中：N——年间交叉口交通事故次数；

X——主线日交通量的 1/100；

Y——交叉道路口交通量的 1/100。

坦纳(Tanner)调查英国 232 个乡村部分三路交叉口的肇事情况，提出下列关系式：

$$A_1 = 0.45 \times 10^{-3} Q_1^{0.56} \cdot Q_2^{0.62} \tag{7-6}$$

$$A_2 = 0.75 \times 10^{-3} Q_1^{0.36} \cdot Q_2^{0.88} \tag{7-7}$$

式中：Q_1, A_2——从 T 形交叉路在主线右转弯车(规定左侧通行，以下同)和从主线向 T 形交叉路左转弯的车，它们的平均日交通量和一年间的交通事故数；

Q_2, A_2——从 T 形交叉路在主线左转弯的车和从主线向 T 形交叉路右转弯的车，它们的平均日交通量和一年间的交通事故次数；

Q——主线的平均日交通量。

由上可见，交叉口肇事率和交叉路交通量与主线交通量的平方根成比例。

日本东京市的调查资料表明，距交叉口愈近则事故率愈高。距交叉口不同距离的事故发生率列于表 7-13。从表中数字可知，距交叉口的距离超过 20 m 事故即显著下降。

表 7-13　距交叉口不同距离的事故发生率

距离/m	路口内	0～10	10～20	20～30	30～50	>50
事故发生率/%	42.8	26.8	16.9	5.2	5.5	2.8

(5)路面状态与交通事故的关系

路面强度、稳定性、平整度以及路面病害与交通事故有关，主要是路面光滑易发生交通事故。在美国宾夕尼亚的交通事故调查中发现，路面湿润、降雪、结冰时事故率分别为路面干燥时的 2 倍、5 倍和 8 倍；英国格拉斯科市对路面粗糙化处理前后的事故率统计表明，粗糙化后大大提高安全率，如表 7-14 所示。

表 7-14　英国格拉斯科市对路面粗糙化处理前后的事故率统计

粗化前后	路面干燥	路面滑溜	路面不湿面滑溜	路面积雪结冰	合计
粗糙化前	21	44	15	2	82
粗糙化后	18	5	4	0	27

表 7 - 15 表示了英国的统计结果。路面打滑问题,主要是由于路面的冻结、湿润等原因造成,但干燥路面上也有因打滑肇事的情况。此外,打滑事故 2/3 是因车辆原因造成的。

表 7 - 15　英国的统计结果

车种	干燥		湿润		降雪·冻结		合计	
	打滑	全体	打滑	全体	打滑	全体	打滑	全体
自行车	516	24175	301	7736	79	299	896	32210
摩托车	6198	46161	5048	18100	707	1078	11953	65339
小客车	17987	171297	17315	102153	3656	6499	38958	379949
公共汽车	288	9522	278	3066	78	212	644	12800
1.5t 以下货车	1191	12900	1253	7471	270	540	2714	20911
1.5t 以上货车	1111	8072	1217	5694	163	431	2491	14197

从表 7 - 16 可知路面状态和照明对交通事故的影响。从表中可以看出,道路湿润和黑暗程度与重大事故增加有密切关系;因降雪和冻结造成的事故在总事故件数中的比例不太大。

表 7 - 16　路面状态和照明对交通事故的影响

地区		明(阳光)				暗(夜间)			
		干燥	湿润	降雪·冻结	雾	干燥	湿润	降雪·冻结	雾
标准地地区	死亡	1385	162	1	9	955	261	9	9
	重伤	24891	3285	89	104	11692	3393	91	123
	轻伤	92869	13998	342	429	29871	9697	312	403
非标准地区	死亡	1150	173	5	14	797	163	4	23
	重伤	9924	1620	88	169	5015	1124	56	171
	轻伤	21004	3979	205	388	8381	2411	168	347

(6)交通状况对事故率的影响

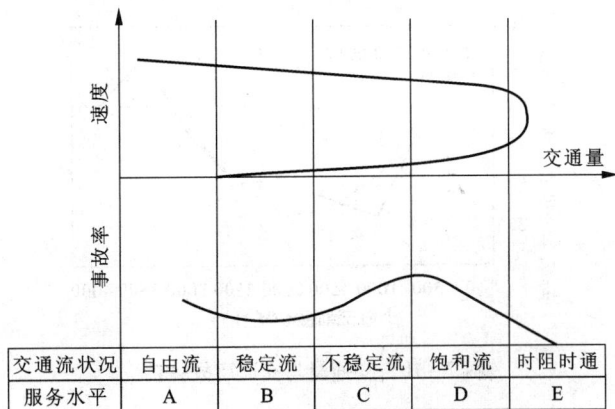

交通流状况	自由流	稳定流	不稳定流	饱和流	时阻时通
服务水平	A	B	C	D	E

图 7 - 9　交通量车流速度与交通事故的关系

　　①交通量。交通量与交通量事故率的关系受车行道宽度、路肩宽度、视距以及交通环境影响较大，从而难以孤立地分析两者关系。一般在交通量小时，车辆行驶主要取决于道路条件和车辆本身性能，交通事故发生与这两者相关；随着交通量增大，交通条件占主流地位，由于车辆相互影响导致交通事故。研究表明交通量、车流速度与交通事故的关系如图7－9所示。

　　一般常用微观分析方法按路段进行逐一比较，找出交通量与交通事故件数的相互关系，单数车道由式(7－8)决定：

$$U = aN^b \tag{7-8}$$

式中：a、b——回归系数；

　　　　N——路段日平均交通量；

　　　　U——年间事故件数。

　　式(7－8)是假定路段日平均交通量与事故率呈非线形关系，并用指数函数定义的，在复数车道的场合，又把式(7－8)扩展为如下形式：

$$U = aN_1^{b_1} \cdot N_2^{b_2} \tag{7-9}$$

式中：a，b_1，b_2——回归系数；

　　　　N_1，N_2——年平均日交通量；

　　　　U——年间事故件数。

　　如式(7－9)所示，交通量与交通事故关系的表示方法有多种，图7－10为其中一例。

　　②行车速度。研究表明，交通事故的多少与道路上各种车辆行驶速度的离散程度成正比，即车速太快或太慢均易肇事，而顺应交通流的一般速度则是安全的。

　　另外，限制车速能使事故率有所降低，1973年中东石油禁运，美国车速由110 km/h下降到80 km/h，1974年和1975年交通事故死亡人数分别比1973年下降16.4%和17.4%。

　　③混合交通与事故。在超车、快慢车多的路段以及机动车与非机动车混合行驶时，因各车辆速度相差太大，均易发生事故。表7－17为交通流中载重车混合率与交通事故率的统计资料。它表明当混合率达20%时交通事故迅速增加。我国城市中机动车与自行车肇事件数约占总事故的30%左右，而主要是由于混合行驶、斜向冲突、交叉、正面冲突所致。

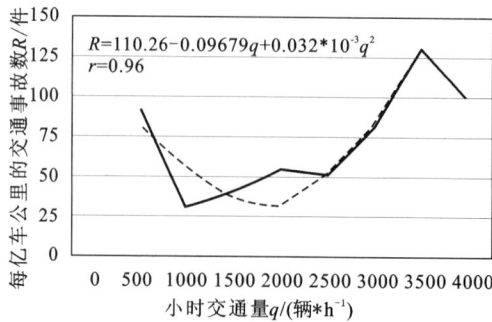

图7－10　交通量与交通事故关系

表 7 - 17 交通流中载重车混合率与交通事故率的统计

小轿车与摩托车数量	载重汽车数量	载重汽车混合率	每亿车公里交通事故率/件
7318	1117	13.0	43
3390	630	14.0	47
4537	1144	20.5	72
2945	780	21.0	97
2065	600	22.6	142
703	225	24.3	118
875	325	27.0	145
3660	1450	28.5	184
2340	1105	32.5	195
4415	3420	44.5	260

（7）交通事故与信息特征

在复杂的高速车流中，驾驶员通过视觉、听觉、触觉等感官，从不断变化的交通环境中，获得各种信息，常见的有：突显信息（即行人或自行车突然闯到车前）；潜伏信息（即具有隐蔽性的信息、未被发现的有病的正在行驶的车辆、超高不足的弯道等）；微弱信息（即不易于接受的信息，如黄昏难以看清的障碍物，往往容易发生犹豫、疏忽甚至错觉）；先兆信息（即信息出现以前所具有的某种预兆，如酒后开车、超速行驶均为事故征兆）。

不同特征的信息使驾驶员产生不同的感受，产生不同的心理反应，引起不同的安全感，这些均与交通事故有很大关系，信息的安全感高于实际的安全程度则易发生事故，信息的安全感低于实际的安全感则比较安全。

（8）时段

表 7 - 18 为英国的统计结果。可以看出每一时段交通事故的发生情况。一般夜间死亡事故发生数比白天多，平日交通事故发生数比节假日多。

表 7 - 18 英国的统计结果

时段	步行		自行车		摩托车		汽车	
	平日	六·日	平日	六·日	平日	六·日	平日	六·日
0 点—7 点	108	205	73	31	223	200	967	1310
7 点—9 点	2460	79	2051	113	3416	218	4862	813
9 点—12 点	2046	677	904	375	1470	698	4152	1896
12 点—14 点	2990	1186	1252	558	2529	1189	4529	2623
14 点—17 点	4482	1236	1956	595	2912	1364	5668	3178
17 点—19 点	4128	900	2589	446	4052	1167	6133	2768
19 点—22 点	1926	629	1014	238	2536	882	4799	2336
22 点—24 点	1562	843	377	112	2166	897	5925	3142

第三节　交通安全预防

交通事故涉及道路使用者、车辆、道路环境。如前所述产生事故的原因属于驾驶员的有性别、年龄、技能、气质、心理生理状态、情绪、疲劳、麻醉、受外界干扰等因素；属于车辆的有转向、制动、轮胎磨耗情况、油路、电路灯光以及安全设备等因素；属于道路环境的有线形设计标准，交叉路口类型、条件，路面状况，气候形成的环境等因素。可以这样概括地说，全世界交通事故的原因，有 85% ~ 90% 的原因属于驾驶员，有 5% 左右的原因属于车辆，有 10% 左右的原因属于道路环境。为了减少事故出现次数，减轻事故的后果，提高交通安全性，应从法规、教育、工程、管理等方面出发，研究防止交通事故发生的对策和具体的措施。

一、健全交通法规

交通立法对保证交通安全、正确处理交通参与者之间的关系很重要。交通法规在我国是指交通法则和道路交通管理条例。我国 1988 年 3 月 9 日国务院颁发了《中华人民共和国道路交通管理条例》，这是建国以来第一部全国统一的交通法规。1991 年 9 月 22 日国务院发布了《道路交通事故处理办法》，并于 1992 年 1 月 1 日起实施。在国际上交通法规包括：以交通安全系统为主的交通安全法；以道路管理为主的道路法；以停车场管理为主的停车法；以车辆检验与管理为主的车辆轮胎法；以交通运输为主的道路运输法等。交通法规是交通参与者的行动指南，它体现了国家和地区的交通政策。

道路交通法的主要内容包括：

①道路通行规则；

②交通指挥信号；

③车辆在道路通行应具备的条件；

④车辆检验标准；

⑤让车、超车、会车、停车规定；

⑥速度规定；

⑦装载规定；

⑧机动车驾驶人员应具备的条件；

⑨驾驶执照核发与使用的规定；

⑩机动车驾驶员守则；

⑪非机动车通行应具备的条件及通行规定；

⑫乘车及步行的规定；

⑬对道路的要求及使用的有关规定；

⑭违反道路交通法的处罚；

⑮交通事故处理的规定；

⑯单位与个人道路交通的权利与义务；

⑰道路交通法的执行机构、职权与经费；

⑱道路交通缴纳养路费的规定；

⑲有害交通公害的规定；

⑳其他规定。

二、加强交通安全教育

交通安全教育包括学校教育与社会教育两种。1920—1925 年，美国在中小学试行了交通安全教育。试验证明，受过交通安全教育的中小学生的事故率明显下降。继之对驾驶员和成年人进行交通安全教育。日本自 1961 年开始，开展全国性交通安全活动，每年春秋两季各举行一次。我国常采用交通安全宣传、交通安全月、举办驾驶员学习班、交通民警到小学讲课等方式进行交通安全教育。为了收到良好效果，应注意针对性、科普性，并要有专门的机构负责交通安全教育工作。

1. 对驾驶员的教育

在对交通事故的统计分析中看出，驾驶员违章造成的事故，占事故总数的 80% 以上。所以提高驾驶员的交通道德水平、思想和技术素质，对预防交通事故有非常重要的意义。对驾驶员的教育，主要是政治思想教育和安全教育。

政治思想教育主要是不断提高驾驶员对安全行车、保护人民生命财产安全与促进四个现代化建设的密切关系的认识；认识到交通道德水平、礼貌行车、保护交通弱者，是建立社会主义精神文明的一部分；树立安全质量第一的思想，增强遵章守法、安全行车的自觉性。

安全教育主要是学习交通规则对保证交通安全、畅通的意义和作用。学习安全行车常识，交流安全行车经验，分析事故的原因和隐患，逐步掌握安全行车规律，取得安全行车的主动权；学习技术业务，熟悉车辆构造性能，会维修保养，会排除故障，驾驶操作准确、熟练，对复杂交通情况应变能力强，判断正确，措施得当，保证行车安全。

2. 对骑自行车人的教育

我国城镇的自行车数量很大，对交通安全的影响也很大，据局部统计，骑自行车人因交通事故死亡的人数，占总的交通事故死亡人数的 40% 左右。骑车人虽然是交通弱者，但是在实际交通中常有横冲直撞者，所以对骑自行车人的安全教育是很重要的。一方面，对骑自行车人的教育，主要是解决违章行驶的问题，即走机动车道，与机动车抢道，截头猛拐，违章驮物等，也就是要求骑车人遵守交通规则中自行车应遵守的规定。同时，使他们认识到违章的危险性，增强他们遵章行驶的自觉性，提高交通法规观念。

3. 加强道路交通安全管理

道路交通管理作为公安工作的一部分，需要解决的问题牵涉到社会的诸多方面，其成效受国家经济活动、交通运输及人们的安全意识等条件影响，不能只凭短期效益做出评价，要长短结合。着重从长远考虑。必须从上至下提高对交通管理任务重要性的认识，牢固树立长远观念，狠抓基础建设，综合治理，严格管理，最大限度地预防和减少交通事故，逐步开创交通管理现代化、社会化的新局面。

①加强政府领导，逐步使交通管理走向社会化。交通管理具有广泛的社会性，涉及许多部门、单位，和人民群众生活紧密联系。实践证明，单凭公安机关一家工作，难以奏效，必须要依靠政府统一领导，综合治理。国外的普遍做法是，成立有中央行政一级的工作机构，出面组织主管法律、治安、运输、建设以及车辆等部门的关系协调，明确各部门的职权范围和任务，并在地方一级建有相应的组织。我国一些城市已成立交通安全委员会，开展了综合治理，取得了一定成效。现在建立全国性的交通安全委员会，统筹领导，制定计划，已十分必

要。《道路交通管理条例》只限于对交通行为的规定，需要上升到综合性的《交通法》，兼有对道路建设、交通运输、车辆生产等方面的规定。不断完善落实基层单位的交通安全责任制，群策群力，扩大社会管理面。另外，交通管理涉及到车辆、道路等技术方面的大量工作，公安交通管理部门不可能把它们完全管下来，而要用行政权力对社会各部门参与交通安全的事项进行法律和质量监督，加强行业管理。把警力集中用于执法和提高交通管理职能的方面上。

②改善道路基础设施，缓解混合交通的矛盾。一方面是提高道路技术标准和路面质量，重点加快干线道路的改造，有计划有重点地修建汽车专用道，实行机动车和非机动车的分隔；在大城市要因地制宜，逐步开辟自行车专用道。另一方面是改变投资渠道和建设方式，大量增加交通安全设施。在有条件的地区，实行人车的时间和空间分离，设立标志、标线与信号管制等配套实施系统，给交通参与者提供安全、通畅、舒适的交通环境。

③加强交通管理法制建设，提高管理水平。首先是加强立法，完善交通管理法规，新颁布实施的《道路交通管理条例》是交通管理的行政大法，也是各项业务工作的立法基础，许多与《条例》配套的法规、标准要逐步制订完善；要重视对地方立法的指导和研究，收集执法过程中出现的问题。适时作出法律解释和修改；同时要建立健全交通管理行政监督制度，使"谁主管、谁负责"也用法律形式固定下来，便于检查。第二是严格实施交通法规，要建立一套比较严格的措施和手段来保证交通法规的实际效力，着重加强路面巡逻。交通警察要严格执法，违章必纠，当罚则罚，提高执法水平；实行驾驶员行车违章记分制度；同时要装备车辆检验、违章监测和标志标线，以及交通、通信工具等设施。第三是采取多种形式宣传交通法规，尤其对农民和骑车人进行宣传和教育，加强对交通参与者的安全训练，以提高社会安全防范能力。交通安全教育要从儿童抓起，把交通安全常识列入学校正规教学内容。

④促进交通管理由传统经验型向科学型转化。首先是开展针对交通安全的科学研究，结合事故模拟试验，详尽分析交通事故形式、成因及其规律，从法规、宣传、工程和管理等方面，制定预防和减少交通事故的具体措施，大力推广运用并注重后期效果的验证。其次是在改善道路基础设施的同时，加强交通规划，合理组织交通流，集中力量治理自行车和行人交通秩序，最大限度地控制交通总量的增长，提高路网通行能力。公路交通的科学管理是个值得研究的问题，应从主要干线公路的管理入手，充分利用现有路网，实行绕行分流，疏散干线公路局部稠密的交通流，大力完善主要公路的交通安全设施，大力促进公路交通安全设施与管理的规划实施进程。

三、加强交通安全设施建设

1. 分隔带

它由分隔带和导向带组成。隔开上行、下行慢快车、车辆与行人等。分隔带可做成一定宽度的带状构造物，略高于两侧的车行道。若道路宽度不足时宜用栅栏分隔。车行道的导向带位于分隔带与车行道间，诱导驾驶员视线，且可作为侧向余宽。

2. 设交通岛

为控制车辆行驶位置和保护行人安全，于车道之间，在行人过街横道设安全岛，用分车岛把两股车流分开，用导流岛将车流导向一定的行进线路。

3. 设行人横道

在车流与人流均较多的路口，为确保安全，需要从时间上将两者分开，这就必须设置人行横道，给行人以优先通行权。从空间上分开时可设过街天桥、地道。

4. 设防眩设施

在汽车专用路侧或中央分隔带上，设置防眩设施，主要有防眩网、防眩栅、防眩板。

5. 设置道路标志

道路标志设置可以保障交通秩序，提高运输效率和减少交通事故。可使司机熟悉路况，对可能发生危险的地段提醒注意，使司机及早采取措施，避免事故发生。

交通标志是交通管理的重要手段，是静态的交通控制，道路标志有：指路标志、警告标志、禁令标志、指示标志。指路标志是表示省、市、自治区、县等行政区划分的分界，指出前方的地名或其他名胜古迹等的位置和距离，预告和提示高速公路或一级公路中途出入口，沿途服务设施以及必要的导向等；指示标志是指示车辆、行人行进或停止的标志；警告标志是警告驾驶人员注意公路急弯、陡坡、交叉道口以及影响行车安全的地点标志；禁令标志是禁止或限制车辆、行人通行的标志。

6. 路面标线

在铺砌完了的路面上，必要处必须画上标线。标线和道路标志同样是为整理交通流并进行诱导限制的设施。路面标记有：行车道中心线、车道境界线、车道外侧线、导流标线、交叉路口附近标线等（见图 7－11）。此外，在交通安全方面，又有竖面标记，其一部分或全部设置在道路外侧。竖面标记主要在需要车辆变更前进方向的构造物、在道路外使路侧空间变小和当车辆驶出路外时有冲撞危险的构造物前面表示（见图 7－12）。

7. 交通信号

随交通量增大，多数平面交叉口必须用信号指挥交通，即用信号灯来控制，这可以大大减少交叉口事故。一般有人工控制式、定周期式信号机和交通感应式信号机以及从面上控制各交叉口的红绿灯开放时间，最大限度提高交叉口通行能力以及减少交通事故的联动信号系统。

8. 变向车道

在晚早高峰小时车流流向有明显变化的次要路段，可按时间规定往复变向，将若干条车道在一定时间内专供某一方向行驶，提高道路通行能力，减少拥挤，提高安全性。

9. 单向交通

实行单向交通可以减少交叉口的冲突点，减少交通事故，提高区间车速和通行能力。

10. 建立交通信息系统

交通信息也称交通情报，公安与管理部门为保证行驶于汽车专用道或城市主干道上车辆的安全、迅速，应及时向司机报道道路交通阻塞情况、天气情况、前方道路施工或临时的交通管制的情况，以便驾驶员及时改变对策。

11. 视线诱导标志

公路线形、路面宽度变化区等，应设置反光性视线诱导标志，交通量大的国道上在照明不充分的情况下，应在路口侧或中央分隔带每隔 50 m 设白色或黄色直径为 70～100 mm 圆形反光标，其支柱高为 90～120 mm。

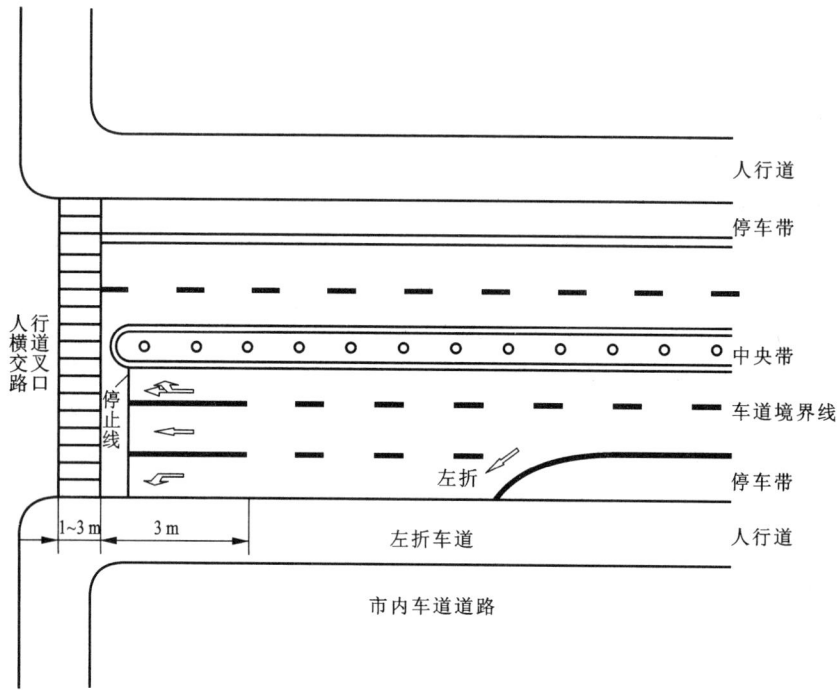

图 7-11 路面标记

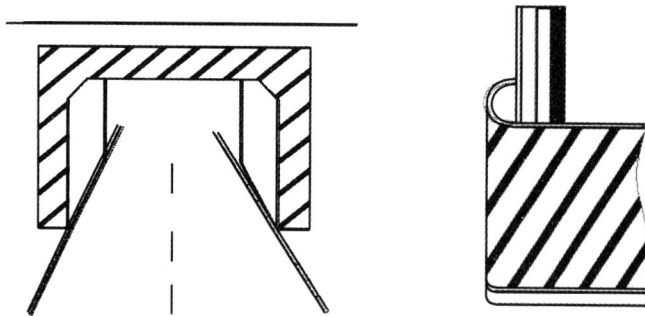

图 7-12 竖面标记

思考与练习

1. 为什么要重视交通事故的分析研究？交通事故发生的原因是什么？应采取什么措施来降低事故发生率？

2. 交通事故调查的目的是什么？要调查哪些内容？调查中应注意哪些问题？

3. 在交通事故原因分析中要考虑哪些因素？这些因素具体表现在哪些方面？

4. 衡量交通事故的指标有哪些？各有什么优缺点？

5. 分析交通事故的方法有哪些？

6. 交通安全措施有哪几种？对于我国目前的交通状况，你认为在道路工程、设施、管理、安全措施等方面各应采取哪些必要措施？

7. 常用事故多发地点量定方法有哪些？

第八章

交通管理与控制

第一节　交通管理与控制概述

一、交通管理与控制的概念

交通管理是根据有关交通法规和政策措施，采用交通工程科学与技术，对交通系统中的人、车、路和环境进行管理，特别是对交通流合理地引导、限制、组织和指挥，以保障交通安全、有序、畅通、舒适、高效。

交通控制是运用各种控制软硬设备，如人工、交通信号、电子计算机、可变标志等手段来合理地指挥和控制交通。

从宏观上讲，交通管理包含了交通控制的内容，交通控制是交通管理的某一表现方式。因此，交通管理与交通控制是一个有机体。

二、交通管理与控制的目的

交通管理与控制的目的在于认识并遵守道路交通流所固有的客观规律，运用现代化的技术手段和科学的原则、方法、措施，不断地提高交通管理与控制的效率和质量，以求得交通安全性更高、延误更少、运行时间更短、通行能力更大、秩序更好和运行费用更低，从而获得最好的社会与经济、交通与环境效益，为国民经济发展、人民生活水平与出行质量的提高服好务，使交通运输达到安全、有序、畅通与高效。

三、交通管理与控制的作用

提高交通参与者的交通意识与素质，加快交通基础设施建设和提高交通管理与控制水平，是解决我国交通问题的根本途径，单纯的道路建设不仅不能根本解决交通问题，反而会刺激吸引交通流，加剧交通流的盲目增长，使交通问题与矛盾更加尖锐。交通管理与控制的作用主要体现在：第一，科学合理的交通管理与控制能挖掘现有道路设施的潜力，提高道路使用效率，充分发挥其通行能力；第二，通过交通管理与控制能协调解决路少、车多、人多、交通拥塞、公害严重的矛盾；第三，交通管理与控制具有指导作用，先进的交通管理与控制理念能引导合理的交通需求，指导交通基础设施的建设与发展；第四，实施交通管理与控制需要的投入较少，但效率又高，因此社会效益与经济效益都很好。总之，交通管理与控制是实现交通运输的基本条件，再好的交通基础设施，没有交通管理与控制也不能高效发挥其作用。

四、交通管理与控制的主要内容与重点

交通是人类社会经济活动的纽带,对城市和区域经济发展、人民生活水平的提高起着极为重要的作用。然而近年来,随着我国国民经济的高速发展,以及城市化、机动化进程的快速推进,道路交通需求急剧增长,由此而产生的交通拥堵、交通事故、环境污染、资源与能源消耗等问题也日益突出,迫切需要交通工程学等学科研究提出解决这些问题的理论、措施与方法。

产生交通问题的深层次原因是交通需求与设施供给的不平衡,以及交通流运行状态的不稳定。从交通工程学的基本原理解决上述问题,重点是通过降低道路交通负荷,使交通设施服务能力能够适应交通需求的增长和变化规律。主要包括以下三个方面:

(1)道路交通基础设施建设

通过新增或改建交通基础设施以提升交通供给容量,达到降低交通负荷的目的。通过道路基础设施建设解决交通问题往往是交通决策部门首选的措施,也是交通规划相关课程研究的重点。但是,道路交通基础设施建设往往投资巨大(如新建城市干道需投入 0.5 亿元/km ~1.0 亿元/km,修建地铁需花费 4.0 亿元/km ~ 8.0 亿元/km,建设周期很长。而且相对交通需求的动态变化而言,基础设施基本建设完善后相对稳定,通过再建设施所能够增加的网络运输效率相对降低,并可能会刺激潜在交通需求的进一步增加。

(2)交通管理与控制

作为交通工程学的重要分支,交通管理与控制的侧重点是结合交通需求的变化规律,在最小化改变既有交通基础设施条件下,通过交通法规或行政管理、工程技术管理、交通信号控制技术等方面的综合技术应用,实现交通系统的安全、有序、通畅和可持续发展等目标。其主要途径包括:①通过削减交通需求总量、优化交通出行方式结构等措施提高交通需求的合理性,减少交通流量(特别是个体机动车交通流量);②通过对交通系统的运行组织、引导和控制,实现交通流在时间、空间上的均衡分布,均匀交通负荷,提高道路交通资源供给的有效性,缓解交通压力。如图 8 - 1 所示。

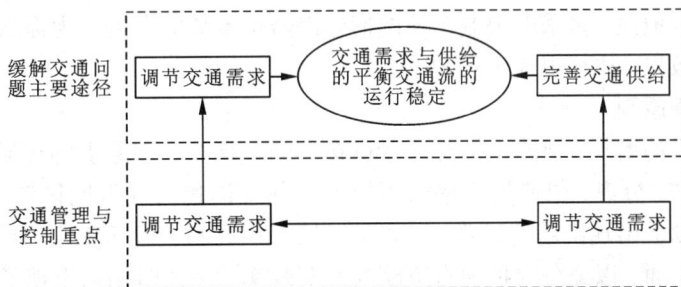

图 8 - 1　交通管理与控制的重点及其与交通系统优化的关系

(3)交通设计

以交通安全、通畅、效率、便利及其与环境的协调为目的,优化现有和未来交通系统及其设施的建设。它既贯穿于交通规划和交通管理与控制之中,又是交通规划与管理控制相衔

接的必要环节。交通管理与控制方案只有通过必要的交通设计方能体现其真正的价值。

现代交通工程学的理念中，交通管理与控制对于交通规划和交通设计都具有积极的相互反馈作用。宏观的交通规划和微观的交通管理之间相互渗透、融会贯通是发展的必然趋势。

五、交通管理与控制的主要原则

交通管理与控制的原则随其要达到的主要目的而不断发展变化，主要包括分离、限速、疏导、节源等方面。

1. 分离原则

车辆出现之初，为避免车辆与行人以及不同方向的行车发生冲突，就很自然地产生了应该人、车分道和分方向行车的极其朴素的管理原则，这就是分离原则。它是维护交通秩序、保障交通安全的一条基本原则。这条原则不但用在交通管理上，还广泛应用在交通规划、道路设计与交通设施设计上。

从行驶方向和通行时间的分离，又派生出通行权与先行权的概念。通行权是指在平面分离上，车辆、行人按规定在其各自的道路上有通行的权利；在时间分离上，车辆、行人按交通信号、标志或交通警察指挥指定在其通行的时间内有通行的权利。先行权是指各种车辆或行人在指定平面和时间内共同有通行权的前提下，对车辆、行人在通行先后次序上确定优先通行的权利。

相应于分离原则的方法有：规定一切车辆靠右侧行驶，方向隔离，车道隔离，用信号灯控制交叉口，无信号灯的交叉口上用停车让行标志或减速让行标志控制，划定人行横道等。

2. 限速原则

高速行驶的汽车出现之后，非机动车与行人的安全受到汽车的严重威胁。一开始，英国就有所谓"红旗法"来限制汽车的行驶速度。在汽车发展初期，"红旗法"虽因遭反对而取消，但以后在交通事故多发的危险路段仍想到用限速来预防交通事故。高速道路出现以后，也有用最高限速与最低限速的规定来保障交通安全的做法。在石油危机年代，以限速来节约燃油消耗。特别是近年来的研究发现，驾驶员的视觉反应，随车速提高而变得迟钝。

相应于这条原则，各国交通法规中都列有按道路条件及恶劣气候条件下限制最高车速的规定。在事故多发地段，多采取限制车速的措施以避免事故的发生。为提高干线协调控制或网络信号控制的效果，往往也规定行驶车速。

3. 疏导和均衡原则

随着车辆数量的增长，道路上的交通量也在不断地增长，道路上的交通拥挤、阻塞及交通事故也随之增加，分离、限速的方法已不能像在通常流量情况下取得较好的效果。因此，在交通管理与控制上出现了新的思路：从着眼于局部扩展到着眼于整个道路系统，在整个道路系统上来疏导交通，以充分发挥原有道路的通车效率。一段时期内出现了很多按疏导原则制订的交通管理与控制措施，如单向交通、变向车道、专用道、过境交通路线、增加交叉口进口道、改善交叉口渠化设计、关键交叉口上禁止左转、禁止任意停车、自行车道系统及步行系统等。还有些社会性措施，如弹性工作时间、分区轮休日等。

4. 节源原则

从交通"供求"关系上分析，交通的"供应"总是无法满足交通增长的"需求"。节源原则从单纯着眼于提高交通"供应"转到着眼于降低交通"需求"，与之对应的一些管理控制方法如下：

①转变居民出行方式。发展轨道交通，实施公共交通优先政策与技术，包括公共交通专用车道、公共交通专用道路、公共交通优先信号控制等，以及各式换乘系统，提高公共交通的服务水平，吸引人们少用私车，多用公交车。

②发展合乘系统。包括合乘车优先车道，合乘车免收过路费、过桥费、停车费等，鼓励多人合乘，以减少路上的汽车交通量。

③限制私人车辆或其他车种进入交通紧张地区。

④停存车管理等。

节源原则的措施，涉及交通政策、税收政策、城市规划、交通系统布局等各个方面。

5. 均衡原则

交通流是一种网络流。均衡原则是均衡路网上的交通流，在空间上均衡交通流的分布，在时间上均衡交通网络的利用。在一定时间段内，一个城市或一个区域的交通状况一般不可能全面拥堵，往往会出现部分路段或交叉口拥堵，而其他路段与交叉口相对畅通的状况。这是由于交通需求集中与交通流分布不均导致的，这时可均衡布局调整交通需求，采用交通诱导的交通管理措施，诱导交通流流向比较畅通的路段，从而疏通拥堵路段，达到区域交通流均衡，片区或城市总体畅通的目的。

6. 可持续发展原则

随着人们对保护生态环境及自然资源认识的提高，提出了要建设可持续发展社会的理念后，人们从汽车交通对生态环境及消耗燃油与土地资源的危害中，认识到汽车交通是一种不可持续发展的交通方式。于是，提出了在交通建设与管理上，必须改变过去"以车为本"的为汽车建路与管理交通的传统观念，建立为运人运货而建路与管理交通的"以人为本"的观念。必须以改善运人运货的条件与提高运人运货的效率为目的来建路与管理交通，以减少道路汽车交通的出行量、降低汽车交通对生态环境的危害及对燃油、土地等紧缺自然资源的损耗，使交通也能符合建设可持续发展社会要求。

六、交通管理与控制的分类

道路交通管理与控制的范围很广，且内容繁多，具有社会科学和自然科学两重属性。一般来说，道路交通管理与控制可分为以下五类。

1. 技术管理

技术管理包括各种技术标准规章的执行、监督；交通标志、道路标线、交通信号灯的设置、管理与维护；交通指挥系统的设计、安装、管理与维护；安全防护及照明设施的设置、安装与管理。

2. 行政管理

行政管理包括交通管制的措施制定与实施，交通流的组织方案制定、实施与管理；包括错峰上班制度、轮流休息制度和限制某种车辆通行的措施等方案的实施与管理；包括车辆停放的组织与管理，各种专用车道与交通组织方法、方案的制定，道路交通规划的制定与实施及其他交通管理制度的制定与实施。

3. 法规管理

法规管理包括交通法律、法规的执行与监督，对交通违法行为的处理，交通事故处理制度的实施与监督，驾驶人的管理制度的制定与管理。

4. 交通安全培训与考核

交通安全培训与考核包括交通警察的培训与考核、驾驶人的培训与考核、其他交通参与者的交通安全法制教育与培训。

5. 交通控制

交通控制包括交通信号灯控制、手势信号控制、标志标线控制、交通诱导控制。

第二节　交通管理法规及标志标线

交通管理法规是国家各级交通行政管理部门依法施行交通管理权力的主要依据，也是技术人员实施交通管理方案的前提。建立完善的交通管理法规体系，做到交通管理有法可依、执法必严、违法必究，是充分发挥交通管理作用的主要前提。

一、全局性管理与局部性管理

交通管理的实施措施众多，各种措施的有效性所涉及的范围广狭不一，涉及的时间长短也不同。

1. 全局性管理

是指在全国或某地区范围内，在较长时间内有效的管理措施。如对驾驶员的管理、对车辆的管理、对道路的管理等，特别是交通信号、标志、标线等给道路交通使用者传递法定含义的管理设施。对这些管理措施和设施应有一个全国统一执行的规定，以避免各地区之间的管理方法存在差异而产生混乱。

2. 局部性管理

是指仅在局部范围内，在较短时间内才有效的一些管理措施。譬如对市区某一区域，在规定时间内限制某种车辆进入该区；对某一交叉口，在规定时间内禁止车辆转弯、掉头等。这些措施可根据当地、当时的特殊道路交通条件，适应当地、当时的交通需要而提出，虽然并不列入交通管理规则，但是必须通过具有法律含义的交通标志、标线强制实施。

二、交通法规及其内容

交通法规，是道路交通使用者在通行、停放中所必须遵守的法律、法令、规则和条例的统称。交通法律或法令由国家制定并颁布执行，交通规则、条例属于政令，由主管机关根据国家的交通法律、法令制定并颁布执行。

1. 交通法规的制定

（1）交通立法的目的

交通立法的目的，是要以法律的形式，通过正确运用法律的权威来保障交通安全、舒适与通畅，以维护道路交通的合法使用者不受其他不正当使用者的伤害或干扰。

（2）交通法规的层次

对交通法规进行层次划分，是为了适应交通环境和交通特点因地、因时而异的需要，使法规既具有全局的统一性，又具有局部的适应性。

交通法规按其有效性的范围，可分为 3 个层次。

①全国性法规：全国性法规应具有全局性意义，是一种必须在全国统一执行的一些规定。全国性法规是制定地方性法规的依据。

②地方性法规：地方性法规应是当地具有全局性意义的管理措施。可根据当地自然环境、城市建设及交通特点，在全国性法规为依据的前提下，制定当地必须统一执行的一些补充规定。地方性法规是对全国性法规作的一些不相矛盾的补充。

③局部性管理措施：局部性管理措施可认为是交通法规的补充或外延。

（3）我国道路交通基本法规的制定

2003 年，由全国人大常委会颁布的《中华人民共和国道路交通安全法》（简称《道路交通安全法》）以及 2004 年 4 月 30 日由国务院制定并颁布的《中华人民共和国道路交通安全法实施条例》（简称《实施条例》），是目前为止最新的全局性道路交通法规，自 2004 年 5 月 1 日起在全国施行；是我国进一步加强道路交通管理，维护交通秩序，保障交通安全、舒适与畅通的重要法规；也可以说是我国交通管理的基本法规。《实施条例》是国家在管理道路交通方面的一项行政法规，是车辆、行人在交通活动中所必须遵守的行为规范，也是交通管理人员执法和对事故论处责任的依据。

《道路交通安全法》和《实施条例》由总则、车辆和驾驶员、道路通行条件、道路通行规定、交通事故处理、执法监督、法律责任和附则 8 个章节构成。

2. 交通法规的内容

道路交通是由"人"、"车"、"路"、环境组成的一个系统。交通法规的基本内容应针对构成道路交通系统的这几个要素。《道路交通安全法》和《实施条例》条文众多，解析其基本内容，也就是对"人"、"车"、"路"、"环境"四者的管理规则。

三、道路交通标志和标线

道路交通标志和标线是交通管理的重要基础设施，被称之为"无声的交警"，引导道路使用者有秩序地使用道路，以增强道路交通安全、提高道路运行效率。通过不同颜色图案、符号与文字告知道路使用者道路通行权利，明示道路交通禁止、限制、遵行状况，告示道路状况和交通状况等信息。

道路交通标志和标线的设置，应符合道路交通安全、畅通的要求和《道路交通标志和标线》（GB 5768—2009），用于公路、城市道路和虽在单位管辖范围但允许社会机动车通行的地方，包括广场、公共停车场等用于公众通行的场所。其他机动车通行的地方、停车场等设置的交通标志和标线，可参照执行。

1. 道路交通标志基本规定

（1）交通标志的功能

道路交通标志是以颜色、形状、字符、图形等向道路使用者传递信息，用于管理交通的设施。交通标志应结合道路及交通情况设置。通过交通标志，提供准确、及时的信息和引导，使道路使用者顺利、快捷地抵达目的地，促进交通畅通和行车安全。

（2）交通标志设置的基本要求

①交通标志的设置应综合考虑、布局合理，防止出现信息不足或过载的现象。信息应连续，重要的信息宜重复显示。

②交通标志一般情况下应设置在道路行进方向右侧或车行道上方，也可根据具体情况设

置在左侧,或左右两侧同时设置。

③为保证视认性,同一地点需要设置两个以上标志时,可安装在一个支撑结构上,但原则上最多不应超过4个。分开设置的标志,应先满足禁令、指示和警告标志的设置空间。

④原则上要避免不同种类的标志并设。解除限制速度标志、解除禁止超车标志、路口优先通行标志、会车先行标志、会车让行标志、停车让行标志、减速让行标志应单独设置。如条件受限制无法单独设置时,一个支撑结构上最多不应超过两种标志。标志板在一个支撑结构上并设时,应按禁令、指示、警告的顺序,先上后下、先左后右地排列。

⑤警告标志不宜多设。同一地点需要设置两个以上警告标志时,原则上只设置其中最需要的一个。

(3)交通标志的分类

1)交通标志按其作用分类,分为主标志和辅助标志两大类。其中主标志7类,分别为:

①警告标志:警告车辆、行人注意道路交通的标志。

②禁令标志:禁止或限制车辆、行人交通行为的标志。

③指示标志:指示车辆、行人应遵循的标志。

④指路标志:传递道路方向、地点、距离信息的标志。

⑤旅游区标志:提供旅游景点方向、距离的标志。

⑥作业区标志:告知道路作业区通行的标志。

⑦告示标志:告知路外设施、安全行驶信息以及其他信息的标志。

辅助标志为附设在主标志下,对其进行辅助说明的标志。

2)交通标志按显示位置分类

分为路侧和车行道上方两种,对应的支撑结构形式为柱式、路侧附着式、悬臂式、门架式、车行道上方附着式。

3)交通标志按光学特性分类

分为逆反射式、照明式和发光式3种,其中照明式又分为内部照明式和外部照明式。

4)交通标志按版面内容显示方式分类

分为静态标志和可变信息标志。

5)交通标志按设置的时效分类

分为永久性标志和临时性标志。

6)按标志传递信息的强制性程度分类

分为必须遵守标志和非必须遵守标志。其中:禁令标志和指示标志为道路使用者必须遵守标志,其他标志仅提供信息,如指路标志、旅游区标志。

7)补充说明

禁令、指示标志套用于无边框的白色底板上,为必须遵守标志,而停车让行、减速让行标志不得套用于无边框的白色底板上。禁令、指示标志套用于指路标志上,仅表示提供相关禁止、限制和遵行信息,只能作为补充说明或预告方式,并应在必要位置设置相应的禁令、指示标志等。

(4)交通标志的颜色

一般情况下,交通标志颜色的基本含义如下:

①红色:表示禁止、停止、危险,用于禁令标志的边框、底色、斜杠,也用于叉形符号和

斜杠符号、警告性诱导标志的底色等。

②黄色或荧光黄色：表示警告，用于警告标志的底色。

③蓝色：表示指令、遵循，一般用于指示标志的底色，表示地名、路线、方向等行车信息。

④绿色：表示地名、路线、方向等的行车信息，用于高速公路和城市快速路指路标志的底色。

⑤棕色：表示旅游区及景点项目的指示，用于旅游区标志的底色。

⑥黑色：用于标志的文字、图形符号和部分标志的边框。

⑦白色：用于标志的底色、文字和图形符号以及部分标志的边框。

⑧橙色或荧光橙色：用于道路作业区的警告、指路标志。

⑨荧光黄绿色：表示警告，用于注意行人、注意儿童等警告标志。

（5）交通标志的形状

交通标志形状的一般使用规则如下：

①正等边三角形：用于警告标志。

②圆形：用于禁令和指示标志。

③倒等边三角形：用于"减速让行"禁令标志。

④八角形：用于"停车让行"禁令标志。

⑤叉形：用于"铁路平交道口叉形符号"警告标志。

⑥方形：用于指路标志，部分警告、禁令和指示标志，旅游区标志，辅助标志，告示标志等。

（6）交通标志的边框和衬边

除个别标志外，标志边框的颜色应与标志的图形或字符的颜色一致。除指示标志外，标志衬边的颜色应与标志底色一致。

（7）交通标志的字符

①道路交通标志的字符应规范、正确、工整。按从左至右、从上至下顺序排列。一般一个地名不写成两行或两列。

②根据需要，可并用汉字和其他文字。标志上的汉字应使用规范汉字，除有特殊规定之外，汉字应排在其他文字上方。

③除特殊规定外，指路标志汉字高度一般值应根据设计速度，按表8-1选取。汉字字宽和字高相等。字高可考虑设置路段的运行速度（$V85$）进行调整。

表8-1　汉字高度与速度的关系

速度/(km·h^{-1})	100～120	71～99	40～70	<40
汉字高度/cm	60～70	50～60	35～50	25～30

（8）交通标志的设置位置

①禁令、指示标志应设置在禁止、限制或遵循路段开始的位置。部分禁令、指示标志开始路段的路口前适当位置应设置相应的指路标志提示，使被限制车辆能够提前绕道行驶。

②指路标志设置位置,应符合每一指路标志的具体规定。

③警告标志前置距离,一般根据道路的设计速度或所处路段的最高限制速度或运行速度等确定。

2. 道路交通标线基本规定

道路交通标线,是由施画或安装于道路上的各种线条、箭头、文字、图案及立面标记、实体标记、突起路标和轮廓标等所构成的交通设施,它的作用是向道路使用者传递有关道路交通的规则、警告、指引等信息,可以与交通标志配合使用,也可以单独使用。

(1)道路交通标线分类

道路交通标线,按功能可划分为以下3类:

①指示标线:指示车行道、行车方向、路面边缘、人行道、停车位、停靠站及减速丘等信息的标线。

②禁止标线:告示道路交通的遵行、禁止、限制等特殊规定的标线。

③警告标线:促使道路使用者了解道路上的特殊情况,提高警觉、准备应变、防范措施的标线。

道路交通标线,按设置方式可分为以下3类:

①纵向标线:沿道路行车方向设置的标线。

②横向标线:与道路行车方向交叉设置的标线。

③其他标线:字符标记或其他形式标线。

道路交通标线按形态可分为以下4类:

①线条:施画于路面、缘石或立面上的实线或虚线。

②字符:施画于路面上的文字、数字及各种图形、符号。

③突起路标:安装于路面上,用于标示车道分界、边缘、分合流、弯道、危险路段、路宽变化、路面障碍物位置等信息的反光体或不反光体。

④轮廓标:安装于道路两侧,用以指示道路边界轮廓、道路的前进方向的反光柱(或反光片)。

(2)道路交通标线颜色

道路交通标线的颜色为白色、黄色、蓝色或橙色,路面图形标记中可出现红色或黑色的图案或文字。

第三节 道路交通组织管理

道路交通组织,是指道路交通管理部门根据国家有关法律、法规,综合运用交通工程规划、法规限制、行政管理等措施,对道路上运行的交通流实施疏导、指挥和控制等工作的总称。

道路交通组织的目的,在于充分发挥现有道路网的效能,合理地协调局部利益和整体利益之间的关系,提供适宜的运行条件,解决整个道路系统中交通流分布不均衡、流量和流向不合理等问题,最大限度地消除交通事故的隐患,改善交通秩序,组织优化交通流,实现道路的安全与畅通。

道路交通组织的原则:交通分离原则、交通流量均分原则、交通总量控制原则、交通连续原则、交通优先原则。

道路交通组织的基本措施：规划措施、交通设施措施、行政措施。

一、道路交通分离

道路交通分离，是指采用科学的交通管理手段，对不同方向、不同车种、不同特点的交通流在时间或空间上进行分离，使道路上的各种车辆、行人各行其道，按顺序行驶。在道路上运行的各种交通流，如机动车、行人、自行车、兽力车等有不同的交通特点，其在混合行驶条件下，必然会发生冲突，影响道路通行能力和交通安全，为此必须进行交通分离。

道路交通分离的种类：

①按分离的具体措施分类：法规分离，它是指在道路上没有采用任何物体，只是按照交通法规的规定对不同的交通体实现的交通分离。物体分离，它是指道路上通过某种工程设施对交通进行分离，其中又可分为可逾越和不可逾越两种。

②按分离的形式分类：空间分离，它是交通分离最理想的形式。是指各种不同的交通形态，在不同的道路平面或在同一道路平面内，用道路工程设施或交通管理工程设施分隔行驶，以减少不同性质和不同方向的交通流的相互干扰，从而消除交通流的冲突，保证道路交通安全、畅通和良好的秩序。时间分离，它是指在同一道路空间，各种交通形态使用不同的时间通行，以减少道路上集中的交通负荷。

③按分离的对象分类：人车分离，机动车与机动车分离，机动车与非机动车分离。

二、道路交通流量均分

交通拥挤，是指一定时间内的交通需求（一定时间内想要通过某道路的车辆总数）超过某道路的交通容量（一定时间内该道路所能通过的最大车辆总数）时，超过部分的交通滞留在道路上的交通现象。我国规定：在公路路段上，车辆受阻排队长度分别超过 2 km、3 km 为阻塞和严重阻塞。在城市有信号灯控制的交叉路口，车辆 3 次绿灯显示未通过路口的为阻塞；5 次绿灯显示未通过路口的为严重阻塞。

道路交通流量均分，是指充分利用现有的道路条件，控制和调节交通流量，使整个路网的流量从时间或空间上进行均衡分布的一种交通组织方法。

交通流量均分的方法主要有时间性交通流量均分和空间性交通流量均分。

1. 时间性交通流量均分

时间性交通流量均分是指将出入一定区域的交通流量在时间上进行合理调配，调节该地区道路上不同时段的交通流量，均衡不同时段的交通负荷。如把一天 24 h 或一周 7 d 内的几个交通高峰时段的交通流量降低一点，把低峰时段的交通流量提高一点，在时间上起到削峰填谷的作用。时间性交通流量均分的具体措施有：

①错峰上班制。

②弹性上班制。

③推行轮休制。

④限制通行。

2. 空间性交通流量均分

空间性交通流量均分是指合理调整道路交通流量，使现有路网内各路段的流量相对均衡分布。它是在一定范围内,把某些道路上过分集中的交通流分散到其他交通流量较小的道路上,从某种意义上讲是交通压力转移的过程。空间性交通流量均分常用的方法有:

①利用环路、干路吸引交通流量。

②利用旁路吸引交通流量。

③限制车辆转向。

④远引交叉。

三、单向交通

单向交通也称单行线,是指道路上的车辆只能按一个方向行驶的交通。

1. 单向交通分类

①固定式单向交通,是指某一路段上的车辆在全部时间内都实行单向交通。

②可逆性单向交通,是指道路上的车辆在一部分时间内按一个方向行驶,而在另一部分时间内按相反方向行驶的交通。这种可逆性单向交通常用于车流流向具有明显不均匀性的道路上(当方向系数大于3/4时,可以考虑)。

③定时式单向交通:对道路上的车辆在部分时间内实行单向交通,如高峰时间内,规定道路上的车辆只能按交通流方向单向行驶,而在非高峰时间内,则恢复双向运行。

④车种性单向交通,是指对某一类型的车辆实行单向交通。这种单向交通常用于具有明显方向性以及对社会秩序、人民生活影响不大的车种。如机动车单向交通,而非机动车采用双向通行;小汽车或货车单向通行,而公交车辆、自行车双向通行。

以上四种类型的单向交通,各自都有自己明显的优点及明确的实施条件,在运用中应紧密结合城市交通的实际情况加以合理选择。

2. 单向交通优缺点

①提高道路通行能力。据有关统计资料表明,国外单行道可提高道路通行能力达20%～80%,国内一般在15%～50%之间。

②减少交叉路口的冲突点。如两条双向车道的交叉口,实行单向通行后冲突点可从16个降到4个。

③提高车辆的运行速度,减少延误。

④增加车辆行驶安全性。行人横过马路不用左顾右盼,可降低交通事故的发生。

⑤单向交通有利于路边停车规划和公交专用道规划。

⑥单向交通有利于信号灯配置和管理。单向交通采用线控,具有优越条件,其绿灯利用率可比双向交通提高50%。

单向交通也有缺点,主要表现在以下几个方面:

①增加了部分车辆的绕行距离和经过交叉口的次数,从而增加了运行时间。由于绕行,增加了路网的交通量。

②给公共交通车辆和乘客带来不便,增加了步行距离。

③给道路两侧商业活动带来影响。由于实行单向交通,取消了对向车流,使人们不便到单行道两侧进行商业活动。

综上所述,实行单向交通,既有有利的一面,也有不利的一面,所以应扬长避短,根据实际的道路和交通状况,通过科学的规划和合理有效的运用,充分发挥单向交通的正面效应,减少负面影响。

3. 实施单向交通的基本条件

①路网应有足够的密度，平行方向道路的间距不宜超过 300 ~ 500 m，并且道路的起点、终点大体相同，道路条件大致相当，在城市中心区的路网密度大且均匀的方格网道路系统中，有密集的支路连接平行道路。

②如果两条平行道路的联络通道密度大，则平行主干道也可进行单向交通组织。这样，与两条平行双向主干道相比，一对平行单向主干道的通行能力会大大增加。

③车辆组成简单。如果车流中车种复杂，则不适合单向交通；如果要实施单向交通，也要按单一车种组织。如果机动车流中有非机动车，也应随机动车一道实行单行。否则非机动车双行时，路口内的冲突情况并未改善，冲突延误并未减少，尤其是路口信号仍需按双向进行分配时，通行能力不会比双向交通提高多少。

四、道路交通总量控制

交通量也称交通流量，是指在单位时间内通过道路某一点或某一横断面的车辆和行人的数量。其可分为车流量(单位：辆/日，辆/时)和人流量(单位：人/日，人/时)，是一个动态指标。

1. 交通总量

是指所有交通参与者和它们占用道路的时间和占用道路的面积之乘积的总和。交通总量的公式为：

$$Q = \sum N_i S_i T_i \tag{8-1}$$

其中：Q——交通总量($\text{m}^2 \cdot \text{h}$)；

N_i——某种交通实体的数量；

S_i——某种交通实体的单位面积(m^2)；

T_i——某种交通实体的运行时间(h)。

2. 交通总量控制

是指最大限度地减少交通参与者的数量，缩短交通参与者的运行时间，减少交通参与者所占用的道路面积。

从交通出行的几个阶段来说明，可以更清楚地了解交通总量控制的策略和目的。

在出行产生阶段：减少出行的产生；

在出行分布阶段：出行从交通拥挤的终点向非拥挤的终点转移；

在出行方式选择阶段：出行方式由低容量向高容量转移；

从路径选择阶段看：从空间与时间上分散交通量。

3. 交通总量控制的措施

①社会工程措施：合理地利用土地，使城市布局合理化。就近入学、就近上下班，科学组织物流，业务联系通信化，优先发展公共交通。

②交通管理措施：多人共乘和合乘制。限制过境交通和限制入境交通，限制一些易增加交通总量的交通方式，单双号行驶，限制停车范围。

③经济管理措施：通行收费、停车收费、增收养路费、增收牌照费。

五、道路交通连续

道路交通连续,是指各种交通方式和工程设施之间应保持合理的联系,使各种交通活动以最少的时间延误、最小的经济消耗,获得最大经济效益的一种交通组织方法。这里的连续是指交通活动中的合理联系,并非是指交通的不间断。这种合理联系,应该以"最少的时间延误,最小的经济消耗,最大的经济效益"这一要求来衡量。

交通连续分为交通工具、交通组织、交通设施和交通运营的连续。

1. 道路交通工具的连续

在交通活动的全过程中,可把交通工具分为非连续性交通工具和连续性交通工具。

不能单靠某种交通工具完成其交通活动的这类交通工具,称为非连续性交通工具,或者叫非门到门交通工具,如公共汽车、电车、火车、轮船、飞机等。

单靠某种交通工具可以完成整个交通活动的这类交通工具,称之为连续性交通工具,或者叫门到门交通工具,如自行车、摩托车、私家车等。

在进行交通组织管理时,要尽量发挥连续性交通工具的作用,尽可能改善不连续交通工具之间的合理衔接,从而促进交通活动的全过程实现交通连续,达到交通迅速、便利的目的。

2. 道路交通营运的连续

道路交通营运的连续,是指在交通过程中,使交通营运的各项计划和安排符合交通连续的原则。

采用通用的乘车月票制度,持有月票的乘客可以换乘全市公共汽车、电车、地铁、轮渡等交通工具,使各种交通工具的交通营运时刻的安排相互衔接。在国外一些城市,组成各种交通营运团体,对公共汽车、电车、地铁的运输实行统一管理,它们有统一的领导机构、统一的车票和统一的运行时刻表,这些都体现了交通营运的连续。

3. 道路交通设施的连续

道路交通设施的连续,是指道路交通设施的设置要使驾驶人及其他交通参与者在其观念上有时空连续性,要符合交通连续的原则。

在实行单向交通时,必须为禁行方向的交通流找到一条可通行的道路,并在进入禁行路段前用标志、标线等事先告知交通参与者。在设置指路标志时,应在前方适当的位置设置必要的预告标志,例如,进入高速公路时在 1000 m、500 m、200 m 设置入口预告标志,离开高速公路时在 2000 m、1000 m、500 m 设置出口预告标志。

第四节   交叉路口的信号控制

一、交通信号的作用与控制方式

1. 路口信号控制概述

由于路口不同方向的车流、人流、交叉汇合,常发生拥挤、碰撞、秩序混乱,甚至造成交通事故。为了维护秩序,保障行人、行车安全,不得不采取管理措施。如在路上画线、设置标志符号,或人工指挥,以及采用设岛来引导、分隔车辆与行人等。

交通信号则是汽车工业发展所带来的产物,凡在道路上用以传达具有法定意义、指挥交通行、止、左、右的手势、声响、灯光等都是交通信号。但目前使用的得最为普遍、效果最好的是灯光交通信号。

色灯交通信号控制技术的发展是随着现代科学与汽车技术的发展、汽车数量增长、路口冲突矛盾激化、人们为了安全、迅速通过，不得不将最新的科技成果用以解决路口的交通阻塞问题，从而推动了自动控制技术在交通领域的迅速发展。

2. 交通信号控制的作用

解决交叉口的交通冲突，就理论方面分析有两种方法，一是空间分离，如平面渠化、立体交叉等；二是时间分离，如信号控制法、多路停车法及让路法等。交通信号的作用是从时间上将相互冲突的交通流予以分离，使其在不同时间通过，以保证行车安全，同时交通信号对于组织、指挥和控制交通流的流向、流量、流速、维护交通秩序等均有重要的作用，迫使车流有序地通过路口，提高了路口效率和通过能力，也减轻了噪声，降低了汽车废气的污染。

3. 交通信号的含义和基本规定

交通信号分为：指挥灯信号、车道灯信号、人行横道灯信号、交通指挥棒信号、箭头信号、闪光信号和手势信号等。信号灯的颜色所表达的意义规定如下：

（1）对于指挥灯信号

①绿灯亮时，准许车辆、行人通行，但转弯的车辆不准阻碍直行的车辆和被放行的行人通行；

②黄灯亮时，不准车辆、行人通行，但已越过停止线的车辆和已进入人行横道的行人，可以继续通行；

③红灯亮时，不准车辆、行人通行，更不准闯红灯；

④绿色箭头灯亮时，准许车辆按箭头所指方向通行；

⑤黄灯闪烁时，车辆行人须在确保安全的原则下通行。

右转弯车辆和 T 形路口右边无人行横道时的直行车辆，遇有前款②、③项规定时，在不妨碍被放行车辆和行人通行的情况下，可以通行。

（2）对于车道灯信号

①绿色箭头灯亮时，本车道准许车辆通行；

②红色叉形灯亮时，本车道不准车辆通行。

（3）对于人行横道灯信号：

①绿灯亮时，准许行人通过人行横道；

②绿灯闪烁时，不准行人进入人行横道，但已进入人行横道的，可继续通行；

③红灯亮时，不准行人进入人行横道。

其他如交通指挥棒信号，手势信号等，可参阅《中华人民共和国道路交通管理条例》的规定。

4. 交通信号控制装置的基本方式

目前我国使用的交通控制装置主要有下列几种：

①手动单点信号装置，从 100 多年前在伦敦开始使用，直到目前为止，有些城市仍然使用。

②定时或称定周期自动信号装置，自 1914 年在美国正式开始使用以后，经不断改造完善，目前各国普遍采用，我国许多城市也正在使用。

③车辆感应式控制装置，又分为全感应式和半感应式两种，自1928年在美国巴尔的摩使用之后，现各国仍在使用。

④线控联动信号系统，亦称为绿波系统，自1917年美国盐湖城开始使用，现已受普遍重视和采用。此外还有半感应式，全感应式和流量密交通信号机等类型。各式信号机中有应用小型计算机的发展趋势。至于信号安装方式、位置、高度、构造及电缆线的铺设可参阅GB 14886—94。

二、交通信号灯设置的依据

1.设置依据

设置信号灯的目的，是使路口交通安全通畅、秩序井然、减少延误、提高通行能力，方便行人；但如设置不当，可能造成延误加大、通行能力减小、事故增加；故是否装灯必须有科学根据。一般是先分清主要道路与次要道路，主路优先通行，次路设停车（让路）标志，即次路车辆通过路口时，应停车观察，当主路无车或有较大间隙，估计不会发生碰撞时才能通过，故次要道路通行能力受主路制约。主路流量越大，则次路通过流量就越小。当不能满足次路要求时，则需改设信号灯控制，但信号灯控制必然要降低主路的通行能力或增大其延误，因此必须研究设置信号灯与不设信号灯的停车、让路两种情况下的通行能力与行车延误，进行对比分析。还要就交通安全、行车秩序、行人及安装费用等进行多方面的利弊分析之后才能确定。

但目前要准确计算停车让路式路口通行能力与延误，还有一定的困难，另外此两者也不是决定路口控制方式的唯一依据，还有多种因素，需作综合研究。

2.实际采用的信号设置标准

信号灯设置虽有理论计算或实际观测方面的依据，但由于各个国家或地区的交通条件的差异，经济与交通习惯的不同，各个国家依据的内容、指标、数据，甚至理念上均不完全一致，我国于1994年颁布实施国家标准《道路交通信号灯安装规范》（GB 14886—94），提出我国道路交叉口和路段上交通信号灯的安装依据为：

①当进入同一交叉口高峰小时及12 h交通流量超过表8-2所列数值及有特别要求的交叉口可设置机动车信号灯。

②设置机动车道信号灯的交叉口，当道路具有机动车、非机动车分道线且道路宽度大于15 m时，应设置非机动车道信号灯。

③设置机动车道信号灯的交叉口，当通过人行横道的行人高峰小时流量超过500人次时，应设置人行横道信号灯。

④实行分道控制的交叉口应设置车道信号灯。

⑤在交叉口间距大于500 m、高峰小时流量超过750辆以及12 h流量超过8000辆的路段上，当通过人行横道的行人高峰小时流量超过500人次时，可设置人行横道信号灯及相应的机动车道信号灯，如表8-2所示。

三、交叉路口交通控制方式选择

1.常用交通控制方式

根据交叉路口的交通安全特性分析，从减少冲突点的目的出发，根据不同道路性质、等级与交通情况，常用的平面交叉口交通控制方式有以下几种：

（1）交通信号灯控制

在交叉路口设置信号灯，通过信号灯色的变换，实现交通流的控制。交通信号灯控制的基本类型分点控、线控和面控三种。

①点控（又称交叉路口单点控制）。这种控制只考虑一个交叉口，不考虑邻近交叉口的交通流情况。它又分为单点定周期交通信号控制和交通感应信号控制两种。

表 8 - 2　交叉路口设置信号灯的交通流量标准

主道路宽度/m	主路交通流量（veh/h）		支路交通流量（veh/h）	
	高峰小时	12 h	高峰小时	12 h
	750	8000	350	3800
小于 10	800	9000	270	2100
	1200	13000	190	2000
	900	10000	390	4100
	1 000	12000	300	2800
大于 10	1400	15000	210	2200
	1800	20000	150	1500

注：①表中交通流量按小客车计算。

②12 小时交通流量为 7—19 时的交通流量。

②线控。它是对一条主干道相邻交叉路口的信号实行协调自动控制，亦称绿波通行带或绿波控制，分为"绿波带"线控系统、自动感应线控系统和前置信号与速度指示并用的线控系统。

③面控。面控是指对城市中某区域的所有交叉口的交通信号，用电子计算机实行统一协调的自动控制。目前，常用的面控系统有美国的 SIGOP 系统和英国的 SCOOT 系统等。

（2）停车控制

停车控制是车流进入或通过交叉口时，必须先停车，观察到达路口的车流情况，而后进入或通过路口的一种控制方式，一般分为多路停车法和两路停车法。

①多路停车法，是在交叉口所有引道入口的右方设立停车标志，让所有到达交叉口的车辆必须先停车，而后等待出现空挡再通过。此法又称为全向停车法或四路停车法，多为临时措施。

②两路停车法，是在次要道路进入交叉口的引道上设立停车标志，使次要道路的来车必须先停车，等候主干道交通流间隙出现后再通过，此法亦称单向停车法。

（3）让路控制

让路控制是在次要路口或车辆较少的引道入口处设让路标志，使驾驶人放慢车速，看清相交道路有无来车，估计有适当间隙可以通过时再加速驶去的一种控制方式。

（4）不设管制

不设管制是在交通量不大的交叉口一般均不设信号灯或标志标线，驾驶人根据有关让行规定和安全原则通过交叉口的一种方式。

2. 交通控制方式选择

交叉路口交通控制方式的选择是一个涉及多因素的问题，如设施、营运的经济性，相交道路的类型、等级，车流量的大小、组成、方向分布，设计车速，安全保障，行人、自行车的多少以及环境与当地自然条件等。但主要影响因素是相交道路性质、设计小时交通量和发生事故的情况。

（1）按相交道路类型选择

根据快速路、主干路、次干路及支路四类相互交叉情况进行选择，对不同类型交叉口采取何种控制方式可参考表8 – 3进行。

表8 – 3　按相交道路类型选择控制方式

序号	交叉口类型	可能的控制方式
1	快速干道与次干道	信号灯
2	快速干道与支路	二路停车或信号灯
3	主干道与主干道	信号灯
4	主干道与次干道	信号灯或二路停车
5	主干道与支路	二路停车
6	次干道与次干道	信号灯、多路停车、二路停车或让路
7	次干道与支路	二路停车或让路
8	多于四条道路交叉口或畸形交叉口	环形交叉或信号灯
9	支路与支路	二路停车、让路或不设管制

（2）按交通量和事故情况选择

按交叉口交通量的大小和事故情况，对参数进行选择时，可见表8 – 4，交通量以小汽车计，若为其他车型，则需换算为小汽车。

表8 – 4　按交通量和事故情况选择控制类型表

项目			不设管制	让路	二路停车	多路停车	交通信号
交通量	主要道路（veh/h）		—	—	—	300	600
	次要道路（veh/h）		—	—	—	200	200
	合计	（veh/h）	100	100 ~ 300	300	500	800
		（veh/h）	≤1000	<3000	≥3000	5000	8000
每年直角碰撞（或人身伤害）事故次数			<3	≥3	≥3	≥5	≥5

（3）其他因素

自行车和行人流量特别大时，可以安装行人过街定时信号灯。倘若主次干道车流量高峰小时特别集中、间隙特别小时，则应安装车辆感应式自动控制信号灯，以便在高峰时能自动调整主次道路绿灯间隔时间，使次要道路来车有可能进入或通过交叉口。

第五节　高速公路交通管理与控制

高速公路是为车辆连续、高速运行提供的专用道路。一般采用限制出入、分隔行驶、汽车专用、全部立交、高度监控以及设置具有较高标准的完善的交通工程设施等一系列措施，保证车辆的快速、大量、安全、舒适、连续地运行。

一、高速公路交通管理与控制的主要内容

高速公路的管理、控制，以及附属交通设施是保证高速公路上的车辆能以高速安全运行的必要条件。若交通管理控制设施与高速公路不相适应，就无法达到预期的效果，甚至导致交通事故层出不穷，生命财产受到重大损失。

1. 高速公路交通管理与控制的重点

根据交通流理论，道路上的车速与密度如果维持在一定的量值关系上，就会获得最短的旅行时间，最少的延误以及最少的环境污染，安全性也能大大提高。如果破坏了这一量值关系，就会在道路上形成时走时停的不稳定车流，浪费道路容量，使车与人的延误增加，并容易造成大的环境污染与交通事故。因而高速公路管理与控制的重点是通过主线及出入口的调节控制，达到并保持车速—密度—间隙处于最佳组合状态。

2. 主要方法

高速公路交通管理与控制的主要方法是在高峰期间使用设置在匝道上和临近道路系统上的车辆传感器，将控制范围内的车辆运行情况传送到交通管理情报中心，由电子计算机决定不同方向的路口的开放与关闭情况；同时对整个系统的出入口发出信号，指示车辆按指定方向运行，以获得车速—密度—间隙的最佳组合。

3. 主要控制系统

高速公路交通管理与控制是提高高速公路行车安全和交通效率的重要措施。在各国得到广泛应用的交通控制系统主要有 4 种：

①入口匝道交通控制系统。

②出口匝道交通控制系统。

③高速公路主线控制系统。

④通道交通控制系统。

4. 基本原则

(1) 交通信号的说明要完整和简明

例如：标明两地之间的千米数；对可能引起误解的信号，要附加文字说明；避免出现模棱两可的信号。此外，在短时间内呈现的信号又不宜过多，应以驾驶员及时注视和理解为限。

(2) 交通信号安排要有连续性

例如：预告某地出口处将要到达的标志牌要连续排成：①"某地出口处 3 km"；②"某地出口处 2 km"；③"某地出口处 1 km"；④"某地出口处"。

(3) 及时预告以利驾驶员决策

道路沿途服务设施如加油站、维修站、临时停车带等，若不设置预告牌，当驾驶员在车

辆高速运行过程中发现该建筑物时，即使有需要而想停车也无法实现。提前预告可使驾驶员有思想准备，避免决策失误，特别是在匝道出入口，由于高速公路禁止随便掉头行驶，瞬间错过可能需要绕道很远才能到达目的地，这是与一般道路的不同之处。

（4）交通信号或标志要突出

高速公路上由于行驶车辆速度较快，行车环境背景单调，因此要求交通信号或标志的面积比普通道路上的尺寸要大，并且颜色鲜明，位置突出。为了贯彻突出性原则，夜间照明尤为重要。标志线要用反光材料，以提高可视性。尽管交通标志的颜色、形状、格式的统一性是易于辨认的一种基本要求，但更应因地制宜，布设过程中要充分考虑并注重与设置位置、尺寸及周围环境的对比。

（5）标志要安放在驾驶员容易疏忽的地方

驾驶员都有一些习惯性行为，而道路交通情况千变万化，稍有疏忽就会发生车祸。因此，要在驾驶员容易疏忽的危险地段设置标志牌或其他交通信号。

二、高速公路交通管理与控制方法

1. 入口匝道控制

入口匝道控制是一种使用最广泛的高速公路控制形式。其目的是减少或避免因高速公路拥挤引起的运行问题。原理是通过限制进入高速公路的车辆数，从而使高速公路本身的需求不至于超过容量。期望的结果是通过把高速公路上的延误因素转移到入口匝道，从而在高速公路上维持一个既不间断也不拥挤的交通流。

实施入口匝道控制的前提包括：

①在主线通道上有可供使用的额外容量（即有可替换的线路、时段或运输方式）；

②入口匝道上可提供足够的停车空间；

③交通容量的匹配，即从入口匝道进来的车辆数加上主干道已有的交通量不能超过该路段的容量。

入口匝道的控制形式分为5种：封闭式、定时调节式、交通感应调节式、入口汇合控制式、匝道系统控制式。

2. 出口匝道控制

出口匝道控制是很少作为高速公路交通控制的一种手段。有效地使用它的机会很有限。在很多情况下，出口匝道控制实际上和安全有效地使用高速公路的目的是矛盾的。此外，这种方式只能用在通过改变出口能够很方便地到达目的地的地方。当与高速公路平行的公路发生拥挤或其他特殊情况下，如从高速公路出口下道车流会加重平行公路的拥挤，甚至出口下道车流倒灌影响高速公路主线的通行安全，这时就需要对出口进行控制。包括出口匝道调节和出口匝道关闭两种方式。

3. 主线控制

主线控制是有关高速公路本身的交通调节、警告和诱导。作为高速公路交通控制系统的一个基本组成部分，主线控制具有广泛的应用。主线控制的基本目的也是改善高速公路运行的安全和效率。具体的可表现在如下几个方面：

①当交通需求接近道路容量时，改善交通流的均匀性和稳定性以提供高速公路利用率并预防拥挤。

②如果发生拥挤，要能防止尾端冲撞。

③简化事故处理并从拥挤状态恢复到正常状态。

④把高速公路上的交通量转移到可替换道路上，以便更好地利用道路容量。

⑤减少驾驶员的不满和失误。

⑥使用可逆车道改变高速公路不同方向上的容量。

主线控制可以是定时的，也可以是交通感应式的。采用交通感应式控制可以提高主线控制的效率。主线控制方式包括：①可变速度控制；②驾驶员情况系统；③车道关闭；④调节控制；⑤可逆车道。

4. 通道控制

（1）通道控制的目的

通道控制的目的是在交通需求和通道的容量之间获得最佳平衡。高速公路通道的容量是由为交通需求提供服务的高速公路自身容量以及可换用的平行公路或街道的容量共同组成的。一条高速公路通道除了高速公路和它的匝道外，还包括以下一些道路：

①高速公路前沿道路（如果有的话）。

②可作为换用道路的平行干线公路或街道。

③连接高速公路和换用道路的交叉道路。

通道控制综合了高速公路与城市道路控制的概念。从理论上讲，考虑定时的或交通感应式的通道控制都是可以的。但实际上只有交通感应式通道控制才能够提供更好的控制效果。通道控制的目的和范围本身就要求实行交通感应式控制。因此，通道控制的关键是对交通状况的监控。

通道控制主要有两种形式：限制和转向。所谓限制，是指限制通道上各个道路的交通需求，使其低于道路容量；所谓转向，是指把车辆从超负荷的道路上引导到有剩余容量的道路上。限制是通过各种管理控制，如匝道控制、主线控制、单一交叉口控制、干线道路控制以及网络控制来实现的。转向是通过这些管制性控制进行引导并借助于驾驶员情报系统来实现的。

通道控制中用于促进交通转向的驾驶员情报系统是一种诱导性的措施而并非具有强制性。作为通道的驾驶员情报系统的技术有：单一情报标志、可变情报标志、路旁无线电、车载显示器及电话等。

（2）通道控制的主要内容

通道控制综合运用了通道上各种控制技术及驾驶员情报系统，以便最佳利用通道容量。它涉及：

①前沿道路与平行可换道路上的交通信号协调。

②高速公路与干线交叉口公路或道路的互通式立交交通信号的协调。

③匝道控制的车队改进特性与前沿道路交叉口控制的协调，以防止车队阻塞这些路口。

④在前沿道路和其他可换道路与通往高速公路匝道的横向公路或街路相交的交叉路口提供转弯信号灯。

⑤匝道控制和前沿道路使用的协调。

对高速公路通道上的交通流进行优化，主要有 3 种技术：

①建立系统的匝道调节率。这一调节率等效于用系统匝道控制的基本方法计算出来的那

些调节率,这种技术在入口匝道上还建立了控制一系列驾驶员情报标志的方法。这些标志上的建议是根据旅行时间最短而给出的。

②建立一种运行状态分析程序,求出能形成高速公路和前沿道路之间交通流最佳分配的入口匝道调节率。

③考虑的思路是:在高速公路上发生事故之后,找出在什么时间,车辆从哪个入口匝道上转移到前沿道路上去最好。这种方法涉及排队论,目的是使受损函数降低至最小。

5.公共汽车和合用车的优先控制

(1)公共汽车和合用车优先控制的基本方式

公共汽车和合用车(HOV)优先控制作为一种高速公路控制概念,对使用高速公路的公共汽车和合用车提供优先处理。优先处理时希望通过鼓励人们高效地利用车辆资源来缓解交通拥挤。其目的是通过引导更多的人利用公共汽车和合用车以满足人们对于高速公路的需求,同时减少车辆的需求。这样,除了可以减少拥挤,提高车辆载客率之外,还可以减少空气污染,降低燃料消耗。

这里介绍的控制技术包括公共汽车和合用车。最初,人们认为只有公共汽车应该给予优先处理,但是一些文献指出,如果优先处理仅仅限于公共汽车,效率一般比较低,而且会使总延误增加。而对于公共汽车和合用车均提供优先处理往往更有效,可以把合用车加到公共汽车之间的空隙中。

然而,对于公共汽车和合用车都实行优先处理,要比只对公共汽车实行优先处理更困难。经验表明,人们对合用车的优先规则要比公共汽车的优先规则更容易违反,这主要是因为违反者似乎觉得和其他车辆混在一起时并不显眼。此外安全问题也不容忽视,因为某种对于专职的公共汽车驾驶员是安全的情况,对于合用车驾驶员来说可能是危险的。因此,对于公共汽车和合用车是同时给予优先处理,还是只限于对于公共汽车,必须根据不同情况做出决定。

(2)公共汽车和合用车优先控制的基本技术

公共汽车和合用车优先控制的基本技术有:隔离路基、逆流车道、入口匝道上的旁路车道、瓶颈上游的专用车道。

思考与练习

1.交通管理与控制的目的和作用是什么?

2.交通管理与控制的主要原则有哪些?

3.交通管理法规的内容是什么?

4.交通标志按作用可分为几类?交通标线按功能分为几类?

5.什么是道路交通分离?道路交通分离的种类有哪些?

6.组织单向交通的优缺点是什么?基本条件是什么?

7.目前我国使用的交通控制装置主要有哪些?

8.我国道路交叉口和路段上交通信号灯的安装依据是什么?

第九章

停车场的规划与设计

第一节　概述

一、停车场的作用

所谓停车场,顾名思义是指供车辆(包括机动车和非机动车)停放的场所。停放车辆是道路交通的一个重要问题,是影响城市内部和城市间交通运输的重要因素之一。城市里如果没有固定的车辆停放点,必将造成车辆沿路任意停放,占用人行道和车行道,既影响交通运输,又妨碍市容美观,而且容易引发交通事故,给居民工作、生活带来不利影响。因此,车辆需要停车场,好比人们需要休息场所一样。正确处理车辆停放,对解决道路交通拥挤,减少交通事故,提高道路通行能力等均具有重要的意义。

目前世界上许多大城市普遍存在着停车场规划滞后、投资不足、停车用地控制不力等问题,由于停车场选址与建设不当而造成交通拥挤、投资亏损、环境恶化的现象屡见不鲜。因此,如何科学地综合静动态交通的协调组织、停车者步行距离、停车存取便利性、生态环境影响、土地价值利用等多方面的因素,进行停车场规划和设计研究是十分重要的。我国城市特别是大城市的停车问题也日益严重,供需矛盾非常突出。上海市的机动车保有量从1991年的22.8万辆增至1996年初的433万辆(不计摩托车),而公共停车车位只有5000多个,实际使用的只有800多个。截至1996年上半年,广州市区的机动车拥有量达到45万辆左右,另外,每日约有10万辆外地车进入市区,而广州市区停车场共518个,停车位总数仅有22761个。广州市提出,只有当市区的公共停车位达到机动车总数的25%左右,才能缓解停车难的问题。然而目前广州市518个停车场中除去157个专用停车场后,停车位数量不到18000个,占市区机动车总数的比例不足,缺口很大。

长期以来,由于缺乏对停车问题系统的分析研究,致使停车场规划未合理;又由于投资、管理、土地使用体制等原因,规划的停车场得不到全面实施,造成停车场严重不足。机动车占用路面停车、乱停乱放现象比较突出;作为自行车王国,目前不少城市缺乏自行车停车场,不得不利用部分人行道,绿化隔离带或街巷作为停车场,往往导致行人占用非机动车道、非机动车又挤占机动车道,使交通发生混乱和不安全。

因此,对待停车问题,必须从城市规划和市域规划上进行科学合理的安排并采取切实有力的措施保证其实现。如前苏联在20世纪30年代就把解决停车问题列为中央文件的一项内容;日本则在1960年公布了《停车场法规》等,用法规形式控制停车场的规划、设计、建设和管理。我国公安部和建设部于 1988 年联合发布了《停车场建设和管理暂行规定》、《停车场规划设计规则(试行)》两个行政规定,保进了停车场的规划、设计、建设和管理工作。

二、停车场的分类及附属设施

1. 按停放车辆的类型分为

(1)机动车停车场

主要为各类汽车和摩托车停放服务。

(2)非机动车停车场

在城市中主要是自行车停车场,包括各种类型的自行车停放处。

2. 按停车场服务对象分为

(1)专用停车场

是指主要供本单位车辆停放的场所和私人停车场所。如公交公司、运输公司、机关部门的停车场和检修保养场等。

(2)公共停车场

是指主要为社会车辆提供服务的停车场所。如城市出入口、外围环路、市中心区等处的为社会公用的停车场以及商场、影剧院、体育场馆、医院、机场、车站、码头等部门的停车场。

3. 按停车场地的使用

(1)临时停车场

根据一些临时需要,临近划定一些停车场地,场地的使用性质随时可能发生变化。

(2)固定停车场

根据确定需要而固定设置的停车场地,场地的使用性质一般不易发生变化。

4. 按停车用地性质

(1)路内停车场

是在道路用地控制线(红线)以内划定的供车辆停放的场地,这种停车场一般设在街道较宽的路段,或利用高架道路、高架桥下的空间停车。据国外的统计资料,1 km 路段上沿路边停放三辆车,在路段上平均车速为 24 km/h,路段通行能力损失为 200 辆/h;如道路两边停放车辆达 310 辆,亦即 1 km 的路段两边几乎都停满时,路段通行能力损失约为 800 辆/h。如车辆沿道路零散停车,则路段通行能力的损失率比沿道路整齐停放还大。因此,为了道路在使用中的有效畅通,对于交通量大、道路又狭窄的情况应绝对禁止路边停车,至于交通量不大且道路又有一定富余宽度的情况,路边停车亦有一定的限制,此外多采用停车收费控停车时间累计的办法进行控制。至于哪些路段允许路上停车,可参考下列条件:

① 路上停车场可设在需要停放车辆的办公业务区、商业区、繁华街道等处,设置时应基本上不妨碍交通并与路外地面停车场进行比较后确定。

②车行道宽度大于 6 m,路上停车不妨碍交通量,可利用机动车道、非机动车道、路肩、隔离带、广场等设置路上停车场。

③原则上不宜在主要干道上或道路纵坡大于 4% 的路段上设置路上停车场。路内的停车场设置简易,使用方便,用地紧凑,投资少,适宜车辆临时停放。

(2)路外停车场

是在道路用地控制线以外专辟的停放车辆的场地，包括地面停车场、停车楼、地下停车库等。其中地面停车场由出入口通道、停车坪及其他附属设施组成。这些附属设施一般包括服务部、休息室、给排水与防火设备、修理站、电话、报警装置、绿化、厕所、收费设施等。

地下停车库是将停车场建在地下，这是节省城市用地的有效措施。结合城市规划和人防工程建设，在不同的地区修建各种地下停车库，例如在公园、绿地、道路、广场及建筑物下面等。修建地下停车库的费用大，但容量也大。

停车场的规划设计除包括停车场的内容外，还应特别重视周围道路的疏解能力和进出通道、上下通道、安全紧急通道及驾驶人员通道，以及通风、照明、机械设备、防灾及管理设施等问题。

三、基本定义和术语

要做好停车场的规划设计，必须充分了解车辆停放的具体情况和特征，为了描述车辆停放的主要特征，需要对停车调查分析的主要参数进行定义。

（1）停车目的

是指车主（驾驶人员、骑车人员）在出行中停放车辆后的活动目的，例如上班、上学、购物、业务、娱乐等。

（2）停放时间

指车辆在停车场实际停放时间，它是衡量停车场交通负荷与周转效率的基本指标之一，其分布与停放目的、停放点土地使用等因素有关。

（3）累积停车数

指典型停放点和区域内在一定时间（时段）内实际停放车数量。

（4）延停车数

指一定时间间隔内，调查点或区域内累积停放次数（辆次）。

（5）停车场容量

指给定停车区域或停车场有效面积上可用于停放车辆的最大泊位数。

（6）停车需求

指给定停车区域内特定时间间隔内的停放吸引量。

（7）停车供应

指一定的停车区域内按规范提供的有效车位数。

（8）停车密度

停车密度是停车负荷的基本度量单位。它有两种定义：一是指停放吸引量（存放量）大小随时间变化的程度，一般高峰时段停车密度最高；另一定义是指空间分布而言，表示在不同吸引点停车吸引量的大小程度。

（9）停放周转率

指单位停车车位在某一间隔时段（一日、一小时或几小时）内的停放车辆次数，为实际停放车累积次数与车位容量之比。

（10）停放车指数（停放饱和度、占有率）

指某时段内实际停车数量或停放吸引量与停场容量之比，它反映停车场地拥挤程度。

（11）步行距离

是指从停放车处到出行目的地的实际步行距离，可反映停车场布局的合理程度，也是规划的重要控制因素之一。

第二节　停车调查与车辆停放特性

一、停车调查

1. 调查内容

停车调查内容包括停车设施供应调查与车辆停放实况调查两个方面。

停车设施供应调查包括路内、路外停车场地位置、容量及其他相应特征资料的调查。其具体内容如下：

（1）容量

路内停车容量应指法定的车位容量，在我国是指由公安交通管理部门画线或标志指定的允许停车范围；路外停车场（库）容量则指能实际使用的车位数。

（2）地点和位置

路内停车场应注明道路的具体分段名（路段地名）、部位（车行道、人行道、分隔带等）和路侧（东侧、南侧、西侧、北侧等）；路外设施应具体编号，并用示意图表示停车车位的分布区域、数量等。

（3）停车设施的耐久程度、设备情况

（4）停车时间限制或营业时间

（5）经营管理情况

（6）收费标准

停车实况调查就是停车场利用情况调查，包括各停车场累计停车数量、延停车辆数、平均停放时间及停放量时间分布、空间分布、停放饱和度、停放周转率、停放方式、停放地点与目的地的关系、步行时间，以及停车地点附近的交通情况、环境条件等。

2. 调查方法

停车实况调查方法主要有以下三种：

（1）连续式调查

指从开始存车起到结束存车止连续记录停车情况。为了了解按时间存车辆数、最多存放车辆数、车辆停放最长时间等情况，可用此方法。

（2）间歇式调查

指每隔一定的时间间隔（5 min、10 min、15 min 等）记录调查范围内的停车情况，根据调查的目的，可分为记车号与不记车号两种，重点是了解停车场一天中停放需求（吸引）量与时段的变化。

（3）询问式调查

指直接找驾驶员或发给驾驶员调查卡片等，向驾驶员了解车辆停放目的、停放点到目的地的距离、步行时间等。

具体选择调查方法时应综合考虑以下因素：

①调查目标要求：目标单一的可以选择相应简单的方法；调查要求多、内容广时，宜采用多种方法的组合。

②调查范围：确定调查范围为一条路、一个集散中心或是一个区域。

③调查时间：包含车辆停放高峰时段在内 8 h 以上或是由于调查目的不同仅调查高峰时段停车情况。

④调查过程人力、物力及设备条件，完成调查的时间要求。

⑤调查对象：机动车、非机动车者两者都作调查。

⑥调查要求的精度。

3. 调查示例

(1)累计停车调查

为确定不同用地条件下停车高峰量及随时间的变化规律，美国交通工程师建议采用间歇式观测方法，根据不同停放点和停放量时间分布情况，按预先确定的时间间隔进行巡回观测。间歇式调查只需用一辆车、一名驾驶员、一名观测员，用彩色铅笔标注每个停车场中观测到的停放车辆。

(2)1969—1972 年日本东京市中心区车辆实际停放情况调查

调查的目的是掌握东京市中心区(特别是 CBD)的路内、路外停车场分布及其利用实况，探明车辆停放需求数量和汽车停放计时器的设置。调查部门提出了一个综合的停车调查实施方案：

①路内停放车辆采用空中照片判读观测(涉及道路长度 119 km，区域范围约 5.1 km × 2.1 km)

②对中心区的四个地区以 80 台汽车停放计时器为调查对象，采用记车号式连续观测和征询意见调查相结合的方法进行调查；

③采用动态录像和人工观测相结合，调查路内停车对道路交通流的影响。

(3)1987 年 7 月上海市区车辆停放调查

调查是按照上海城市综合交通规划目标要求进行的，重点是了解市中心区的路内停车(机动车、自行车)设施供应和利用实况，以及土地开发与停车吸引的关系。采用了以下调查方案：

①利用专门停放设施调查表，对各调查小区和停放点的停车车位容量、分类、管理、收费等情况进行现场勘查、汇总。

②采用间歇式调查方法观测(机动车、非机动车)各区停放点一天 10 h(8∶00—18∶00)的停放吸引量变化情况，间断时间间隔为 15 min。

间歇式调查的巡回观测时间间隔选定与调查精度要求相关，观测间隔延长，漏测概率增大，因此宜作试调查，提出控制误差。上海市区停车调查是按 5% 相对误差试点后确认以 15 min 为间断调查的依据。

③用对车号间断调查方法对市中心范围内的路边机动车停车场进行观测，掌握停放车辆类型、停放时间、停放方式实况。

④用征询意见调查表在现场对停车车主进行停车目的、步行距离、收费等情况的调查。

⑤采用现场勘查方法对路外社会公共停车场、专用停车场和配建停车场(库)进行调查。

二、车辆停放特性

根据对各种类型停车场的停车供需实况进行调查与分析,可以掌握一个城市或城市不同区域的停车供需状况、停车时空分布特征以及人们出行过程中停放车行为决策等特性。

1. 停车设施的分类特点

国外城市中心区有关停车统计资料表明,城市人口规模越大,路内停车车位比例和实际停放的比例越低;人口超过 50 万的城市,路外车库的车位比重骤增,而路外地面停车场车位比重下降;从上午 10 点到下午 6 点 8 h 的每个车位平均停车数(周转率)看,路内计时收费的车位周转率最高。表 9 – 1、表 9 – 2 为美国市中心区的统计结果。

表 9 – 1 美国中心商业区各类停车设施的比例与接纳的停车者比例

地区人口 /万人	车位位置					
	路侧(内)		路外地面停车场		路外停车库	
	车位比例	停车比例	车位比例	停车比例	车位比例	停车比例
1 ~ 2.5	43	79	57	21	0	0
2.5 ~ 5	38	74	59	24	3	2
5 ~ 10	35	68	60	31	5	1
10 ~ 25	27	52	62	42	11	6
25 ~ 50	20	54	64	34	16	12
50 ~ 100	14	33	56	39	30	28
> 100	14	30	55	54	31	16

表 9 – 2 美国中心商业区各类停车设施的周转率单位:辆次/泊位

城区人口/万人	停车设施类型						
	路 侧 (内)				路外		
	计时收费	允许停车区	专用	平 均	地面停车场	车库	平 均
1 ~ 1.25	—	—	—	6.7	1.8	0.3	1.8
2.5 ~ 5	—	—	—	6.4	1.5	0.6	1.5
5 ~ 10	7.8	2.8	3.7	6.1	1.7	0.8	1.6
10 ~ 25	8.1	3.1	4.4	5.7	1.6	1.0	1.5
25 ~ 50	7.1	2.5	3.3	5.2	1.4	1.1	1.4
50 ~ 100	6.6	1.1	3.9	4.5	1.2	1.4	1.2
> 100	5.5	3.6	2.9	3.8	1.1	1.0	1.1

2. 停放时间

车辆停放时间与各个城市的生活节奏、土地使用、人口规模和出行目的等因素有关。城市规模大，则车辆平均停放时间长，而以工作出行停车时间最长。表9-3给出了美国以及我国台湾、上海学者的调查统计值。

表9-3　按出行目的分类的停放时间（单位/h）

城区人口/万人	出行目的			各类停放时间的平均值
	购物	个人私事	工作	
1~2.5	0.5	0.4	3.5	1.3
2.5~5	0.6	0.5	3.7	1.2
5~10	0.6	0.8	3.3	1.2
10~25	1.3	0.9	4.3	2.1
25~50	1.3	1.0	5.0	2.7
50~100	1.5	1.7	5.9	3.0
>100	1.1	1.1	5.6	3.0

3. 步行距离（或步行时间）

步行距离随城市规模增大而增加，工作出行步行距离最长，而路内停车比路外停车场（库）步行距离短。一般来说，停车时间长，所能忍受的步行距离也较长。表9-4、表9-5为美国几个城市的调查结果，表9-6给出了中国台湾地区提出的可接受步行距离之建议标准。

表9-4　按出行目的分类的从停车点至出行终点的平均步行距离（单位/m）

城市区人口/万人	出行目的			
	购物	个人私事	工作	其他
1~2.5	60	60	82	60
2.5~5	85	73	120	64
5~10	107	88	121	79
10~25	143	119	152	104
25~50	174	137	204	116
50~100	171	180	198	152

表9-5　按设施类型分类的从停车点至出行终点的平均步行距离（单位/m）

城区人口/万人	停车设施类型			平均
	路内	路外		
		地面停车场	车库	
1~2.5	64	64	—	64
2.5~5	76	107	30	85
5~10	85	116	73	85
10~25	113	165	101	128
25~50	119	232	213	168

表9-6 可接受步行距离之建议标准

人口分组(都市化地区)	步行距离/m	人口分组(都市化地区)	步行距离/m
2.5万人以下	91	10~25万人	162
2.5~5万人	105	25~50万人	226
5~10万人	149	50万人以上人	229

4. 停车行为决策

据上海、台北进行的询问调查,对路边违章停车、路外停车场以及自行车停放都有一定代表性的决策行为特征,如表9-7、表9-8所示。

表9-7 路外停车场使用者特性反应表(中国台北)

反应点数　人数项目	非常重要 4	重要 3	一般 2	不重要 1	加权点数	比例
等待及找车位时间	38	26	29	5	2.99	19.0%
高峰拥挤现象	61	25	11	1	3.49	22.5%
停车方便性	30	34	25	9	2.87	18.5%
停车舒适性	31	25	33	9	2.80	18.0%
停车安全性	59	22	12	5	3.38	22.0%

表9-8 自行车停车行为决策排序表(上海)

排序　分配次数及比例	排名顺序				排序加权均值
	1	2	3	4	
步行距离合适	634 80.25%	128 16.20%	21 2.66%	7 0.89%	1.24
安全性	104 13.16%	378 47.85%	208 26.33%	100 21.90%	2.39
收费合适	25 3.16%	265 33.54%	327 41.40%	173 21.90%	2.82
寻找其他地点难	27 3.42%	124 15.70%	208 26.33%	431 54.55%	3.32

第三节　停车场的规划

停车场规划是综合交通规划的一部分。停车场规划应包括路外停车场、库(公用的和专用的)和路边停车用地的布置,不同地点或小区停车需求预测及停车设施容量估计。

一、停车场用地布置原则

停车场的规划布局,直接影响到车流的控制和客流的调整,关系到城市道路系统的全局,影响甚大。

①停车场的设置应符合城市总体规划,规划期停车数和道路交通组织的要求,大中小型停车场相匹配,路上停车场、路外停车场、停车楼、地下停车库相结合,形成一个合理的停车场系统。

②停车场的设置不应靠近干道交叉口,为了便于组织车辆右行,可以在停车场周边开辟辅路,由停车场进出的车辆可以通过辅路绕过交叉口或右行至交叉口,以减少交叉冲突。

③停车步行距离要适当。一般机动车停放点至目的地的步行距离以 200 ~ 400 m 为限,自行车应在 50 ~ 100 m 的限度内,否则就会导致存车人的不便及交通管理上的困难。

④大城市的停车场分散布置比集中布置要好,且应结合城市公共交通场站规划布设不同交通方式之间的换乘停车场,以方便换乘。对于过境车辆,应在市外环路附近设置停车场,面向各对外公路,减少不必要的车辆进入市区。

⑤公共建筑配建的自行车停车场应根据服务对象、性质及用地条件,采用适当分散与集中相结合的原则进行布设,一般应布设在建筑物的出入口两侧或前后左右的场地内。

二、停车设施容量的估算

停车泊位是一种典型的时空资源,其使用与服务能力大小可以用"泊位·小时"单位来度量。所谓停车设施容量可以定义为正常状态下,一定区域内路边内外停车设施单位时间段内所能容纳的最大车辆数。车辆在停放时要占用一定的泊位面积,每次有目的的出行停放过程要占用一定的时间,每个泊位在规定时间内又可以连续提供其他车辆周转使用。显然一定区域一定时间(段)内的泊位容量与停放周转特征(平均停放时间)有密切联系。

(1)理论停车设施容量

$$Cap = TP_T / TP_C \quad (\text{pcu/h 或 d}) \qquad (9-1)$$

式中: TP_T——停车设施时空资源;

$= S \times T$(泊位·小时或 $m^2 \cdot h$);

S——各类停车设施总泊位数(标准车)或总面积(m^2);

T——单位服务时间(时或日);

TP_C——停放标准车时空消耗, $TP_C = At = A/C$, ($m^2 \cdot h/PCU$)

A——标准车停放面积(m^2);

t——平均停放时间(h);

c——周转率,单位时间(h 或 d)没车位停放周转次数。

(2)停车设施高峰实际容量(Cap_T)

$$Cap_{\mathrm{T}} = Cap\eta_1\eta_2\eta_3 \quad (\mathrm{pcu/h} \text{ 或 } \mathrm{d}) \tag{9-2}$$

影响停车设施容量的因素很多，主要有设施区位分布的影响、各类停车设施使用周转率，收费及政策管理因素等。可以概括为以下三个基本影响系数。

①有效泊位(面积)系数 η_1：一般情况下，路外停车设施(建筑物配建泊位与社会专用停车库)的泊位量比较可靠、有效，而路边停车由于通道出入口辅助面积比较难保证，特别是在我国大城市道边停车比重又比较高的情况下，有效泊位面积应按照实际调查进行折减。η_1 一般取 0.7~0.9；

②周转利用系数 η_2，周转率与不同区位的停车设施、停车目的有密切关系，相差变化较大，取平均值有一定的误差，η_2 大致为 0.8~0.9；

③政策性系数 η_3，收费与管理措施，不仅会影响停车需求，还会随动态交通的变化，直接影响到停车设施使用功能，η_3 宜取 0.9 左右。

从社会经济学观点看，将停车设施视为一种"准公共物品"，因为其具有不可存储性和不可运输性特征：在停车非高峰期间，停车设施容量相对过剩，而且这部分过剩的容量(泊位)并不能存储起来供高峰时期用。如果按照高峰需求确定停车设施容量，势必造成巨大浪费；如按照非高峰需求定停车设施容量，势必会使高峰期间排队堵塞。另外，在都市不同地区，例如边缘地区的停车容量相对过剩，但不能将剩余的容量输送到市中心使用。从这两方面看，如何适当地控制停车供需关系，使车辆运行与停放拥挤保持在一个比较合理的水平上，是确定停车设施高峰实际容量的基本出发点。

三、停车需求预测

一般而言，停车需求分为两大类，一类称之为车辆拥有之停车需求，也即所谓夜间停车需求，主要是为居民或单位车辆夜间停放服务，较易从各区域车辆注册数的多少估计出来；另一类是车辆使用过程之停车需求，也即所谓日间停车需求，主要是由于社会、经济活动所产生的各种出行所形成的，由于出行活动目的、地点和时间等均不易掌握，其需求分析就显得十分复杂而困难。世界各国大都市常发生的停车问题就是此类问题，也是停车规划研究的主要问题。

停车需求与城市人口规模、土地利用、车辆增长、出行方式、道路设施乃至政策等都有关系。从美国、日本和我国香港、台湾、上海等的研究成果看，主要有以下三类预测模型：

1. 基于类型分析法的产生率模型

本方法的基本原理是建立土地利用与停车产生率的关系模式。例如：对一个办公大楼，其停车需求可以用每 $100\ \mathrm{m}^2$ 所需若干停车位表示，也可以用每个就业岗位(雇员)需配备若干停车位来表示。其数学表达式如下：

$$P_{d_i} = \sum R_{d_{ij}} \cdot L_{d_{ij}} \qquad j=1, 2, 3, \cdots, n \tag{9-3}$$

式中：P_{d_i}——第 d 年 i 区高峰时间停车需求量(车位)；

$\qquad R_{d_{ij}}$——第 d 年 i 区 j 类土地使用单位停车需求产生率；

$\qquad L_{d_{ij}}$——第 d 年 i 区 j 类土地使用量(面积或雇员数)。

有关停车需求产生率的标定，各国都进行了许多研究工作。美国从 20 世纪 60 年代中期开始，就有详细的需求产生率和规划标准等研究成果，1987 年美国运输工程师协会"ITE"(Institute of Transportation Engineers)出版的《停车产生》(第 2 版)，提出了按土地使用详细分类的高峰停车位曲线图和计算公式。日本和香港、中国台湾地区的需求产生率指标远低于美国标准。

2. 基于相关分析法的多元回归模型

从城市停车需求的本质及其因果关系中可以发现停车需求与城市经济活动、土地使用等多因素相关，根据美国道路研究委员会的研究报告，提出数学模型如下：

$$P_{d_i} = K_0 + K_1(EP_{d_i}) + K_2(PO_{d_i}) + K_3(FA_{d_i}) + K_4(DC_{d_i}) + K_5(RS_{d_i}) + K_6(AD_{d_i}) \quad (9-4)$$

式中：P_{d_i}——第 d 年 i 区高峰时间停车需求量(车位)；

　　　EP_{d_i}——第 d 年 i 区就业岗位数；

　　　PO_{d_i}——第 d 年 i 区人口数；

　　　FA_{d_i}——第 d 年 i 区房屋地板面积；

　　　DC_{d_i}——第 d 年 i 区家计单位(企业)数；

　　　RS_{d_i}——第 d 年 i 区零售服务业数；

　　　AD_{d_i}——第 d 年 i 区小汽车拥有数；

　　　$K_i(i=0,1,2,3,\cdots)$——回归系数。

上述模型是根据若干年所有变量的资料，用回归分析方法计算出其回归系数值，并要经过统计检验。值得注意的是，在对未来进行预测时，须将模型中的参数 K 作适时的修正，才能符合未来情况的变化。

3. 基于停车与车辆出行关系的出行吸引模型

停车需求产生与地区的社会经济活动强度有关，而社会经济活动强度又与该地区吸引的出行车次密切相关。建立出行吸引模型的基础是开展城市综合交通调查。根据各交通小区的车辆出行分布和各小区的停车吸引量建立模型，推算小区停车车次，在此基础上，根据城市人口规模和每一停车车次所需停车泊位数(高峰时刻)的关系计算各交通分区高峰时间的停车泊位需求量。

四、近期停车设施规划的重点

从国外许多成功的经验看，在停车规划中把近期措施置于长远停车系统目标指导下，纳入城市综合交通规划，而重点放在近期的综合对策研究上是符合实际的。

针对我国各城市普遍存在的停车难问题，建议近期停车设施规划中应把需求管理与执法管理结合起来，使市中心区停放车从放任自流的政策环境过渡到控制需求的政策环境。采取的主要措施有：

(1)拟定 CBD 内禁停、路内外限停的地段与时间。

(2)对 CBD 采取规定时间控制某些车辆进入，鼓励换乘和合乘政策，达到控制停车需求。

(3)制定超时和违章罚款，吊扣执照直至传票，拖走和扣押车辆的条例，严格停车收费，强化管理执行与裁决机构。

(4)针对我国大城市停车设施严重短缺的状况，近期要加强建筑物与住宅配建停车位的设置标准制定和政策落实工作，一方面要大力实行"拥车者自备车位"的政策，适应轿车普及的客观需求；另一方面要通过配建车位的审核评估、使用监督、违章处罚等措施，使城市不同区位的停车设施布局、规模、形式与动态交通协调一致，促使以需求为导向的规划向以资源为导向的规划机制的转变。

(5)停车场形式选择应因地制宜,在寸土寸金的都市中心区,应多推荐空间利用率高、占地面积小、存取方便,环境影响小,机电一体化的多层或高层机械式立体车库,并与传统停车模式进行多方面比较论证。

第四节　停车场设计

一、拟定设计车型

一般选用停车使用比重最大的车型作为设计标准。我国目前有几百种车型,根据公安部、建设部组织制定的《停车场规划设计规则》,将设计车型定为小型汽车,以它作为换算的标准。将其他各类车型按照几何尺寸归并成微型、小型、中型、大型和铰接车共五类,具体尺寸和换算关系如表9-9所示。

表9-9　停车场(库)设计车型外廓尺寸和换算关系表

项目 车辆类型		各类车型外廓尺寸/m			车辆换算系数
		总长	总宽	总高	
机动车	微型汽车	3.20	1.60	1.80	0.70
	小型汽车	5.00	2.00	2.20	1.00
	中型汽车	8.70	2.50	4.00	2.00
	大型汽车	12.00	2.50	4.00	2.50
	铰接车	18.00	2.50	4.00	3.50
自行车		1.93	0.60	1.15	

二、停放方式与停发方式

1.停放方式

①平行式停车,如图9-1所示,这种方式占用的停车带较窄,车辆驶出方便、迅速、但单位长度内停放的车辆最少。

②垂直式停车,如图9-2所示,车辆垂直于通道方向停放。这种方式的特点是单位长度内停放的车辆数较多,用地比较紧凑。

③斜列式停车,如图9-3所示,车辆一般与通道成30°、45°、60°三种角度停放。其特点是停车带宽随车身长和停放角度而异,车辆进出,停发方便。经研究表明,当停车角度为70°时,可以获得最大停车容量(单行通道)。

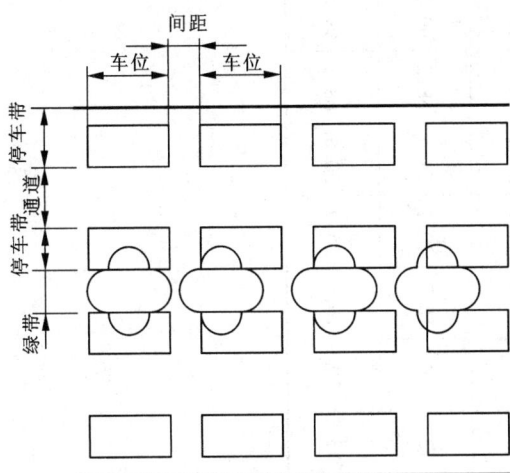

图 9-1　平行式停车场示意图

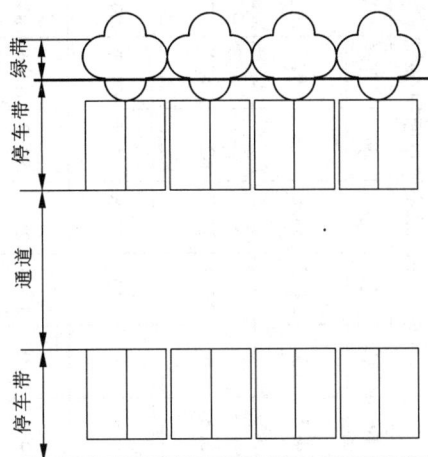

图 9-2　垂直式停车场示意图

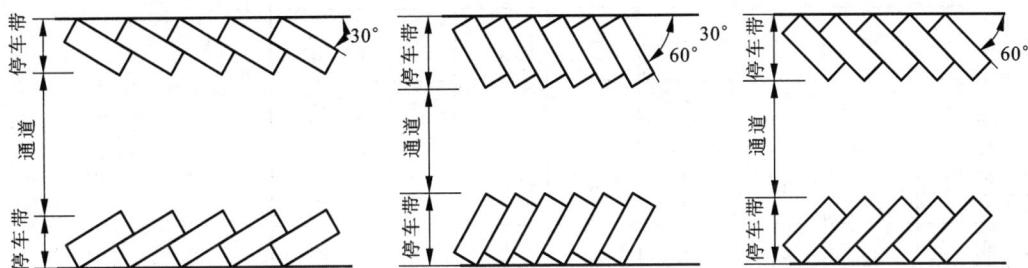

图 9-3　斜列式停车场示意图

2. 停发方式

通常停发方式有三种:

①前进式停车,后退式发车

②后退式停车,前进式发车

③前进式停车,前进式发车

后退式停车、前进式发车,发车迅速方便,占地也不多,多被采用。

三、单位停车面积

单位停车面积是指一辆设计车型所占用地面积,它应包括停车车位面积和均摊的通道面积,以及其他辅助设施面积之和。单位停车面积应根据车型、停车方式以及车辆停放所需的纵向与横向跨距要求确定。许多国家已有停车法规,设计时可以查阅相关规范。我国规定的机动车单位停车面积等有关设计参数如表 9-10 所示。

表 9 - 10 我国规定的机动车单位停车面积等有关设计参数

停车方式		垂直通道方向的停车带宽/m					平行通道方向的停车带宽/m					通道宽/m					单位停车面积/m²				
		I	II	III	IV	V	I	II	III	IV	V	I	II	III	IV	V	I	II	III	IV	V
平行式	前进停车	2.6	2.8	3.5	3.5	3.5	5.2	7	12.7	16	22	3	4	4.5	4.5	5	21.3	33.6	73	92	132
斜列式	30° 前进停车	3.2	4.2	6.4	8	11	5.2	5.6	7	7	7	3	4	5	5.8	6	24.4	34.7	62.3	76.1	78
	45° 前进停车	3.9	5.2	8.1	10.4	14.7	3.7	4	4.9	4.9	4.9	3	4	6	6.8	7	20	28.8	54.4	67.5	89.2
	60° 前进停车	4.3	5.9	9.3	12.1	17.3	3	3.2	4	4	4	4	5	8	9.5	10	18.9	26.9	53.2	67.4	89.2
	60° 后退停车	4.3	5.9	9.3	12.1	17.3	3	3.2	4	4	4	3.5	4.5	6.5	7.3	8	18.2	26.1	50.2	62.9	85.2
垂直式	前进停车	4.2	6	9.7	13	19	2.6	2.8	3.5	3.5	3.5	6	9.5	10	13	19	18.7	30.1	51.5	68.3	99.8
	后退停车	4.2	6	9.7	13	19	2.6	2.8	3.5	3.5	3.5	4.2	6	9.7	13	19	16.4	25.2	50.8	68.3	99.8

对于城市中心的路边停车，其单位停放面积，要小于上述路外停车场标准，主要原因是路边停车的进出通道可以借用道路通行，另外中心区的用地紧张，促使单位车位面积减少。根据上海市中心停车调查，获得以小汽车为标准的路边停车单位面积如表9–11所示。

表9–11　路边停车单位停放面积

车型	小型车	中型车	大型车	摩托车(三轮)	自行车
单位停放面积/m²	15.7	34.4	53.4	3.8	1.2

四、通道、出入口设计

1. 通道

通道是停车场平面设计的重要内容，其形式和有关参数，如宽度、最长纵坡、最小转弯半径等，应结合实际情况正确选用。

①我国目前设计采用的通道宽度垂直式取10~12 m，平行式取4.5 m左右，这宽度尚显得不够。公安部、建设部拟定的标准(见表9–11)已作改善。作为内部主要通道，车辆双向行驶，最小宽度不宜小于6 m。

②通常由直坡道式、螺旋式、错位式、曲线匝道等，其宽度、纵坡和最小转弯半径，美国、日本两国常用数据如表9–12所示。

表9–12　国外通道设计主要数据

国别	通道宽/m		最大纵坡/%		最小半径/m
	单车道	双车道	宜小于	不超过	
美国	3.7	6.7	15	20	约11(卡车)
日本	3.5	大于5.5	15	20	6~7(轿车)

我国公安部、建设部拟定的停车场(库)最大纵坡和最小转弯半径如表9–13所示。

表9–13　停车场(库)纵坡与转弯半径

车型	直线纵坡/%	曲线纵坡/%	最小转弯半径/m
铰接车	8	6	13.0
大型车	10	8	13.0
中型车	12	10	10.5
小型车	15	12	7.0
微型车	15	12	7.0

2. 出入口

①停车场(库)出入口设置，应按照国家标准《汽车库设计防火规定》(GB67—84)执行。

停车车位数大于 50 辆时，应设置两个出口；大于 500 辆时，应设置 3～4 个出口。出入口之间净距离必须大于 10 m。

②车辆双向行驶出入口宽度不得小于 7 m，单向行驶出入口宽度不得小于 5 m，且有良好的通视条件。停车库的出入口还应退后道路红线 10 m 以外。出入口视距如图 9-4 所示。

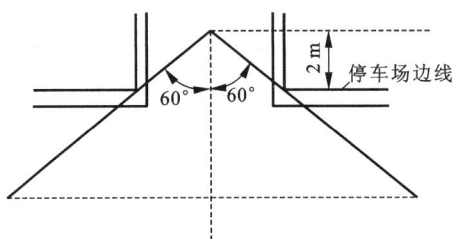

图 9-4　出入口视距示意图

思考与练习

1. 车辆停放场地有哪几种类型？在规划布置中应注意哪几点原则？
2. 什么是停放周转率？什么是停放指数？
3. 停车需求量与哪些因素有关？您认为应如何预测市中心区停车需求总量？
4. 单位停车面积如何确定？试述拟定停车场容量的基本步骤。

第十章
城市公共交通

第一节　概述

一、城市公共交通的含义和结构

1. 城市公共交通的定义

城市公共交通,指在城市及其所辖区域范围内供公众出行乘用的各种客运交通方式的总称,包括公共汽车、电车、出租汽车、轮渡、地铁、轻轨以及缆车等。它是城市客运交通系统的主体,是对国民经济和社会发展具有全局性、先导性影响的基础产业;在建设有中国特色社会主义的整个改革开放进程中,城市公共交通是国家在基本建设领域中重点支持发展的基础产业之一。

2. 城市公共交通的分类

从不同的角度,可以将城市公共交通分为不同的类别。

(1)按照运营服务方式分类

①定线定站服务。车辆(渡轮)按固定线路运行(航行),沿线设有固定的站点。行车班次(或航行时刻)按调度计划执行。在线路上车辆的行驶方式可分为全程车、区间车、站站停靠的慢车、跨站停靠的大站快车等。

②定线不定站服务。车辆按固定线路运营运行,但不设固定站点或仅设临时性站点,乘客可以在沿线任意地点要求上下车,乘用比较方便。目前在某些城市的小型公共汽车多数属于这一类。

③不定线不定站服务。主要指出租汽车服务,其运行线路与乘客上下车地点均不固定,除电话叫车、营业站点要车外,还可在街道上扬手招车。

(2)按照所用的运输工具分类

①公共汽车;②有轨电车;③无轨电车;④地下铁道;⑤出租汽车;⑥快速有轨电车;⑦城市轮渡与索道;⑧新交通系统。

快速有轨电车最早出现于20世纪70年代,由于小汽车泛滥成灾,城市交通阻塞,环境污染严重,加上石油危机冲击,一些工业发达国家重新重视城市公共交通的作用,于是从技术上寻求对有轨电车的改造,并使之与火车嫁接,从而出现了具有地铁优点而又比地铁投资少、工程量小、施工期短、运行经济的快速有轨电车。这种新型的快速有轨电车可以在地面专用轨道上行驶,因通行无阻使它的运行准点程度极高。它在工业发达国家已日益受到重视并得到较快的发展,如美国、德国、日本等。它是一种很有发展前途的现代化公共交通,又称"轻轨交通"。

轮渡与索道是在城市被江、河分割的特定条件下的一种公共交通方式,起着连结两岸过渡交通的作用,使陆上交通不能直接相通的被分割区域得以沟通,在没有现代化桥梁和水底隧道的城市显得尤为重要。此外,不少城市还开办了称为"水上巴士"的游览轮(艇),以丰富人民的文化娱乐生活。有的还办起了"水上的士",以适应乘客的应急需要,并可以到达航线以外的地点。

新交通系统是一种新兴的公共交通方式。1973 年爆发的石油危机,使能源问题深刻化;汽车的大量发展,使得世界各国的大城市交通阻塞严重;交通公害又严重危害城市居民健康;城市用地紧张,新建道路和拓宽道路工程难度很大。面临着种种问题,促使人们谋求道路交通的新对策。20 世纪 60 年代后期美国政府在完成了月球旅行的阿波罗计划之后作出决定,把电子计算机技术应用于开发新的城市交通方式,对研制工厂提供补助资金。继美国之后,德国、英国、法国、日本等也着手新交通系统的开发。所谓新交通系统,是为克服现有交通方式在环境和经营上的缺陷,或为满足现有运输方式难以适应的运输需求而开发的新交通方式和新运营服务的总称。这是一种无人驾驶、无人售票、无人服务的旅客运输系统,利用电子计算机实行自动化、无人化管理,车辆使用橡胶轮胎,运行于用混凝土或钢结构架设的高架导轨系统上,具有安全、快速、舒适、经济、低公害等性能的崭新公共交通,其运量介于地铁与公共汽车之间。这种新交通系统在美国、日本已建成多处并投入运营。

(3)按照行驶路线的属性分类

①行驶于城市街道上的公共交通,如公共汽车、有轨电车、无轨电车;

②行驶于城市街道外的公共交通,如地下铁道、快速有轨电车、新交通系统、高速铁道、市郊列车、轮渡、缆车等。

(4)按提供服务的属性分类

①基本公共交通,其服务有固定的线路、固定的停靠站点和固定的运行时刻,大部分城市公共交通属于这一类;

②辅助公共交通,其不设固定线路和停靠站点,没有固定运行时刻,对于固定的公共交通方式来说,它起辅助作用,如出租汽车、机动三轮车等。

(5)按照输送乘客的特征分类

①低速公共交通,如公共汽车、有轨电车、无轨电车、出租汽车等;

②快速公共交通,如地下铁道、快速有轨电车、新交通系统、高速铁道等;

③特殊形式的公共交通,如轮渡、缆车、直升机等。

在不同的国家,公共交通受其本国经济水平和科技水平的影响很大,故发展的规模与水平差异很大。即使在同一个国家,由于城市的政治、经济地位或地理条件不同,公共交通种类与结构也各有特色。比如工业发达国家的大城市往往以地铁、快速有轨电车为主干,积极研制新交通系统,发展多种公共交通方式综合配套,干线交通与支线交通相互衔接,大都市圈内的城市间交通均设有完善而快捷的系统。

二、城市公共交通的地位与作用

城市公共交通的基本任务是以运营服务为中心,组织城市中公共交通系统为乘客提供安全、迅速、方便、准点、舒适、经济的运输服务,最大限度地节省社会活动时间,满足城市生产、社会发展和人民劳动与生活的需要。

公共交通在城市交通系统中占有非常重要的地位，是城市交通的骨干和支柱。城市交通在很大程度上依赖于公共交通，在许多城市居民的出行有一半以上要搭乘公共电车、汽车，有些城市甚至高达80%以上。由于对公共交通的过分依赖，许多城市出现公共电车、汽车人满为患、拥挤不堪等现象。发达国家的城市交通网络十分发达，私人小汽车普及率很高，但公共交通仍然发挥着很大的作用，私人小汽车一般只占到客运总量的20% ~ 30%。表10 – 1是世界主要城市公共交通设置的基本情况。

表10 – 1　世界主要城市公共交通设置

城市名称	人口/百万	公共交通方式	每人每年出行次数
莫斯科	8		713
东京	11.6	公共汽车、有轨电车、地铁、市郊铁路	650
汉城	8.7	公共汽车、地铁	457
吉隆坡	1.0	公共汽车、小公共汽车	224
多伦多	2.8	公共汽车、地铁、无轨电车	200
北京	8.7	公共汽车、地铁、无轨电车	107
芝加哥	6.7	公共汽车、地铁、市郊铁路	101

公共交通是城市发展的必然产物，也是城市赖以生存的重要基础设施之一。它作为城市动态大系统中的一个重要组成部分，是城市整体发展中不可缺少的物质条件和基础产业，也是联系社会生产、流通和人民生活的纽带。它在发挥城市功能、组织经济活动、促进社会发展、保证社会安定团结的政治局面等方面都具有重要作用。公共交通系统具有运载量大、运送效率高、能源消耗低、相对污染少、运输成本低等优点，在城市交通干线上尤为明显。历史的发展使人们从教训中得到一条宝贵的经验：要解决大、中型城市的交通问题，并使其具有必要的活力，应该特别重视优先发展公共交通和专业货物运输；私人交通和非专业货物运输，只能作为公共交通和专业货运的辅助方式适当地控制其发展。因而世界各国包括号称"汽车王国"的一些主要工业发达国家也都在政策上和各种交通管理措施上扶持公共交通的发展，以改善城市的交通状况。

三、城市公共交通的特性

1.公共交通产品的特殊性

物质生产部门在生产过程中，通过改变劳动对象的属性或形态，创造出具有新属性或新形态的产品，称为有形产品。而公共交通服务，则是在保持乘客(劳动对象)的属性及形态均不改变的情况下，使乘客发生空间位移，创造出具有移动价值的产品称为无形产品。

2.公共交通服务的即时性

物质生产部门生产的产品，其生产过程与消费过程表现为两个可以完全分开的不同阶段：生产过程中创造出的产品可以独立存在，经过收购、贮存、销售等经济活动环节转入到消费者手中。公共交通为社会提供的不是实物形态的产品，而是一种劳务，即对有运输需求的人(乘客)提供客运服务。在客运服务(生产)过程中，乘客既是被"加工"的对象，又是客运服务的利用(消费)者。乘客上车，客运服务随即开始，消费过程也同时开始，一旦乘客下车，服务过程即告结束，消费过程也同时结束。所以客运服务生产过程与消费过程是合二为一的。

在公共交通的客运服务过程中所发生的运营公里是无法储存的，客运服务过程有效或者无效以及效能的高或低，都在一次运行过程中同时得到反映。这是从事公共交通的领导者、组织管理者以及全体职工必须充分认识的特性。因此，公共交通企业要特别注意抓好运营效率与服务质量。

3. 公共交通服务的社会性

公共交通的服务性决定了它必然与社会有着广泛联系。不论什么人、什么出行目的，只要是在有公共交通运营的地域及时间内，它都被人们广泛地利用着。公共交通不仅为个人出行服务，整个城市的生产、建设，一切经济活动、文化活动，乃至航空港、铁路车站、航运码头之间的联结，都需要公共交通。所以人们比喻公共交通是城市的大动脉，它与城市的一切活动息息相关。

4. 公共交通服务的时效性

人们利用公共交通代替步行，其主要目的是为了节省时间，以求迅速达到目的地，时间的节省意味着社会劳动的节省和人们精力的节省，这是公交产业对社会、对乘客在经济上、精神上的一种贡献。从总体上说，节省的时间越多，公交产业对社会的贡献也越大。越是现代化的交通工具，其速度的优越性就越明显，进而其安全性、准点性及舒适性等性能，也就越是被利用者(乘客)所重视。

5. 公共交通服务的不均衡性

公共交通的服务受客流变动的影响很大，客流不仅在时间上的分布有所不同，一昼夜中有高峰与低谷的差异，在一周中的不同日期及一年中的不同月份均有差异。同时客流在空间上的分布也是不同的，如城市中各个区域(小区)之间，各条线路的方向上、断面(路段)上的客流分布都有差异。这种差异就是客流在时间、数量、方向、距离、地点上的不均衡性。公交企业必须掌握并使运营服务吻合这种不均衡性。加强对客流的研究，搞好客流调查与预测，掌握客流动态及其变化规律，做好运行组织工作。

6. 公共交通服务的分散性

工农业生产是在固定的厂房、工地或田间进行的，其生产作业可以集中组织，而公共交通的运营线路遍布于市区和郊区，服务过程又是流动的，这就决定了它的又一个特性：点多、面广、线长、流动分散、单车(船)作业，而且是多工种、多环节(管、用、养、修)的联合作业方式。

7. 公共交通服务的准公费特性

所谓准公费服务，指介于纯自费与纯公费之间的服务方式。由于公交服务兼有广泛的社会性与商品性，是一种公益性事业，使公交服务的价格并不完全由企业按客运市场需求来定价，而需要由政府进行适当调控。当公交服务的价格不能完全反映价值，只能部分地补偿它在客运服务过程中活劳动与物化劳动的消耗，使其价格低于价值而出现亏损时，政府则应予以必要的财政扶持，如对公共交通进行发展性的投资、对价格与价值之差进行补贴以及给予税费征收方面的优惠待遇等等，以保护广大公交职工的劳动所得和保证公交企业能进行再生产和扩大再生产。

第二节 城市公共交通规划

城市公共交通规划是城市交通规划的重要内容，要在调查研究城市交通现状的基础上，根据城市总体规划确定的人口规模、土地利用、城市道路系统、规划年限和社会经济发展以及城市公共交通建设的承受能力等方面的资料，合理地确定城市客运交通结构，预测公共交通客运量、客运周转量、客流的时间分布和空间分布，布置公共交通线路网络，确定公共交通车种及车辆数，安排公共交通枢纽以及公共交通场站设施用地。

一、城市居民出行特征

1. 居民人均出行次数

我国 20 多个城市居民出行调查显示，人均 2 次/人日 ~3 次/人日。从出行目的来看，常住人口出行次数中，工人、干部上下班出行约占 70%，学生上下学出行约占 20%，其他出行约占 10%。以上下班为主的出行，平均每人每日 2.5 次左右，学生上下学平均每人每日 3 次左右。从不同年龄组的出行次数看，出行次数最多的是 31~40 岁年龄组，随着年龄的增加，出行次数有减少趋势。不同收入水平的出行次数，从调查数据来看变化不大，说明城市人口平均每人每日出行次数有一定的度。

2. 居民出行时间分布

居民出门活动受季节影响较大，夏季昼长，人流和客流分散，冬季昼短，活动时间较为集中，再加上人们衣着较多，公共交通车辆负荷较重。风景区的线路在春秋假日也会出现很高的负荷。在一周中，周末下午和周一早上的负荷较为集中。在一天中，早高峰一般要大于晚高峰的负荷，早高峰小时的客流量常占全日客流量的 14%~20%，以工作客流为主。线路高峰小时客流量占全日客流量的 20%。为降低高峰时间的客流负荷，常采取使各单位上班时间和休息日互相错开的办法。

3. 步行范围和乘车活动范围

居民出行到某一地点，如果步行或乘车所花的时间相等，则在这段时间内所达到的距离称为步行范围。在这个范围内，通常是步行的，因为既省钱又省时。根据调查，在城市居民各类不同出行交通方式中，近距离的步行交通约占出行次数的 25%~40%。远距离的乘车交通约占出行次数的 60%~75%。

4. 居民的交通时间

按当前城市客运交通工具水平、居民时间和精力消耗情况，大、中、小城市居民乘车合理的最长出行时间如表 10-2 所列。

表 10-2 城市规模与合理的最长出行时间比较表

城市人口/万人	>100	100~50	50~20	20~5	<5
最大出行时间/min	60	60~45	45~30	30	<30
采用交通方式	地铁、公交、自行车	公交、自行车	公交、自行车	公交、自行车、步行	自行车、步行

5. 出行距离与使用交通工具的关系

居民出行在步行范围内(即 15 min 或 1 km 以内)基本上是不乘车的，随着出行距离加大，步行时间增长，体力消耗太多，都要求以车代步。在我国自行车交通比较发达的情况下，不少是骑车代步，尤其是在 3~4 km 范围内，骑车比乘公交车更省时间，体力消耗也不大，骑车的比例较高，随着出行距离的增加，骑车的比例逐渐降低，乘公共交通的比例逐渐提高。为了吸引居民乘坐公共交通车辆，应首先提高公共交通车辆的运送速度，同时也要缩短乘客的非车内时间，使乘公交车的交通时间大大少于骑车所花的时间。

影响步行率、骑车率和乘车率的因素很多，由于各个城市的特点不同，可通过居民出行分布抽样调查得到。举例如表 10-3 所示。

城市客运交通结构是指城市居民在总出行次数中采用各种交通方式所占的比例关系。在城市客运交通规划中确定客运交通结构，既要根据居民选择出行方式适宜距离的需求结构，同时也要考虑提供交通设施的承受能力和采取的交通政策。以距离远近作为选择交通方式的依据。

表 10-3 居民出行分布抽样调查表

出行距离	km	0~1	1~2	2~3	3~4	4~5	5~6	6~7	7~8	8~9	9~10	>10
步行	%	95	40	4	0	0	0	0	0	0	0	0
骑车	%	4	26	40	30	24	18	13	8	5	2	1
乘车	%	1	34	56	70	76	82	87	92	95	98	99

各交通方式的适宜出行距离是重叠的，具体要视出行的基本特征（出行目的与出行条件等）来定。在考虑适宜交通结构时，对重叠部分的方式选择，将按照优先快速做决定，这符合出行者普遍心理。这样，根据各城市居民出行抽样调查资料，给出出行总量及其距离分布，即可得到适宜的出行方式结构，并与调查的现状出行结构结合分析，据以提出规划交通结构的目标水平。举例如表 10-4 所示：

表 10-4 某城市出行方式适宜结构与现状结构对比分析

对比 分析 \ 方式	步行	自行车	公共电、汽车	轨道交通	其他
现状比重/%	13.79	50.28	26.13	2.00	7.80
适宜比重/%	6.20	26.60	35.10	24.20	7.80
差值/%	+7.59	+23.68	-8.97	-22.20	0
性质	过量	过量	不足	不足	0

从表 10-4 可以看出，自行车过多，公共交通特别是轨道交通运力不足。因此，提高公交客运能力及服务质量，尽快发展轨道交通是今后客运交通结构调整的基本方向。

各城市须结合自己的具体条件选择适合本城市的客运交通方式，组成综合交通系统。

在我国一些大城市进行的"月票调查"就是乘行起止点调查的一种形式。这种调查多数调查持月票乘车的乘客每天上下班出行情况。一般大、中城市中月票乘客占有相当大的比例。通过月票调查就可以掌握城市公共交通的基本情况，运用所搜集整理的资料就可以改善与高峰时间内的乘客运送工作。

城市居民出行调查（又称 OD 调查），在城市客运交通规划工作中，进行居民出行调查，包括各种交通手段（步行、自行车、单位大客车、私人小汽车、摩托车、公共交通车辆等）的居民出行调查是最全面、最基本的调查方法，工作量很大，在国外这一调查常常结合人口普查一起进行（即在人口调查的内容中，增加有关交通调查的项目）。一般每五年左右进行一次。

公共交通客流调查，除上述方法外，还可结合日常调度业务进行多种形式的专项调查（如为解决某些站点集散量过大的问题，采用询问乘客等方式，调查乘客来去方向，给增加长线路、组织联运提供依据），作为基础客流调查的补充。

第三节　公共交通线路网和线路

1. 城市公共交通线路网的规划原则和形式

城市公共交通线路网必须综合规划，组成一个整体。市区线路、郊区线路和对外交通线路，必须紧密衔接，线路间的集散能力应相互协调。线路网的布局应符合城市规划区域内的客流流向，并对城市用地的发展具有良好的适应性。绝大多数乘客步行距离较短，乘车方便，常见的公共交通线路网的形式有如下 4 种：

①直径线：线路两端在市区边缘穿过市中心的繁华地区；

②半径线：（辐射式）一端在市中心，另一端在市区边缘；

③切线或半环线：连接外围，不通过市中心；

④环行线：在市中心区外围，形成环行线路。

2. 公共交通线网的技术指标

①城市公共交通线路网密度，是指有公共交通线路通行的街道长度与城市用地面积之比，计算公式为

$$\delta = L/F \qquad\qquad (10-1)$$

式中：δ——线路网密度（km/km²）；

　　L——公共交通线路网长度（km）；

　　F——城市面积（km²）。

在计算 F 值时，城市用地内大块水面及一些特殊用地不计入。

城市公共交通线路网的规划密度，在市中心区一般为 3～4 km/km²，城市边缘地区为 2～2.5 km/km²。大城市或城市中心地区，居民密度高，客流集散多，不仅线路应多重复，而且线路网密度也宜用较高值；反之，小城市或城市边缘地区，宜用较低值。

公共交通线密度还应与城市道路网密度相适应。

②公共交通线路网非直线性系数，是指乘客实际乘车路程与乘车起止点之间的直线距离之比，计算公式为：

$$非直线性系数 = \frac{实际乘车路程长度}{起止点之间直线距离}$$

线路的非直线性系数受到城市道路网的形状影响，公交线路应尽量按照最短路径布置，或者使之与最短路径接近。

3. 公共交通线路的调整

公共交通的线路规划应随着客流的变化不断地进行调整和完善，调整的原则包括：

①线路方向的调整，根据大客流集散点的流向调查资料进行调整。

②线路汇聚，如果客流方向主要集中于一个方向，而实际线路却过于分散，则应对那些分散的线路进行调整，使集中于主要客流方向。

③线路分散，如果客流方向非主要集中于一个方向，而实际线路在一个方向上，这时应适当地分散一些线路。

④线路延长，根据起终点客流资料进行调整，一般在某终点站有50%乘客下车去往同一个方向，则应考虑线路延长。

⑤加设区间线，根据各线路客流断面分布情况，在那些客流量过大的区段上应增加区间往返短车次，解决中间站因乘客挤车、挂车而使车辆停站时间过长的问题，保证线路畅通，提高车辆运送速度。

4. 公共交通线路停车站

公共交通停车站的布置，不仅影响车辆的运营速度、乘客和线路的通过能力，而且影响行车安全。在布置公共交通停车站时，需要考虑如下两个因素。

①平均站距。在线路长度相同的条件下，站距长，则站点较少，进出加速时间损失较小，可以获得较高的运送速度，节省长站距乘车时间。但站距大，增加乘客步行到站的时间。一般公共交通的平均站距数值如表10-5所示。

表10-5 公共交通平均站距

公交方式	线路	平均站距/m
公共电、汽车	市区线	450~550
	郊区线	800~1000
快速有轨电车	市区线	800~1000
	郊区线	1000~1500
地下铁道	市区线	约1000
	郊区线	1000~2000
公共汽车大站快车	市区线	1500~2000
	郊区线	1500~2500

②停车站的设置。公共汽车停车站的设置，必须便利乘客换车并符合交通管理的要求。多条线路可共用一处停车站，在路段上同侧换乘最多不超过50 m。异向换乘最多不超过100 m。设在交叉口的停车站，一般应布置在距交叉口停车线50 m以上的展宽的停车道上。在路段两侧对置的停车站，应在车辆前进方向迎面错开30 m。应创造条件安排港湾式停车站，市内港湾式停车站至少应有两个停车位长度。

第四节　公共交通客运能力

一、公共交通客运能力

对于任何运输线路的客运能力或运送乘客能力，可定义为"一定期间内在规定的运行条件下，排除不合理的延误、意外事故或限制，通过一定地点可运送人数的最大值"。

该定义不如车辆通行能力的定义那样确切，因为当处理公共交通时，会掺杂进一些附加因素。更加特别的是，客运能力是建立在混合交通流基础上的，这包括期望合理地通过道路上某个点的各种类型车辆的数量和荷载率。它是车辆尺寸、形式、荷载率和车头时距的函数。

一条公共交通线路的客运能力是每小时通过车辆数（通常以通过最大车站为依据）和每车载客量的乘积。以下四个基本因素决定着最大客运能力：

①每一运输单元（公共汽车、小客车、有轨列车）的最多车辆数。

②各个运输车辆的客运能力。

③车辆之间或列车之间可能的最小车头时距。

④车辆运行渠道或乘车位置数。

公共交通的客运能力可用下式估算：

$$C_v = 3600R/h = 3600R/(D + t_c) \qquad (10-2)$$

$$C_p = nSC_v = 3600nSR/(D + t_c) \qquad (10-3)$$

式中：C_v——车辆/h/通道或站位（最大值）；

$\quad C_P$——人/h/通道或站位（最大值）；

$\quad h$——连续两辆车之间的车头时距，以 s 计；

$\quad t_c$——连续两辆公共交通车辆之间的间隔时间，以 s 计；

$\quad D$——在主要停靠站的停站时间，以 s 计；

$\quad S$——每辆车乘客数；

$\quad n$——每单元车辆数（公共汽车 $n=1$；有轨电车 $n=1\sim13$）；

$\quad R$——为了抵偿停站时间和到站时间波动的折减系数。

系数 R 是考虑到公共汽车到站时间和在停靠站上停车时间的波动而折减其运载能力。对于轻轨运输，在专用道路上具有路边岗亭信号控制或自动列车运行系统，R 可以接近 1.00；对于公共汽车，尤其是在城市街道上运行的，R 永远小于 1，建议对于最大客运能力，R 取值为 0.833。在式（10-2）和式（10-3）中的 3600R，对于最大客运能力用 3000 计算。从效果上看，它增加车头时距 20%。

二、轨道交通客运能力

有轨线路的客运能力是由车站容量或线路容量两者中较低者决定的，在大多数情况下是由车站（或停靠站）容量控制的。

有轨线路的客运能力取决于三个因素：

①车辆尺寸和列车—车站长度；

②按计划安排的运营政策决定的站立乘客数；

③列车之间的最小车头时距。这个最小的车头时距不仅是在主要车站上停车时间的函数，而且也是列车长度、加速和减速率以及列车控制系统的函数。最常用的方法是根据实际经验、车辆停站时间和信号控制系统估算最小车头时距。

高峰小时期间客运能力可用下式估计：

$$乘客数/h = (列车数/h) \times (车厢数/列车) \times (座位数/车厢) \times (乘客数/座位)$$

$$乘客数/h = (车厢数/h) \times (座位数/车厢) \times (乘客数/座位)$$

下面是根据乘客所占空间允许的服务水平计算通行能力的公式：

$$乘客数/h = (列车数/h) \times (车厢数/列车) \times (英尺^2/车厢) \times (英尺^2/乘客)$$

式中导出的客运能力不受座位构造影响，而直接与每辆车的面积有关，能使总客运能力达到最大的车辆，一般座位数最少。

第五节　公交车辆优先通行管理

汽车在市区尤其是闹市区行驶受到很大的限制。因此，在西欧和北美的一些国家，为了解决交通问题都大力提倡公交车辆优先通行，以提高运输能力。

公交车辆优先通行的实质是效率优先。公交车辆的单位时间客运量大大超过小汽车和自行车的客运量，道路上 3.5 m 宽的车道每小时通过公交车辆的客运量是小汽车的四倍左右，自行车的 3 ~ 4 倍。以德国斯图加特市中心区的调查为例，小汽车占全部车辆的 95%，公共交通以及其他交通工具只占 5%；居民出行乘小汽车的占全部出行量的 47%，约 141000 次，乘公共交通工具的占 53%，约 159000 人，这个实例充分说明了公共交通工具效率是很高的。因此，发展公共交通及给予公交车辆优先通行权是全世界积极提倡的管理措施。

近些年来，我国很多大城市，例如北京、上海、天津、广州、昆明等由于车流、客流的不断增长，都在逐步采取公交车辆优先通行的措施。如北京的王府井大街，早 8 点至晚 8 点作为公共交通的专用线路；西单北大街公共交通可以双向行驶，而其他机动车辆只能单向行驶，这对于减少车辆拥挤、节省公共交通运营时间起到了一定的作用。

公交车总的运行时间通常包括 19% ~ 21% 的停靠站时间(供乘客上下车)，2% ~ 15% 能由交叉口信号灯带来的损失时间，2% ~ 10% 由其他干扰引起的损失时间，公交车实际运行时间只占整个运行时间的 65% ~ 75%。因此，提高公交运行效率，主要方法就是减少线路损失时间。公交车辆优先通行可以在"空间"和"时间"两个方面给予公交车辆优先行驶的特权，提高速度，节省运行时间，提高运输效率，达到吸引乘客的目的。

下面介绍几种公交车辆优先通行的常用方法。

一、公交车辆专用线

公交车辆专用线分为顺向式和对向式两种。顺向式是指在一条专为公交车辆开辟的车道上，公交车辆运行的方向与其他车辆运行的方向一致，而对向式则是允许公交车辆的运行方向与其他车辆的运行方向相反。

公交车辆专用线是车行道的一部分。为了同其他车辆的车道分开常采用路面交通标示的方法，或在对向式公交车辆专用线的车道上采用实物分离的方法，使这种公交车辆专用的车道与其他车道严格分离开来。设置公交车辆专用线可能会与提高交叉口通行能力相矛盾。因为一般来说，以致一个周期内不能把车辆全部放完而造成交叉口交通拥塞。在这种情况下，在画公交车辆专用线时，不要画到交叉口的停车线，而使终止线与停车线有一段距离，这段距离称为回授距离（随绿灯时间长短而定，一般取在 10～15 m 之间）。设有回授距离的车道称为回授线。回授线的含义是，这段车道除供公交车辆停车外，其他车辆也可回到这段车道上停车，以避免这条车道通车效率的降低。另外，为了提高路面的利用率，公交车辆专用线可以按时间设置，例如规定在上下班交通高峰期间内，公交车辆专用线只准走公交车辆，而在其他时间内也可走别的车辆。

二、公交车辆专用道

公交车辆专用道是指在这种街道上只让公交车辆和行人通行。其好处是：可以将其他车辆从这种街道上排除出去，以提高公交车辆的速度；可以腾出街道空间以确保公交车辆有适当面积的停靠站；可以使行人较安全地横过街道；可以改善城市环境。采取这种公交车辆专用道，设施简单，投资少，只要加强管理，限制其他车辆通行，设置适当的交通标志即可达到目的。这样的街道一般比较短，而且也可让自行车通行。在市中心商业区或只有两条道的狭窄街道，如果其附近有平行的街道，可以将这种街道开辟为公交车专用道。

三、交通信号的公交车辆优先控制

交通信号的优先控制可提高公交车辆的运行效率，降低公交车辆在交叉口的延误。公交车辆优先控制信号优先的方法有以下四种：

（1）调整信号周期

按公交车辆的交通量调整（缩短）信号周期（不能采用最短时间），以减少公交车辆在交叉口的停车时间。

（2）增加公交车辆通行次数

在行驶一般车辆的街道与行驶公交车辆的街道相交的交叉口上，如有两个相位时（A 相和 B 相），可用其中的一个相位（如 B 相）把行驶公交车辆的街道相位（C 相）的绿灯时间分成两段，分别列在 B 相位的前后（这时相位次序成为 AC_1BC_1），以增加公交车辆的通车次数并降低其尾气排放量。

（3）使用公交车辆感应信号

在公交车辆上安装有固定频率的专用信号发射器，在路上设置相应频率的信号检测器，检测器与交通信号控制机相连。当公交车辆接近交叉口时，向检测器发出信号，检测器即把信号传给控制机，控制机指令信号灯由红灯改为绿灯，或继续延长绿灯时间。若公交停靠站设在交叉口上游一方时，可把检测器设在停靠站附近，当公交车辆离站时就可通知信号灯开放绿灯，以免在交叉口前再次停车。

（4）设置公交车辆放行专用信号灯

这种专用信号灯一般为方形，与一般信号灯有明显区别。安装在公交车辆专用车道上的检测器测得有公交车辆到达时，专用信号灯即显示绿色，公交车辆进入交叉口后，一般信号灯才显示绿色，其他车辆在公交车辆后面通行，以保证公交车辆优先通过交叉口。

除上述信号优先控制外，在某些交通拥挤的交叉口上，有禁止车辆左转弯（也有少数禁止右转弯）的规定，但公交车辆可不受此限制。或者设置公交车辆左（右）转弯专用线。此外，还有在单向交通的道路上允许公交车辆双向行驶，在有些市中心商业用地的道路上，只允许公交行驶。

第六节　新型公共交通

随着科学技术的进步，经济发达国家正研制开发新的公共交通方式在大城市进行着试运行。美国城市交通调查研究报告指出新型公共客运交通应符合八项标准。

①居民出行的平等性。应为不会开车和没有汽车的人以及老人、儿童、残疾人提供平等的交通工具。

②交通服务质量。实现能与私人汽车抗衡的优质公共交通服务。

③缓和交通混乱。减少由于交通阻塞带来的时间上的损失。

④有效利用交通设施。提高交通设施投资效益，充分利用交通系统。

⑤有效利用土地。尽量减少交通系统的占地面积，缩小受地理条件制约的影响。

⑥低公害。减轻大气污染及噪声污染。

⑦城市开发的适应性。能够适应多样化的城市开发类型带来的多种交通需要。

⑧完善制度。修改阻碍采用新技术、新方式的法律和财政、行政的制度。

美国参照上述八项标准，对近 300 个项目进行了可行性研究，认为以下几个系统在技术上、经济上是可行的。

①预约公共汽车。亦称电话预定公共汽车系统，是根据乘客要求运行的由公共汽车组成的运输系统。

②单一轨道运输系统。在专用网络线路上不设驾驶员的自动运行汽车，也叫无人驾驶出租车系统。

③双轨机动车系统。在一般轨道上与普通机动车一样，由驾驶员控制，进入专用轨道就可以自动行驶的小型车辆系统。

④自动两用公共汽车系统。这是把第三系统的车辆用于公共汽车系统，在通过城市之间的专用轨道上以自动行驶来实现大运量高速度运输的目的。在市中心普通道路上可由驾驶员控制，从而满足城市运输的多种需求。

日本已先后在四个城市(神户、大阪、千叶县、崎玉)建设了四条线路，均为中型车辆串联运行的中量轨道系统。中量轨道运输系统的运输能力为 5000～15000 人/h。为了有效地利用空间，大都是在普通公路上设高架铁道。英国 1984 年建成伯明翰机场与市内车站连结的线性驱动的小型磁悬浮系统。加拿大 1986 年为温哥华交通博览会修建了线性驱动的小型铁路。法国的地铁列车很早就使用橡胶轮胎。里尔市的 VAL 系统为了与中量交通运输设备相适应，把地铁车厢的宽度缩为 2 m，并减少隧道的断面，从而降低了建设费用。

法国于 1983 年在里尔市修建了 12.6 km 的与日本中量轨道运输系统相似的路线。前联邦德国 1970 年开始开发"常电导磁悬浮"系统，并转向高速系统领域。戴姆勒·奔驰公司正在研制一种利用复式高速交通系统的公共汽车。这种汽车在一般道路上和普通公共汽车一样，由驾驶员驾驶，进入专用轨道后，安装在前车轴的水平导向轮就被限制在列车侧壁的导轨上，由滑环机构控制前轮，驾驶员只需控制起动、停车和速度。这种公共汽车的优点是：在机械式自动驾驶时，轨道可以比人工驾驶时窄，车身的重量也比电车轻，从而降低了轨道建设的成本。

在 500～1000 m 距离内，大量输送乘客的方式，例如机场候机室的乘客运输，火车站与办公区的运输等，目前使用自动传送带的速度只有步行速度的一半，对超过 1000 m 的距离来说，显得速度过慢，所以要研制提高速度的加速式传送带。巴黎计划在市内试验安装大型复合式自动扶梯。美国的坦帕国际机场候机大楼与相距 237～305 m 的四个卫星候机楼，分别由两条直线形单轨联结，自动行驶的胶轮汽车最高时速为 48 km/h，可乘坐 100 人，单向行驶时间为 40 s，前联邦德国一家医院的运输系统，一辆乘坐 12 人的线性驱动的悬挂式轻轨汽车（车厢内能放一张病床），在相距 580 m 的病房之间，运行速度为 20 km/h。

据报道，无人驾驶的新型交通系统 2006 年已在广州开工，2009 年将投入运营，这是中国内地首个无人驾驶的地下胶轮车旅客自动运输系统。全长 3.94 km 沿途停靠 9 站，采用无人驾驶的操作系统，启动、制动、停靠均达到自动化水平。该系统与普通地铁的最大不同在于，车辆不以轨道作支撑，而以胶轮支撑、车体侧面用导向轨作导向指引。这种无人驾驶、全自动运行的交通系统，适用于中等客运量、短距离的穿梭运客。它采用全封闭线路、追踪间隔很小，反应和精确度比司机灵敏得多。它采用特殊橡胶轮胎，走混凝土专用道，可以降低运行噪声与振动，提高乘坐舒适度。此外车辆还内置了备用钢轮，橡胶轮爆胎后车辆还可安然行驶到最近的车站。

随着社会经济和科学技术的发展，新交通系统的不断研制必将会有更多的新型公共交通系统投入运行，人们的出行将更加方便。

思考与练习

1. 城市公共交通的含义和结构是什么？
2. 如何计算公共交通客运能力？
3. 城市公交车辆优先通行有哪些主要措施？
4. 轻轨交通的优点是什么？
5. 新型公共交通的研究现状和发展前景是什么？

第十一章
建设项目交通影响评价

第一节　建设项目交通影响评价概述

随着城镇化和机动化的快速发展，交通问题已经成为城市发展中的重大问题。科学协调城镇规划建设与交通系统发展之间的关系已成为城市发展的重点。部分建设项目，由于其建筑规模较大、建设周期较长，项目所诱发的交通需求往往波及项目周边一定范围内的交通网络，导致局部乃至全局的交通供求关系发生变化，从而有可能对该地区的交通拥挤程度、交通安全状况和城市空气环境质量产生显著影响。因此，协调城镇建设项目与交通系统之间的关系，促进城市与交通的可持续发展，应是城镇规划和建设管理的重要内容。

建设项目交通影响评价(Traffic Impact Analysis of Construction Project，简称 TIA，中文可简称"交评")正是协调城镇建设项目与交通系统发展的重要手段。它通过分析和评价建设项目投入使用后新增交通需求对周围交通系统的影响程度，制定相应的对策，从而把项目建设对交通系统的影响削减到可接受范围之内。建设项目交通影响评价技术始于美国，在 20 世纪 80 年代，加拿大、澳大利亚、西欧和日本等国家和地区也普遍开展了交通影响评价工作，并制定了相应的技术标准和管理办法，对控制和改善城市交通，确保建设项目的正常运作，发挥了重要作用。

我国的交通影响评价工作起步相对较晚。2000 年前后，北京、南京等特大城市率先引进了国外交通影响评价技术，尝试开展了建设项目交通影响评价工作，并以此作为土地开发项目决策的重要依据和协调城市土地利用与交通发展的重要环节。2002 年，交通影响评价工作成为公安部、建设部城市交通"畅通工程"实施的重要内容之一。2004 年 5 月 1 日实施的《中华人民共和国道路交通安全法实施条例》规定：县级以上地方各级人民政府应当组织有关部门对城市建设项目进行交通影响评价，这进一步明确了建设项目交通影响评价工作的法律地位。尽管法规上对交通影响评价工作实施有了明确规定，但在具体实践中，由于一直缺乏适合于我国国情的、统一的交通影响评价技术标准，加之国内交通规划、交通影响评价工作实施的时间较短，部分城市的交通影响评价技术力量不足或经验欠缺，因此在交通影响评价实施过程中还普遍存在技术方法不统一、报告内容不规范、评价标准不一致等诸多问题。

一、交通影响评价的目的与意义

建设项目交通影响评价是介于城乡规划管理和建设管理程序之间的重要管理与技术环节，在促进土地利用与交通系统协调发展方面发挥着重要作用。它通过分析拟建设项目对周边交通系统运行的影响，对建设项目选址、规模、规划设计方案在交通方面的合理性进行分析和评价，并提出改善措施，帮助规划、建设、交通管理等相关部门在土地开发管理审批程序的最后阶段进行交通与土地利用协调的决策。

交通影响评价主要在中微观层面进一步核实土地利用与交通系统规划建设的合理性，它在合理配置土地开发强度与交通系统的供求关系，避免城市功能和交通需求的过度集中，引导土地的集约化利用和中微观交通系统的合理化建设等方面，均具有重要意义，它是在中微观层面保障城市与交通系统可持续发展的重要技术手段。

目前，我国城市与交通系统均处于快速发展阶段，规划研究中对宏观交通关注较多，而对中微观层面的交通分析的系统性、规范性还比较欠缺，建设项目的交通影响评价正是从此着眼，在宏观规划的指导下，关注并解决城市规划建设中微观层面的交通与土地开发问题，提高资源利用的合理性，改善局部交通环境，对于整体层面交通目标的实现具有积极的推动作用。总之，现阶段我国建立交通影响评价制度，规范交通影响评价技术，不但有重要的现实意义，而且对城市的长远发展具有深远影响。

二、建设项目交通影响评价的适用范围

目前，我国交通影响评价实践主要在特大城市，主要有两方面原因：一是这些城市机动化发展比较快，交通拥堵严重，交通问题比较复杂，土地利用与交通系统急需协调；二是这些城市交通研究、咨询的技术力量比较雄厚，具备开展交通影响评价工作的技术能力。但是随着我国经济社会的发展，居民出行机动化水平提高，交通系统的供需矛盾日益突出，城市交通问题正快速向众多的中小城市和镇蔓延。加强城市规划和建设管理，优化交通与其他公建、居住等设施的用地布局，科学协调交通发展与土地利用间的关系，已成为所有城市规划与建设管理的共同任务。因此，综合考虑城镇现实的交通状况与发展前景、土地开发规模和强度、总体规划和控制性详细规划等规划基础资料的完善程度以及城镇具备的交通咨询技术能力等多种因素后，建设项目交通影响评价的适用范围确定为：城市和规划城镇人口规模10万人以上的镇。

而随着中心城区外的镇区建设进入快速发展阶段，城市交通问题亦随之延伸，因此，协调城市建设和交通系统的工作已不能只局限于中心城区，而需要扩展到有大规模建设的其他地区。

三、交通影响评价与城市规划和交通规划的关系

1. 交通影响评价与城市规划及管理的关系

根据《城乡规划法》，我国城乡规划体系由城镇体系规划、城市规划、镇规划、乡规划和村庄规划组成。城市规划、镇规划分为总体规划和详细规划。详细规划分为控制性详细规划和修建性详细规划。城市和镇应当依法编制城市和镇总体规划和详细规划，其中，总体规划决定了城市和镇的发展布局、功能分区、用地布局、综合交通体系以及各类专项规划内容。详细规划则在总体规划的指导下，确定各地块的主要用途、建筑密度、建筑高度、容积率、基础设施和公共服务设施配套等指标。依法编制的城市和镇总体规划、详细规划，是城市进行规划和建设管理的法定依据，其修改必须依法在一定程序下进行。

以城市和镇建设项目为对象的交通影响评价，一方面，其工作对象的设计方案与建设要

符合法定的城镇总体规划和详细规划的规划要求，而且评价工作本身所需的部分基础资料（如评价范围内有关土地利用和各种交通系统的规划等）主要来源于依法经批准的城市和镇的总体规划和详细规划。因此，城市和镇总体规划、详细规划是开展建设项目交通影响评价工作的前提和依据。当交通影响评价建议的交通改善措施涉及相关法定规划的修改时，也必须依法遵循法定规划调整和修改的相关程序。

另一方面，交通影响评价也是城市规划管理的重要手段以及详细规划编制的重要技术支撑，如前所述，修建性详细规划阶段的交通分析要采用交通影响评价的技术方法要求。

2. 交通影响评价与交通规划的关系

交通影响评价是城市交通规划体系中微观层面的一个分支，它在研究对象、分析深度和内容、分析年限以及用途上都不同于宏观的城镇交通规划。

宏观的城镇交通规划包括综合交通体系规划和其他专项交通系统规划，这些规划对城镇的综合交通网络或单一交通系统网络在一定规划期限内的发展目标、发展规模、规划布局、重要技术经济指标和建设时序等内容做出安排，并经过一定的程序，纳入城镇总体规划或详细规划，成为法定的城市规划内容。交通影响评价一般应有宏观的交通规划提供支撑，比如提供改善措施的策略性指引，交通需求分析中引用上层次基础参数、数据以及基础方案等。

交通影响评价是在拟建项目的选址和（或）报建阶段，重点针对项目建成后所新生成的交通需求，科学评价它们对一定范围内交通系统所产生的影响程度，其评价结论为交通影响可接受或不可接受，并以此确定是否需要对建设项目的选址和（或）报审方案进行调整。由于建设项目新生成交通需求加入后会对评价范围内的交通系统产生不同程度的影响，如道路上机动车服务水平的变化，评价范围内公共交通、自行车或步行等交通系统运行状态的改变等，当项目带来较大不利影响时，就需要对评价范围内的相关交通设施提出改善措施建议，或者对建设项目的选址和（或）报审方案进行调整，以降低建设项目开发所带来的负面交通影响。

不同于综合交通体系规划，交通影响评价主要在综合交通体系规划的基础上着眼于中微观的交通改善。改善措施不仅涉及评价范围内相关交通系统的改善，还会包括建设项目本身内部交通设施的改善，内容上除一般交通规划所要涉及的交通系统规划布局、交通运行技术经济指标以外，重点是局部交通设施与交通组织改善，包括出入口和交叉口的渠化、交通控制和管理设施改善、各种交通方式的交通组织优化、客运服务的运营组织等中微观交通改善。

多数情况下，交通影响评价年限也与综合交通体系规划中的规划年限不同，应在综合考虑建设项目本身的开发特征（如项目的使用分类、开发规模、建设时序、投入正常使用所需要的周期等）和周边的交通环境等因素的基础上确定，侧重于项目使用初年和近期。

因此，交通影响评价不同于宏观的交通规划，它是土地开发管理的辅助决策的环节之一。也是针对具体用地开发进行必要交通完善的手段之一，不能期望通过宏观层面交通规划的深化和细化来替代交通影响评价，也不能通过交通影响评价的扩大化来代替宏观层面的交通规划。

在交通影响评价过程中，纳入城市法定规划的交通规划是重要的基础和依据。建设项目交通影响评价是对城市和镇局部地区的交通状况进行分析，在其交通需求分析中经常难以把握那些需要在较大范围的分析中才能确定的交通出行参数，如方向分布、过境交通比例等，因此，建设项目交通影响评价的交通需求分析应与法定的城市和镇总体规划、详细规划以及纳入城市和镇法定规划的相关综合交通规划、专项交通规划和分区交通规划等进行衔接。

第二节　建设项目交通影响评价原理及方法

　　城市土地利用规划及城市交通规划对于确保城市的均衡、可持续发展有着极为重要的意义。城市土地开发与交通是一个矛盾统一体的两个方面，土地开发产生交通需求，交通设施提供交通供给，交通的供需应在总体及局部两个层面都达到平衡。然而，由于城市发展过程中用地及项目的非均质化，由于城市规划的动态性及详细规划调整的制度化，宏观的交通规划与微观的土地开发之间的统一和平衡被越来越严重的打破。所以，仅有宏观的土地利用规划和交通规划是不能满足城市发展的要求的。

　　交通影响评价在本质上是局部土地利用与交通系统的综合分析，也是交通规划在局部范围的具体化。交通影响评价的全过程，包括从开发项目自身情况介绍、项目周边现有交通状况分析，到交通需求预测、交通组织方案提出，是一个完整的交通规划的过程，准确地说是局部的微观层面的交通规划与开发项目附属交通设施(如进出口通道、内部交通设施等)布局方案的结合。交通影响评价是人们在深刻认识土地利用与交通系统相互关系的基础上，将现代交通规划与交通管理的手段与技术具体运用于实践中的体现。交通影响评价的直接目的是改进交通设施和项目方案以保证交通设施的基本服务水平、保证项目的交通供给和内外交通的合理性，充分体现土地利用与交通协调发展的原则。交通规划与交通影响评价的差异对比情况如表 11 - 1 所示。

表 11 - 1　城市交通规划和项目交通影响评价对比

	城市交通规划	项目交通影响评价
分析目的	以城市总体规划为依据，从城市范围、中长时期、宏观层面进行交通体系的规划与决策	以城市交通规划和用地的详细规划为依据，从局部范围、中短时期、微观层面进行交通与用地开发评价和论证
主要研究对象	交通发展战略；城市交通系统结构、规模、布局；交通建设计划	民用项目、交通设施建设；街区交通改善方案、交通管理措施；详细规划编制、土地出让及征用的规划条件等
分析目标年	中长期：10 年、20 年及以上	中短期：项目建成后的稳定运营期，一般为建成后 2 ~ 10 年
分析区域	城市	项目所在地及影响区域
分析层次	以交通小区为基本单元；宏观为主	以项目为研究核心，以影响范围为研究对象；微观为主
分析内容	以城市规划框架为基础，依据不同小区的人口、工作岗位等的预测值进行分析	使项目或方案成立所必需的交通条件，或规划交通条件下的项目或方案成立的条件；项目或方案对外部交通的影响，项目内部交通设施的配置和布局的合理性
分析方法	以居民出行调查为基础的四阶段法预测未来不同交通设施的需求	根据项目的经济技术指标，预测项目开发所带来的新增交通量，预测项目影响范围内整体交通状况

一、交通影响评价原理

交通影响分析是在开发项目规划建设之前，分析其对交通系统的影响范围和影响程度，制定确保交通服务水平不降低的对策，将项目或方案对城市交通的影响限制在确定的限度内。

1. 交通影响评价的工作内容

交通影响评价的研究内容主要包括研究范围、建设项目背景与现状交通分析、建设项目交通量预测、交通影响分析、建设项目改进方案和相关交通管理措施、预评估、结论和建议等。

（1）建设项目交通影响评价的研究范围

建设项目交通影响评价的研究区域不能局限在项目本身，应根据项目对周围地区交通影响的程度，将周边地区乃至更大范围作为一个整体来考察土地利用与交通的关系，以及交通需求与供给能力是否平衡。对于需要在立项阶段进行交通影响分析的项目和对交通影响程度较大的项目，研究范围应适当扩大。

（2）建设项目背景与现状交通分析

分析项目的背景与现状交通、周围的土地利用现状与交通系统状况、区域土地利用规划与交通规划。

（3）建设项目交通量预测

采用系统的分析方法，定量地分析各种用地类型、开发强度与交通量生成或吸引的关系，预测各目标年各方案的诱增交通量及背景交通量。

（4）交通影响评价

对建设项目交通影响研究区域内的各类交通设施的供应与需求进行分析，分析交通需求与路网容纳能力是否匹配，评价建设项目对周围交通环境的影响程度，包括建设项目产生的交通量对各相关交通设施（如：道路与交叉口、公交站线、行人设施、停车场等）的能力与服务水平影响。并对既有的交通规划方案进行评价和检验。

（5）提出改进方案和交通管理措施并进行预评估

依据分析评价结果，提出减小建设项目对周围道路交通影响的改进方案和措施（外部和内部交通系统），处理好建设项目内部交通与外部交通的衔接，提出相应的交通管理措施，并对改进的措施和方案进行预评估。

（6）结论和建议

根据预评估结果，对建设项目规模、业态、配套交通设施等的限制条件提出结论性意见，对内、外部交通组织及区域交通基础设施提出改进措施。

2. 建设项目交通影响评价阈值的确定

交通影响评价启动阈值是建设项目需要进行交通影响评价的门槛条件，是城市交通影响评价主管部门用来决定土地开发项目是否需要进行交通影响评价的依据。为了提高交通影响评价的效率，有区别地开展交通影响评价工作，一般情况下选择交通影响较大的建设项目作为交通影响评价的对象，而选择的标准就是阈值。因此，建设项目的规模或指标达到或超过规定的交通影响评价启动阈值时，应进行交通影响评价。阈值一般以城市的规划管理规定或标准的形式出现，是明确的、量化的，并且在同一地区是统一的。

　　阈值依据建设项目对周围交通系统的影响程度大小而定，因此影响阈值的因素主要是建设项目交通生成和建设项目周围交通系统运行状况，城市和镇应根据本地交通系统状况以及建设项目的分类、规模和区位，确定本地建设项目交通影响评价启动阈值。

　　各城市主管部门应结合《建设项目交通影响评价技术标准》（CJJ/T 141—2010）（以下简称《标准》）中所规定的建设项目启动阈值取值范围和城市自身的特点，确定城市实施交通影响评价工作的启动阈值。各城市交通影响评价启动阈值是在《标准》规定的取值区间内根据城市特征选取的确定性数值。

　　城市的交通运行状况是确定交通影响评价启动阈值最根本的因素。《标准》中启动阈值的制订，参照了国内部分城市执行的启动阈值规定，以及各类型城市目前交通状况和建设项目的构成，反映的是城市和镇的建设项目对交通系统影响的一般状况。由于国内各城镇的社会经济和交通状况差异较大，因此，《标准》还特别规定了对于交通问题突出的城市可以在《标准》的基础上确定更为严格的阈值标准。

　　交通影响评价工作中最主要的内容是评价机动车交通的影响，一般是将项目周边的关键道路交叉口、项目出入口和项目周边邻近路段交通服务水平的下降作为确定交通影响评价阈值的一般性因素。由于在城市道路系统中，交叉口作为城市路网的节点，汇集了不同方向的交通流，加上信号控制时间的损失、机非混行等因素，使交叉口的通行能力远远低于路段，是城市整个路网通行能力的瓶颈，或者说城市交通网络的服务水平是由交叉口决定的，因此，《标准》选择交叉口作为确定启动阈值时的分析依据，以拟建项目所产生的交通使关键交叉口的服务水平（LOS）下降到可接受的服务水平之下为确定阈值的理由。

　　因此，可利用关键交叉口的服务水平从可接受服务水平下降到不可接受服务水平时所对应的指标变化计算出对应的交叉，到达交通量的变化值，作为交通量阈值，即需要进行交通影响评价的土地开发项目高峰小时高峰方向产生的标准小客车数，单位是pcu/h。然后根据不同区位、不同类型的土地利用的出行率来推算出规模阈值，即需要进行交通影响评价的土地开发项目的建设规模指标，单位可以是用地面积、建筑面积和居住户数等。

　　一般而言，随着城市规模的扩大，居民的出行距离也相应增加，机动化出行在居民出行方式结构中所占的比例也就逐渐升高，加之大城市的经济发展水平通常要高于中小城市，居民机动车拥有水平也较高，所以大城市的路网饱和度通常要高于中小城市，高峰期道路交通的拥堵情况也就相对比较严重。特别是大城市中心区，交通集聚的绝对量大，而道路设施通常改造困难，所以交通拥堵情况更加严重。

　　通过调查发现，中小城市路网容量和饱和度一般都较大城市为低，且道路供应特点有较大差异。不仅路网饱和度随城市规模的变化规律与大城市、特大城市不同，在道路供应特点上也有差异。至于特大城市和大城市，尽管在道路设施的供应特点上相近，但特大城市的路网容量饱和度要明显比大城市高。因此，根据城市道路设施的供需情况，将城市分为市区人口规模不少于200万人、市区人口规模100万~200万人、市区人口规模少于100万人三类。对于人口规模超过千万的城市可以单列出来制定适应自身交通与开发特点的阈值。由于大城市的城市中心区的交通运行状况一般要比外围城区拥堵得多，因此又将大城市细分为城市中心区和城市其他地区两类。

　　规模阈值在不同规模城市及同一规模城市的不同区位呈现出如下的变化规律：随着城市规模的减小，建设项目的规模阈值逐渐增大；在同一规模城市当中，城市外围区的规模阈值要大于城市中心区；公共设施类项目的规模阈值要小于住宅类项目。规模阈值的这种变化规律，是背景服务水平和建设项目的出行率在不同规模城市之间以及在同一规模城市的不同区位之间的差异性的体现，同时也反映了不同类型建设项目出行率的差异。

此外，交通影响评价启动阈值的确定，参考了实际管理工作的需要与不同类别城市建成项目在规模和功能上的构成特点，因此，建设项目交通影响评价启动阈值是综合了城市交通状况、项目的分类、城市建设项目构成与管理要求等的结果。

二、交通影响评价方法

目前在中国交通影响分析中，各编制单位采用的具体预测方法不尽相同，但大都是先预测背景交通量，在此基础上，再按交通规划模型的"四阶段法"来预测项目交通量，最后把两者结合以饱和度、主要道路上项目交通量占背景交通量的比例等作为主要指标进行交通服务水平的敏感性分析。具体过程如下：通过对土地利用、交通量、交通系统情况等背景资料进行详细的调查与分析，运用计算机模拟技术对项目产生的交通进行需求预测；根据项目交通预测和背景交通预测的结果，进行交通总量预测；分析研究范围内主要路口和路段的流量与饱和度对项目周边交通系统产生的影响；分析建设项目的停车需求和供给，进行停车评价；分析项目周边区域地面公共交通系统和轨道交通情况；合理布置建设项目出入口，进而对项目内、外部交通流进行组织与管理。在此基础上对项目内部的交通设施规划、外部道路网规划、内外部交通组织规划及交通需求管理等方面提出合理建议与改善措施。

1. 交通影响评价范围

建设项目交通影响评价是评价其建设对周围交通系统产生的影响，该影响的程度决定于周围交通系统的运行状况、建设项目新生成交通需求的规模和特征。因此，建设项目的交通影响评价不能局限于拟建项目本身，应根据项目交通生成的规模与项目所处地区的交通状况，将受项目交通生成影响较大的区域划定为交通影响评价范围，来考察土地使用与交通的关系，在此范围内评价交通影响的程度，并提出交通缓解的技术方案以减少项目对周边地区的交通影响。

确定交通影响评价范围是进行交通影响评价的前提条件，也是进行交通调查、交通需求预测、制定交通改善方案的基础，其空间范围关系着交通影响评价的分析空间和工作量大小。合理的评价范围可以有效衔接城市不同层次规划中的交通分析，并突出对项目所在区域的交通影响分析，使得相应的交通预测、分析和评价的针对性更强，在满足交通影响评价研究与管理的工作需要的前提下，同时避免工作量过大。

建设项目交通影响评价范围应根据城市和镇的规模、新生成交通需求以及周边交通状况确定。一般而言，城市和镇的规模和项目所处的区位，决定了项目周围交通系统的交通运行状况。交通影响评价范围主要由建设项目生成的交通量在一定运行状态下的交通系统内影响所波及的范围和程度来确定。由此，决定其影响范围的因素主要包括两个方面：一方面是建设项目的自身特征，如项目性质、规模、区位、出入口布局等，这些特征直接影响项目新增交通的出行特征；另一方面则是项目所处地区的交通运行状况，如网络结构、背景交通和交通管理措施等。而项目所在城市规模和交通区位也会影响周边的交通网络状况。

2. 交通影响评价年限

评价年限应按照城市和镇的规模、建设项目的规模和分类确定。建设项目交通影响评价是为了正确评价建设项目投入正常使用后一定时期内对周边交通系统的影响。评价年限的确定可以合理界定建设项目对城市和城镇不同时期交通系统产生的影响，并作为建设项目交通需求预测与分析的目标年。建设项目交通影响评价年限与建设项目本身开发情况和周边交通环境密切相关。一般而言，建设项目交通影响评价年限应根据其使用功能、开发规模、建设时序、投入正常使用年份、周边交通系统规划建设情况、运行状况以及城市和镇的相关规划确定。

3. 交通需求分析

交通需求分析是交通影响评价工作的重要技术内容之一，其分析结论是交通影响程度评价指标计算和交通改善的基础。交通影响评价工作中应首先对现状交通进行分析，并分别对各评价年限、时段建设项目新生成的交通和背景交通进行预测，并进行叠加后的交通分配。

随着《城乡规划法》的实施和城市规划、交通规划体系的完善，各城市的交通基础数据和交通分析模型（含宏观交通需求分析和微观交通仿真）系统也将不断完善。由于建设项目交通影响评价属于对城市和镇小范围地区进行的交通分析，在其交通需求分析中难以把握那些需要在较大范围内分析才能确定的交通出行参数，如方向分布、通过性交通需求等，因此，《标准》强调了建设项目交通影响评价的交通需求分析应与法定规划中的交通规划衔接，充分利用城市既有的全市性或包含评价范围的宏观或中观交通需求分析模型系统。

一般既有交通需求分析模型（Transport Demand Model，也可简称为"交通模型"）的预测方法，在合适的条件下也可采用趋势预测分析方法。

（1）分析内容

交通影响评价的交通需求分析应包括以下内容：

①各种交通方式的动、静态新生成交通需求和背景交通需求；

②评价范围内现状及各评价年限的交通需求与运行状况。

首先，交通影响评价中的交通需求包括两类，一类是拟建项目新生成交通需求；另一类是背景交通需求。背景交通需求根据分析的需要，可进一步分为评价范围内的通过性交通需求和非项目交通需求。交通影响评价应分别对建设项目新生成交通和评价范围内的背景交通进行预测，并进行叠加分析。

其次，交通需求分析应包括与项目新生成交通有关的所有交通方式（包括各种新生成交通的交通方式，以及会影响到新生成交通运行的交通方式和评价范围内会受到新生成交通需求影响的各交通子系统），通常应对机动车交通需求、公共交通需求、自行车交通需求、行人交通需求等进行分析。

第三，应对评价范围内会受到新生成交通需求影响的各交通子系统的动态和静态交通需求进行分析。动态交通即是在交通系统内运行的交通流，通常包括公共交通和机动车、自行车以及行人交通流等。静态交通即是车辆的停放与停靠（停靠是指短时间的上下客、装卸货停留）。静态交通分析要包括机动车和自行车。

（2）分析原则

①以交通调查为基础。

《标准》规定，必须对评价范围内的交通、土地利用等进行翔实的调查，包括与项目新生成交通相关的各种交通方式、交通设施和交通运行特征，调查的时段须包含评价时段，并适当扩展。交通调查的内容可参考第三章——交通影响评价技术资料的收集与调查的相关内容。通过调查一般可以获得现状的总体背景交通需求，以及评价范围内与用地开发、交通设施相关的交通参数，如出行率、交通方式构成等。

②与上层次规划衔接。

交通需求分析还应参考上层次在更大范围内进行的法定规划中的有关交通规划成果，即应与法定的城市和镇总体规划、详细规划以及纳入城市和镇法定规划的相关综合交通规划、专项交通规划和分区交通规划等衔接，并以上层次规划作为依据，从中提取与评价范围相关的交通参数，如出行分布的方向、评价范围的通过性交通等。

③宏观与微观相结合。

交通需求分析的方法、深度和指标上应与分析的目的相适应，采用宏观与微观相结合的交通分析方法。交通影响评价是在明确了建设项目具体的使用功能、业态与规模情况下的交通分析，所关注的交通问题涵盖了评价范围内从宏观到微观的各个层面，尤其是评价范围内比较细节的交通问题，如信号配时、车道划分等。因此，在交通需求分析所采用的技术方法上，仅采用宏观交通分析难以全面评价交通影响的程度和交通改善的效果。在分析中，宏观交通分析应与法定城市和镇总体规划、详细规划以及纳入法定城市规划的相关综合交通规划、专项交通规划和分区交通规划衔接，微观交通分析则是以宏观交通分析为基础，考虑交通的动态变化，分析评价范围内交通系统运行的微观指标，如不同交通方式延误等，为交通改善和评价提供依据。同时，交通需求分析中所使用的参数，也应满足交通影响评价分析的深度要求。因此，在交通需求分析所采用的技术方法上，应采用宏观与微观相结合的交通分析方法，即以宏观交通分析为基础，进一步建立评价范围的中微观交通模型，分析评价范围内交通系统运行的微观指标变化，为交通影响及改善评价提供依据。

④考虑内部交通出行影响。

对于混合类建设项目，项目新生成的交通出行中，由于内部不同使用功能之间的相互联系而生成的内部不同功能建筑之间的交通出行，不会对评价范围内的背景交通运行产生影响，在交通需求分析时，应根据项目使用功能的构成和相互关系，综合考虑其不同功能之间的内部交通出行的影响，对项目新生成交通需求进行折减。

⑤科学合理确定交通参数。

进行交通影响评价交通需求分析工作的核心是确定预测的交通参数。交通预测的参数分为两类；一类是与评价范围内用地开发、交通设施相关的交通参数，如出行率、交通方式构成等；第二类是与整个城市或者城市某一区域相关的交通参数，如出行分布的方向、评价范围的过境交通等。

第一类出行参数可以通过类似项目的交通调查获得。第二类交通参数必须依赖较大范围内的交通分析才能确定。因此，建设项目交通影响评价的交通需求分析中涉及第二类交通出行参数的选取应参考上层次在更大范围内进行的法定规划中的有关交通规划成果，即应与法定的城市和镇总体规划、详细规划以及纳入城市和镇法定规划的相关综合交通规划、专项交通规划和分区交通规划等衔接，以上层次规划作为依据。

4. 交通影响程度评价

交通影响程度评价是建设项目交通影响分析的关键环节。通过分别计算并比较建设项目评价年限评价范围内背景交通需求下与项目新生成交通加入后的交通系统运行指标，确定建设项目建成前后交通系统服务水平的变化程度，以此来评价项目交通增加对于原有交通系统的影响是否显著。同时，评价指标计算结果也是后续交通改善的依据。

（1）总体要求

交通影响程度评价虽然针对不同交通子系统有不同的评价指标和方法，但核心是比较建设项目新生成交通量加入前后的交通设施运行服务水平的变化，其总体流程基本相同：根据不同评价对象，分别计算背景交通需求与项目新生成交通需求加入后的评价指标，以及在交通改善后的评价指标。

1）评价流程

交通影响程度评价遵循以下总体流程：

第一步：根据评价对象按照《标准》的规定选择相应的评价指标；

第二步：分别计算背景交通和项目新生成交通加入后的评价指标；

第三步：根据《标准》对于交通影响评价程度判断的标准，进行显著性判断；

第四步：对于影响不显著的评价对象，评价结束，结论为建设项目的交通影响可接受程度。

对于影响显著的评价对象，进行交通改善之后，按照上述两步内容，对改善后的交通设施运行状况再重新进行评价。对于进行交通改善后，交通影响变为不显著者，最终交通影响评价结论为交通影响可以接受；如果进行多方面、多轮交通改善后，交通影响仍旧为显著者，最终交通影响评价结论为交通影响不可接受，并结束评价程序。

在统一的基本流程框架下，不同评价对象的评价流程有所区别：其一是评价指标有所不同，其二是判断交通影响是否显著的过程中，某些评价对象，例如机动车交通设施，需要首先确定项目新生成交通加入前后的服务水平等级，再根据《标准》的规定评价交通影响的程度，某些评价对象，例如公共交通设施，只需计算新建项目生成交通加入前后的评价指标，即可根据《标准》规定进行交通影响评价。

2）评价对象

交通影响评价的对象是与项目新生成交通相关的评价范围内的交通系统。交通系统包括各类交通设施以及其上的交通运行组织。按照交通设施的使用主体，将交通影响程度评价的对象分为机动车交通、公共交通、慢行交通和停车四大类。其中机动车交通设施包括交叉口（指各类道路平面交叉口，以下同）、项目机动车出入口、高速公路与快速路的长路段、交织区和匝道；公共交通设施包括线路与车站；慢行交通设施包括自行车交通设施和行人交通设施；停车交通设施主要指项目内部机动车停车场（库）设施。更加细致的划分则要根据交通设施使用特性的差异进行，其交通运行特点以及服务水平评价指标也有所区别。

①交叉口根据交通管理与控制方式的不同，分为信号控制和无信号控制交叉口；根据交叉口平面几何特点又可以细分为环形和非环形交叉口；无信号控制环形交叉口根据环岛大小和环道交织情况还可以细分为无信号控制单环道环形交叉口（即小型环形交叉口）和无信号控制多环道环形交叉口（即大型环形交叉口）。

②项目机动车出入口进出的车辆对于相连接道路的交通流产生了空间和时间上的阻断和影响，相当于形成了一个新的交叉口。因此，项目出入口的评价根据出入口的交通控制方案（有信号控制或者无信号控制）以及进出规则（右进右出或者左右皆可出入等），将其等同于相同交通控制方案和渠化规则的交叉口进行评价。

③长路段根据路段所属道路等级不同，可以分为高速公路和快速路长路段、一级公路长

路段、二、三、四级公路长路段。

④由于公共交通设施的服务水平主要由其线路载客率和站点停靠效率决定，因此公共交通设施在评价过程中可细分为公共交通线路和公共交通站点。

⑤自行车运行服务水平评价的关键包括路段自行车通行情况和建设项目出入口自行车进出情况，因此自行车设施的评价对象分为自行车道和自行车出入口。

⑥行人通行服务水平评价的关键在于考虑行人通行的安全性和便捷性。行人交通设施中，行人过街设施和行人出入口对行走的安全性和便捷性要求最高；路侧的人行专用道评价，则是检查是否满足规范规定的最小宽度，是否平整，是否有盲道并连续，一般无须涉及通行能力。因此，行人设施评价对象主要关注行人过街设施和行人出入口，人行专用道不在评价对象之列。

⑦停车设施主要考虑项目内部停车场(库)是否满足项目停车需求，从而避免额外的停车需求对项目周边路面停车和停车场(库)的影响。

机动车交通设施评价需要对评价范围内的所有交叉口、项目机动车出入口、长路段、交织区和匝道进行，而公交、自行车、行人交通设施的评价只需要在建设项目出入口步行范围(200～500 m)内进行。

3)评价指标

不同交通设施由于其使用主体、运行规则和评价重点有所区别，因此其交通影响程度的评价指标也有所区别。机动车交通设施的评价重点是考虑其运行效率，公共交通设施的评价重点是考虑车内拥挤程度，慢行交通设施的评价重点是考虑自行车、行人的运行安全及效率，停车设施的评价重点是考虑项目停车的供给水平。不同设施的评价方法也有所区别，有明确服务水平的设施可以通过项目新生成交通加入前后的服务水平变化进行评价，没有明确服务水平的设施则通过考察设施是否达到需要改扩建、新建的要求进行评价。

4)数据处理及交通分析软件应用

除了现状交通调查获得的现状交通基础数据和收集到的规划年交通设施基础数据，建设项目评价年的交通运行基础数据需要通过交通需求预测获得。交通需求预测分析的目的，是通过合适的交通预测技术，获得评价范围内背景交通量和项目新生成交通量，为交通影响程度评价工作的进行提供必备的数据输入。在通过交通需求预测获得交通流量等数据的基础上，交通影响程度指标的定量化计算可以通过数学方法进行。

目前，先进计算机技术和仿真软件的使用在交通预测和交通运行指标计算方面均有广泛的应用，也出现了大量使用交通仿真软件辅助交通影响评价的现象。

在交通影响评价工作中采用的交通分析软件可分为宏观(含中观)交通需求分析和微观交通仿真两类。宏观交通需求分析软件在交通影响评价中的应用主要体现在交通需求预测上，常采用传统的"四阶段"法，可以用于建立评价范围的子区域交通需求分析模型，完成交通小区划分、数据准备、出行生成、交通分布、出行方式划分和交通分配等宏观预测所需的步骤，获得评价范围路网上不同路段、交叉口的交通流量和流向的预测。尤其是在城市拥有完备的交通规划模型系统的情况下，直接利用软件进行子区域的分析，可以方便地获得背景交通预测数据，实现与上层次规划的衔接。而在缺乏现状或评价年限交通 OD 等情况下，也可以利用宏观交通分析软件首先进行基于路段交通量的 OD 矩阵反推，再把反推出的 OD 矩阵进行处理后分配到网络上，得到交通需求预测的流量流向。

宏观交通分析软件由于其模型基础的制约，往往不能得到不同车道的交通量等微观的交通数据。而交通影响评价关注的是评价范围内比较细节的交通问题，如信号配时、车道划分等，评价指标也需要交叉口延误等微观指标，所以仅采用宏观交通分析软件难以完全精确地评价交通影响的程度和交通改善的效果。而微观交通仿真软件则可以更加详细地仿真分析道路、交叉口以及其他交通设施的几何情况、交通控制条件，实现交通量在交叉口、车道、流向的分配并计算详细运行指标。作为微观、时间驱动、基于驾驶行为的仿真建模工具，微观交通仿真软件用以建模和分析各种交通条件下（车道设置、交通构成、交通信号、公交站点等）城市交通和公共交通的运行状况，是评价交通工程设计和城市规划方案的有效工具。

微观仿真对于交通流的描述都是以单个车辆为基本单元的，车辆的跟驰、变道和超车等行为都能得到较为真实的反映。微观仿真软件在交通影响分析中可应用在以下几个方面：

①从微观层面上量化项目的建成对于周围路网的影响，通过仿真试验，可以获得行程时间、延误、排队长度等指标，通过比较项目建成前后这些指标的变化情况，可以判断出项目建成后周围路网各个路段及交叉口受到影响的程度。

②可以针对影响交通的不同因素（例如信号配时等）逐一进行模拟仿真试验，以便确定交通系统真正的瓶颈所在。

③改善方案的评价，包括路网改善、交通组织、出入口接入管理等的评价。通过逐一对多种改进方法的仿真结果进行分析，就可以判断各种方法的改善效果，同时结合各种方案需要的投资和改造难度，来决定采用哪种方案或者哪几种方案。

④敏感性分析，保持路网其他条件不变，将预测得到的项目产生交通量增大或减少5%～15%来观察路网运行情况，变化越明显，则路网运行的风险越大。

5. 交通改善措施与评价

交通改善措施及评价是依据建设项目的交通影响程度评价结论进行的后续工作。如果建设项目对各类交通设施所造成的交通影响显著，则需要依据规划对既有的交通系统，包括交通运行、交通设施等进行必要的改善，通过改善交通管理、优化交通组织、增加交通系统容量等方法，减弱或者消除交通影响。并在改善后对评价范围内的各个子系统再次进行交通影响程度评价，考察改善后建设项目的交通影响是否处于可接受的水平。如果通过相关改善，建设项目的交通影响程度仍为显著且不可接受，则应对其选址或建设项目报审方案提出调整建议。

交通影响程度评价和交通影响的改善及效果评价是一个循环过程，交通影响程度评价的结论依据建设项目交通影响是否显著，如果显著，则首先需要根据交通影响显著的交通设施运行特点和造成影响的主要原因进行改善；对改善后的交通条件，再次进行建设项目新生成交通量加入后的交通影响指标计算和服务水平评价，重新与改善前背景需求（无建设项目新生成交通量）下的影响指标和服务水平进行比较，进行新一轮的评价。如果建设项目交通影响程度仍然显著，在规划与建设许可的范围内设计新的改善措施并再次评价其效果，此循环评价的过程直至交通影响达到可接受的水平为止，或者经过研究论证允许的改善措施不可能达到足够降低交通影响的效果，需要对项目本身进行规划调整而终止评价。

（1）改善措施

建设项目对评价范围内交通系统的影响达到显著水平时，即意味着必须对影响范围内的交通系统进行改善：针对评价范围内造成交通影响显著的交通设施提出改善措施和建议，以降低建设项目新生成交通需求对评价范围内交通系统的影响，并尽量将其影响通过各种改善措施控制在可接受的范围内。

交通改善措施应根据建设项目对评价范围内不同交通方式和不同地点动、静态交通的影响程度，针对建设项目评价范围内的相关交通设施和交通组织（包括内部交通和出入口），提出可降低建设项目新生成交通需求影响的改善方案与措施，一般包括：

1）改善出入口布局与组织，优化建设项目内部交通设施：

①根据出入口与外部交通衔接的状况，提出出入口数量、大小、位置以及交通组织的改善建议；

②优化建设项目内部交通与停车设施布局。

2）评价范围内的交通系统改善：

①各交通方式的交通组织优化；

②道路网络改善和道路改造措施；

③出入口或交叉口的渠化和信号控制改善；

④公共交通系统改善，内容宜包括公共交通运营组织、线路优化、场站改善等；

⑤自行车、行人和无障碍交通系统改善；

⑥停车设施改善，内容宜包括机动车、自行车停车设施，货车装卸点，出租车、社会车辆停靠点等。

交通影响评价提出的改善措施应依据相关规划进行，并在经济、技术上可行，能够获得相关主管部门和单位的认可（如调整信号配时需要获得交通管理主管部门批准，公共交通运营组织方案需要获得公共交通运营单位的支持等）。

（2）需要改善的常见问题

根据《建设项目交通影响评价技术手册》规定的交通影响评价指标计算过程，可以明确造成显著影响的具体指标的具体情况，然后有针对性地选择交通改善措施。各类交通设施常见的运行或使用问题见表 11 - 2 所示。

表 11 - 2   各类交通影响评价对象常见问题

评价对象		问题
机动车	交叉口	交叉口机动车饱和度过大、交叉口机动车或自行车、行人过街延误过大；需要新建机非分离设施或者行人过街设施
	长路段	路段交通流密度过大、车辆延误率过高
	交织区	交织区交织运行速度过低、非交织运行速度过低
	匝道	汇合交通量过大、分离交通量过大、主线单向交通量过大
	出入口	出入口通行能力无法满足项目出行需求
公共交通	公交线路	背景交通下剩余载客容量为负、剩余载客容量不足
	公交站点	站点公共交通车辆通行能力不足
停车设施		停车场库车位数不足、停车设施设计不当、停车场库位置不当

续表 11 – 2

评价对象		问题
自行车	自行车专用道	自行车流量过大
	自行车出入口	
行人	行人过街设施	行人流量、所需穿越道路交通流量过大、行人过街设施距离过大
	行人出入口	行人流量过大

（3）改善措施评价

如上所述，交通系统运行组织和交通设施改善可以分别从交通管理、控制、营运、基础设施等方面进行，可根据交通影响的具体情况因地制宜地进行选择。改善方案执行后会对交通系统造成一定改变，需要再次对经过改善的交通设施进行交通影响评价分析，得到改善后的交通影响程度结论。如果改善后的交通影响程度为不显著，则判断此建设项目交通影响程度为可接受；否则，需要进一步改善，如果多重改善后评价结果仍旧为交通影响程度显著，则判断此建设项目交通影响程度为不可接受。

因此，交通改善措施评价的目的是判断建设项目对于交通设施产生的影响是否能够通过一定的措施降低到可接受的水平。

针对改善措施实施后交通运行情况的改变，以新的交通运行环境、管理措施、控制方案，在项目新生成交通加入后的交通需求为数据基础再一次进行指标计算和服务水平评价，并与改善前背景需求下的交通设施指标及服务水平进行比较，形成新一轮的交通影响评价结论。通常交通改善（方案）使得评价基础条件发生改变的内容包括交通设施的几何尺寸、构成形式、运行方式、信号配时、设施数量等，为便于比较交通改善措施的效果，用于对比计算的基础情景统一为评价年无建设项目时背景交通需求及原规划设施条件。

改善措施评价结论为建设项目交通影响可接受或者不可接受，是交通影响分析与评价工作的最终结论：

①如果被评价设施在改善措施实施后评价结果仍为交通影响显著，则认为改善措施效果不佳，应当进行其他改善措施的选择。如果在所有改善措施实施后仍旧为交通影响显著，则认为该建设项目交通影响为不可接受。

②如果在改善措施实施后，设施交通影响为不显著，则认为该建设项目交通影响为可接受。

③对于改善前背景交通运行服务水平已经达到 F 级或四级，或者背景公共交通剩余载客容量已经是负数的情况，在改善措施实施后相关指标不降低，也认为是可接受的水平。

第三节　交通影响评价工作的一般流程

一、交通影响评价的原则

建设项目交通影响评价的核心原则是建立合理的土地开发与交通系统之间的匹配关系，落实"以人为本"的交通发展策略。

在交通影响评价中的土地开发与交通系统关系的处理上，首先，要贯彻我国的城市土地开发政策，形成良好的土地开发与交通系统关系。国务院 2008 年 1 月下发了《国务院关于促进节约集约用地的通知》(国发〔2008〕3 号)，要求"按照节约集约用地原则，审查调整各类相关规划和用地标准"，要"从严控制城市用地规模"，"要按照节约集约用地的要求，加快城市规划相关技术标准的制定和修订。合理确定各项建设建筑密度、容积率、绿地率，严格按国家标准进行各项市政基础设施和生态绿化建设。严禁规划建设脱离实际需要的宽马路、大广场和绿化带"。集约的用地与交通系统发展之间关系密切，协调两者关系对于我国城市而言尤为重要。建设项目交通影响评价在城市规划和建设管理程序中需要核准建设项目规模和规划设计方案，协调评价范围内的交通与土地开发，必须严格贯彻国家集约节约用地的政策，通过认真分析、论证建设项目新增交通需求对周围交通系统运行的影响程度，从交通的角度确保建设项目在建设规模、建设方案等方面的科学性和合理性，从而使项目的开发建设能够符合国家关于节约集约使用土地的要求，并与城市整体交通系统良好配合。

其次，在交通设施布局与交通运行组织上，坚持公共交通优先，突出交通的集约与节约，落实国家关于优先发展公共交通的政策，形成与公共交通发展密切配合的土地开发模式。

第三，坚持以人为本的设计思想，统筹考虑建设项目交通生成中的机动车交通与公共交通、自行车、行人等多种方式的出行需求，避免完全以机动车交通为核心，而忽略对公交和慢行交通的评价。根据我国城市现状机动化水平较低，自行车、步行出行比例高的特征，以及规划中优先发展公共交通、慢行交通的战略，应把"以人为本"作为交通影响评价的重要原则，强化公共交通、自行车和步行等交通方式在城市交通系统中的地位和作用，在评价中应优先关注能否满足这些低碳交通方式的出行需求，并为他们提供更多优质、高效、便捷的交通设施和服务，以达到社会资源的公平分配和交通方式结构合理优化的目标。

二、交通影响评价的管理流程

建设项目交通影响评价工作一般在项目的报建阶段进行，但对于可能对交通系统产生长远影响的建设项目，要求在选址阶段(包括选址或土地出让，以下同)开展交通影响评价工作，以便于在项目规划的前期，协调好土地开发与交通之间的关系。因此，按照规划建设管理程序，对交通影响较大的建设项目，应在项目的选址阶段以及报建阶段分别开展交通影响评价工作。而对于一般性的建设项目，仅要求在报建阶段开展交通影响评价工作。

交通影响评价的一般管理流程，如图 11 - 1 所示。

不同城市间根据主管部门的不同有所差异。

①由城市规划主管部门主管或单独管理交通影响评价工作的管理流程。

多数城市采取规划主管部门为主或单独管理交通影响评价的工作模式，原因是交通影响评价的改善建议，包括开发强度或建设项目内外的设施布局与改善的审批大多可由规划主管部门决定。其建设项目交通影响评价管理流程一般如图 11 - 2 所示：

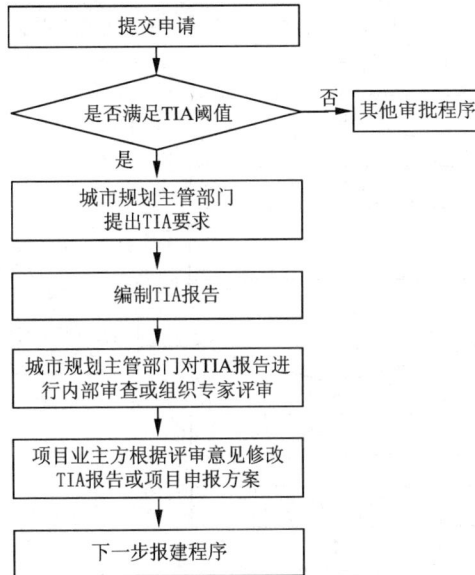

图 11 - 1　交通影响评价工作的一般管理流程

（以报建阶段为例）影响评价工作的管理流程：首先，规划主管部门对选址阶段、调整用地规划要点阶段、方案审查阶段(各地具体要求略有不同，如深圳还包括旧城旧村改造专项规划阶段)的部分建设项目，在其申请规划行政许可时提出进行交通影响评价的要求；然后由项目开发建设单位委托有资质的交通咨询单位开展交通影响评价工作，交通咨询单位根据委托方提供的规划或设计方案编制交通影响评价报告；之后，建设项目的开发建设单位将包含交通影响评价报告的选址方案或建设方案向规划管理部门申请行政许可，规划管理部门对交通影响报告进行内部审查或组织专家评审，开发建设单位根据评审意见进一步修改完善交通影响评价报告和申报方案；之后，规划管理部门对开发建设单位提交的规划设计方案(交通影响评价报告作为附件，可能还包括其他如景观、经济分析等报告)进行审查，作出行政许可决定。

目前，广州、深圳、东莞等城市的建设项目交通影响评价工作以规划主管部门单独管理为主。而南京、苏州、宁波等城市的交评工作由规划主管部门主管、公安交管部门参加管理。

②由交通部门与规划主管部门联合主管交通影响评价工作的管理流程。

部分城市采取规划主管部门与相关交通部门联合管理交通影响评价的工作模式，这样做或可更重视交通影响评价的外部详细交通改善建议的落实。

如北京市，根据 2005 年 1 月 1 日起施行的《北京市实施＜中华人民共和国道路交通安全法＞办法》，规定大型公共建筑、民用建筑以及其他重大建设项目在立项时，应当由市交通主管部门组织有关部门进行道路交通影响评价。目前在实际操作当中，一般由北京市规划委员会针对控规调整阶段、土地招拍阶段、方案审查阶段的建设项目提出是否进行交通影响评价的要求，由北京市发改委针对立项、选址阶段的建设项目提出是否进行交通影响评价的要

```
                        ┌──────────────┐
                        │   提交申请    │
                        └──────┬───────┘
                               │
                        ◇──────────────◇    否   ┌──────────┐
                        是否满足TIA阈值  ──────→│ 其他审批程序 │
                        ◇──────────────◇        └──────────┘
                               │是
                        ┌──────────────┐
                        │  提出TIA要求   │
                        └──────┬───────┘
                               │
                        ┌──────────────┐
                        │  编制TIA报告   │
                        └──────┬───────┘
                               │
                        ┌──────────────┐
                        │  TIA报告审查   │
                        └──────┬───────┘
                               │
                        ◇──────────────◇    否   ┌──────────────┐
                        │   通过审查    │──────→│ 项目调整或其他处理 │
                        ◇──────────────◇        └──────────────┘
                               │是
                        ┌──────────────┐
                        │   项目报建    │
                        └──────┬───────┘
                               │
                        ┌──────────────┐
                        │  项目建成使用  │
                        └──────┬───────┘
                               │
                           TIA后评价
```

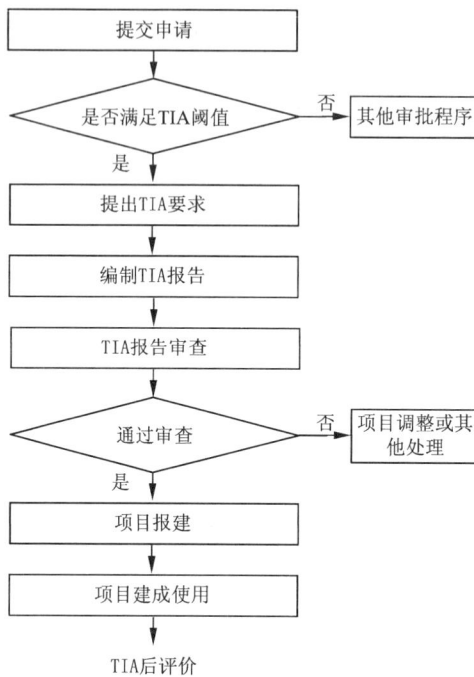

图 11-2 由规划主管部门主管或单独管理交通

求,然后在项目业主方委托符合资质的咨询机构编制完成交通影响评价报告后,由北京市交通委员会组织规划委员会、交通安全管理局、运输局、公交公司、路政局、规划院、交通研究中心等相关部门以联席会议的方式对建设项目进行交通影响审查,重大项目或难点项目还需邀请交通专家参加审查会,审查批复则由北京市交通委员会根据会议结果撰写。

北京市建设项目交通影响评价管理流程如图 11-3 所示。另外,还有部分城市由公安交管部门和规划主管部门联合管理,如杭州。以上城市的建设项目交通影响评价管理程序大多通过市政府文件的形式予以规定,或在相关城市规划标准与准则中予以规定。各地方可以根据当地实际情况采用适当的交通影响评价工作管理模式和程序。

三、交通影响评价的工作内容和技术流程

根据国内外城市开展建设项目交通影响评价工作的实践经验,要判断建设项目新增交通需求对评价范围内交通系统的影响,需要通过具有针对性的交通调查和资料收集,深入分析土地利用与交通系统状况,对各评价年限的交通需求进行预测,明确建设项目对周边交通系统的影响程度,并针对交通影响的情况,进一步提出对影响范围内交通系统的改善建议和技术措施。

在广泛收集、深入研究国内外城市建设项目交通影响评价准则的基础上,《标准》规定交通影响评价工作的主要内容如下:

①确定交通影响评价的范围与年限;
②进行相关调查和资料收集;

③分析评价范围内现状、各评价年限的土地利用与交通系统；

④分析交通需求；

⑤评价建设项目交通影响程度；

⑥提出对建设项目评价范围内的交通系统、建设项目选址、建设项目报审方案的改善建议，并对改善措施进行评价；

⑦提出评价结论。

需要指出的是，《标准》规定的内容为普遍性要求，即一般交通影响评价技术工作应具备的基本内容。由于各城市交通特点和交通咨询技术水平差距较大，各地可根据实际情况，对交通影响评价工作的相关内容和要求作出更加细致的规定。

按照交通影响评价工作内容的逻辑关系和需求分析的技术要求，建设项目交通影响评价工作的技术流程一般如图11-4所示。

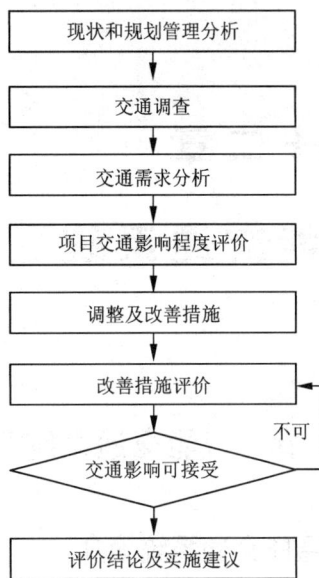

图11-4　建设项目交通影响评价工作的技术流程

思考与练习

1. 交通影响评价的目的与意义是什么？

2. 建设项目交通影响评价的适用范围是什么？

3. 交通影响评价的工作内容有哪些？

4. 交通影响评价启动阈值如何确定？

5. 交通影响程度评价应遵循的总体流程是什么？

6. 交通改善措施包括哪些内容？

7. 交通影响评价的原则有哪些？

8. 交通影响评价的一般管理流程是什么？

第十二章

智能交通系统

第一节　智能交通系统基本概念

一、智能交通系统简介

"智能运输系统"（亦称"智能交通系统"，英文缩写为 ITS）是 20 世纪 80 年代中期迅速发展起来的一门新学科，它研究 21 世纪的新型交通运输模式，是当前交通运输大学科的一个前沿领域，是新世纪交通运输专业的基础性课程。

今天，道路运输已经成为超越铁路的最重要的地面运输方式，在国民经济和社会发展中起着举足轻重的作用。但是随着汽车的普及、交通需求的急剧增长，进入 20 世纪 80 年代以来，道路运输所带来的交通拥堵、交通事故和环境污染等负面效应也日益突出，逐步成为经济和社会发展中的全球性共同问题。

解决车和路的矛盾，常用的有两个办法：一是控制需求，最直接的办法就是限制车辆的增加；二是增加供给，也就是修路。但是这两个办法都有其局限性。交通是社会发展和人民生活水平提高的基本条件，经济的发展必然带来出行的增加，而且我国汽车工业正处在起步阶段的时期，因此限制车辆的增加不是解决问题的好办法。而采取增加供给，即大量修筑道路基础设施的办法，在资源、环境矛盾越来越突出的今天，面对越来越拥挤的交通、有限的资源和财力以及环境的压力，也将受到限制。这就需要依靠除限制需求和提供道路设施之外的其他方法来满足日益增长的交通需求。智能交通系统（Intelligent Transportation System，简称 ITS）正是解决这一矛盾的途径之一。

二、智能交通的发展

交通运输业的发展，促进物资的流通和人员的往来，大大地提高了社会的发展进程。然而，随着交通运输业的发展，也带来了很多弊端，尤其是地面汽车交通运输，不论是发达国家还是发展中国家都存在着不同程度的问题。近半个世纪以来，交通拥挤、道路阻塞、交通事故频繁、空气污染等问题正威胁着人们的生活和社会的进步，如何有效地解决交通运输问题已成为迫切的课题。

修建道路是解决交通问题的一个最直接途径。美国、英国、日本等发达国家曾大力开发建设交通基础设施，但在大量土地、燃油等资源被占用和消耗的同时，不但交通需求没有完全得到满足，而且由于道路拥挤而造成汽车尾气排放量剧增。不仅在经济上造成巨大损失，而且给环境带来恶劣影响。20世纪六七十年代后，由于石油危机及环境恶化，工业化国家开始采用以提高效率和节约能源为目的的交通系统管理和交通需求管理对策，同时大力发展大运量轨道交通及实施公交优先政策。随着科学技术的发展，尤其是计算机技术以及全球定位系统(GPS)、信息技术的普及和应用，交通监视控制系统、交通诱导系统、信息采集及传输系统等在交通管理中发挥了很大作用。但这些技术仅单纯对车辆或道路实施科学化管理，功能单一，范围不大，系统性不强。80年代后，由于世界范围的冷战结束，大量军事高科技转向民用，加快了信息时代的到来，信息技术得到飞速发展，信息产业应运而生。这为解决交通问题带来了一个新的思路。一个旨在将先进的信息技术、数据通信技术、电子控制技术及计算机处理技术等有效地综合应用于地面交通管理体系，从而建立起一种大范围、全方位发挥作用的，实时、准确、高效的智能运输系统的概念便产生了。

由于智能运输系统是以信息技术为先导，并融入了很多相关的产业，具有很大的市场潜力，工业化国家和民营企业纷纷投入这一新兴产业。美国政府于1991年开始投资对ITS的开发研究，仅1994—1995年度，就确定了104项研究开发项目。欧盟19个国家投资50亿美元开展各项目研究。日本从1973年就开展了名为汽车交通综合控制系统(CACS)的智能运输系统项目研究，20世纪80年代后期，日本运输省、建设省、通产省等上百个汽车和电子业公司，会同大学和研究所进行了近10个项目的联合开发研究。至此，大规模的智能运输系统研究开发在世界发达国家中兴起。

第二节 智能交通的研究内容

目前国际上的ITS研究形成了美国、日本和欧洲三大阵营，在ITS这个名称出现之前，美国的IVHS、欧洲的RTI、DRIVE二期工程都是和ITS意义等同的称谓。美国的研究开发体系最为完善，已受到国际ITS研究领域的广泛认可。各国智能交通系统发展情况如下。

一、澳大利亚

(1)最优自动适应交通控制系统(SCATS)

澳大利亚是世界上较早从事智能交通控制技术研究的国家之一，著名的SCATS系统在澳大利亚几乎所有的城市都有使用，目前上海、深圳等城市也采用这一系统。

SCATS系统的优点是其自动适应交通条件变化的能力，通过大量设在路上的传感器以及视频摄像机随时获取道路车流信息。ANTTS是其重要子系统，该系统通过几千辆出租车装有的ANTTS电子标签与设在约200个交叉路口处的询问器通话，通过对出租车的识别，SCATS系统能够计算旅行时间并对交通网的运行情况进行判断。

澳大利亚的先进系统合作研究中心目前正在开发一种名叫TRIRAM的系统，其主要的目的是通过模拟道路网来预测交通行为以及新的交通流量。

(2)远程信号控制系统(Vic Roads)

交通控制与通信中心(TCCC)，不仅使用SCATS系统进行交通信号灯控制，而且还采用其他系统进行事故检测和信息的收集发布工作。其中较重要的是交通拨号系统，该系统通过普通的电话线，TCCC能够连接到50个偏远的受控交通灯，可以监测这些信号灯的状态改变它们的参数，为偏远路口的信号控制提供了便利。

（3）微机交通控制系统（BLISS）

该系统最主要的优点是运行于普通微机上，并可控制 63 个交通灯，目前在布里斯班已超过 500 个信号灯采用 BLISS 系统进行控制。

（4）道路信号系统

道路信号系统是交通控制中心与机动车通信的基础。通过该系统可实现交通管理中心运行车辆间的信息交流，该系统使用 900MHz 的频率通过路旁询问器与车内电子标签进行通信，电子标签通常是简单的异频雷达收发机，当被询问时可返回一个可被识别的信号。该系统最普通的应用是车辆的不停车收费。

路旁信号系统的公共优化系统，通过与 BLISS 系统相互作用，可保证公共汽车到达路口时总保持绿灯，从而可减少公共汽车的运行时间。另外，该系统还可以包括公共汽车的运行安排表，当一辆车运行晚点的话，通过特殊的措施应能保证该车获得优先行驶权。

系统通过一种设在道路中间的特殊的称量质量的装置与中央控制中心通信，驾驶员不用减速或采取其他特殊操作，即能确定重型载货车的装载量是否符合要求。

（5）车辆监控

视频数据获取系统运用视频摄像机监测、识别和计算交通量，已在澳大利亚广泛地应用。

系统是通过自动辨识车牌号码来对重型车辆监测、分类、识别，数据可被送到重型车辆监测站，与数据进行对照，该系统能监测到超速车辆、强制停运的车辆。

（6）公共信息服务

实量旅行信息系统通过车载的定位器，计算机软件可以估计每辆车的到达时间，并通过显示屏显示给正在等候的旅客。另外，该系统还可以用于驾驶员通报突发事件。

驾驶时间预测系统通过使用交通拥挤与事故检测系统估计车辆到达下一个出口的时间，从而判断出交通拥挤程度，并在道路入口处显示即将到来的驾驶员。

目前，澳大利亚的公共运输部门正准备向公众提供更多的信息服务，包括所有公共汽车的路线、时刻表及其他的信息。

此外，澳大利亚的交通人员还研制了主动信号系统，该系统能够根据不同的条件而改变速度限制，并能检测到正面不断行驶车辆的速度，当发现车速太快时，能够发送信号提醒驾驶员。

二、日本

智能化交通系统被视为是解决交通事故数量增加、道路交通拥挤及环境等社会问题的途径，有望对 21 世纪的公路交通事业产生积极影响。

日本 1996 年制订了综合计划，由建设部、国际贸易与工业部、运输部、邮电通信部及国家警察署共同着手开发智能化运输系统。目前，日本智能化交通系统方面的开发与应用已取得重要进展，车辆信息与通信系统的开发覆盖全国范围，电子收费系统已进入实用阶段。2000 年，先进的巡行辅助公路系统已进入实用阶段。

到 2003 年 6 月末，日本装有汽车导航系统的车辆已达 1200 多万辆，同时装有汽车导航系统和车载信息通信系统（VICS）接收器的车辆也达 700 多万辆，以上装置可以为驾驶员或其他机动车使用者提供即时道路信息。因此，日本的道路车多而不乱，路上诸多监测器和雷达，随时监控道路情况和采集信息，驾车人可通过情报信息板获取即时道路信息。车载电子地图已广泛使用，有多家公司开发新产品，用户可在网上购买下载。电子地图可通过卫星天线、微波、电视载波机、电话地址等多种渠道接收信息，使用电子地图，人们可以准确查询地址、气候、环境及计算拥堵时间等。

从 2001 年 3 月开始，ETC(电子不停车收费)技术在日本整体上投入运营。在实际应用中，ETC 技术相对于传统收费技术来说有两大优势：一是更加适应于多个不同主体运营管理多条收费道路的情况；二是对非法行为、人为破坏和逃费行为有着更强的防范性。从 ETC 的功能来讲，可以根据条件实现收费费率的灵活设定和调整，从而提高了收费道路的利用率，最大限度地减少了在收费口的拥堵。一般来说，高速公路的拥堵 30% 由收费站造成，使用 ETC 后效率提高了 2~3 倍。此外，ETC 还改善了路侧的环境，对于解决一些地区接口或是不同管理体制下的特殊问题也十分有帮助。

ETC 系统的应用在日本十分普及。到 2003 年 10 月末，大约 175 万辆车已经装备了 ETC 车载装置，约为 2002 年同期的 3 倍，增速非常快，标志着 ETC 已进入普及阶段。与此同时，到 2003 年年末，超过 1000 条 ETC 收费车道被安装在收费站，几乎遍及日本所有的高速公路。目前，关东高速已全部实现了 ETC 收费，只保留部分车道进行 ETC 和半自动混合收费。绝大部分的商业运营车辆已经装备了 ETC 车载单元，一般司机都使用 ETC 收费卡。此卡分为两种，一种为储值卡或借记卡，另一种可与信用卡通用。日本最早出售的收费卡是高速公路卡，后来则采取措施鼓励 ETC 卡的销售和使用。

日本最常用的 ETC 收费站采取 3 个门桥的样式，这 3 个门桥分别用于识别车型、识别入口和收费信息传输，其栏杆采用新材料制成，里边为碳素纤维，外边为发泡纤维。在车的时速不低于 80 km 的情况下，门桥可迅速向上打开，万一打不开，也可向前推出，外层的发泡纤维对车体不会造成损害。

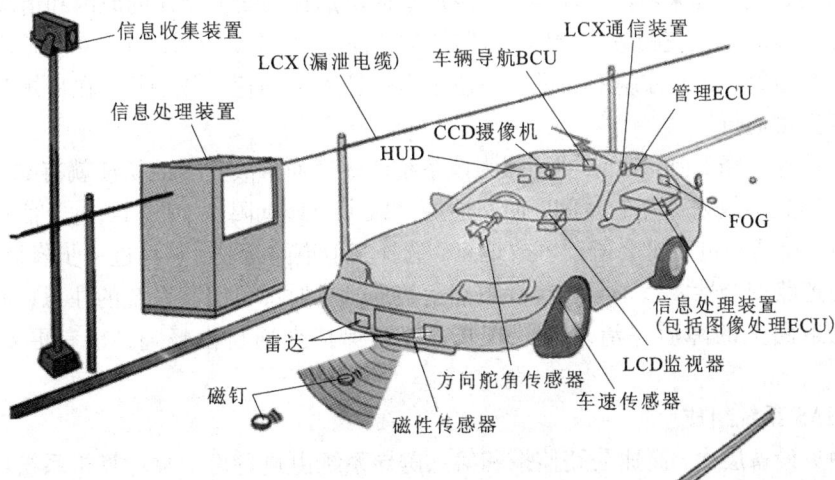

图 12-1　不停车收费系统

三、新加坡

高速公路作为经济运输的大动脉，其承担的运输量与经济和社会需求同步增长。为了提高高速公路的使用效率和行车安全，高速公路需要有先进的监控系统和交通信息发布系统，即 EMAS(Expressway Monitoring & Advisory System) 对其进行管理。

EMAS 作为智能交通实施的一部分，将进一步改善高速公路交通管理的社会效果，使得各个交通子系统更好的协调工作，达到人、车、路协调运行的目的，提高道路利用率，改善交通秩序，加强交通管理者的执法力度和管理。

高速公路监控和信息诱导系统采用了先进的信息技术，实时监控高速公路上的交通情况，并对汽车驾驶员提供秒级的交通信息，达到以下目标：

①提高道路安全，减少交通事故，缩短由于交通事故(包括车辆故障)所引起的延误；

②提高高速公路的通行能力，优化交通流量，提供一个更有效的交通道路系统；

③提高车辆通行的速度，降低机动车车辆排气污染，改进行驶环境对汽车驾驶员产生的感受，提高交通运输效率。

新加坡高速公路监控和信息诱导系统是一个现代化的交通监控系统，是新加坡陆路交通管理局远景规划的重要组成部分。新加坡 EMAS 已经覆盖的高速公路包括中央高速公路(16 km，其中 2.4 km 隧道)、阿逸拉惹高速公路(20 km)、东海岸高速公路(20 km)和半岛高速公路(40 km)。这些高速公路是贯穿新加坡东西南北的交通大动脉，经过市中心几个最繁华地段，平均每条高速公路有七万多辆车通过。由新加坡科技电子建设的高速公路监控和信息诱导系统主要有以下功能：

(1)提供实时的交通信息

用三种可变电子情报板形式提供前进方向的交通状况或者事故警告。在进入高速公路之前，以及在高速公路出口前的路段，驾驶员能够接收到实时前方的最新交通资料，允许在必要时改变行驶路线。如果不改变路线，至少能掌握所选择路线上延误的原因和情况。

①对交通事故的快速响应。EMAS 对监控的道路进行 24 h 检测，可以对交通事故地点进行快速定位并报警，交通控制中心可以快速派出处警人员到达事故现场，在最短时间内使交通再次恢复正常通行。

②将交通拥挤降低到最低限度。因为该系统能在交通事故发生的初期就有响应，大大缩短从事故检测到事故处理完的时间，使交通拥挤减少至最低限度。同时，电子信息板及时提供交通信息，使驾驶员有机会避开事故地点，选择其他道路行驶，从而进一步降低交通拥挤。

③提高道路安全性。汽车驾驶员在道路上遭遇困难时即可引起系统的注意，可以以最快的方法移去道路上的障碍并清理事故现场，直到保持交通自由畅通，享有更安全的行驶环境。

(2)EMAS 系统组成

按照中央设备层次，高速公路监控和信息诱导系统由热备份中央计算机系统组成，主要包括如下子系统：

先进的交通管理系统(ATMS)：它是 EMAS 的心脏，采用先进的通信、计算机、自动控制、视频检测/监控技术，按照系统工程的原理进行系统集成，将交通工程规划、交通信号控制、交通检测、交通电视监控、交通事故救援以及信息系统有机结合在一起，通过计算机网络系统,实现对交通的实时控制和指挥管理。

　　ATMS 根据高速公路上检测到的交通流量、速度、道路占有率等实时交通信息,采用先进的算法,处理检测到的交通数据,判断是否有交通事故以及道路拥挤情况和程度。同时,通过可变电子情报板发布各种动态交通信息,也可发布市政施工等交通静态信息。先进交通管理系统主要任务是接收交通数据/信息,运用复杂算法进行事故检测分析并产生报警信号,对高速公路做各种路段行驶时间计算,为分析决策系统提供历史数据,发布交通信息等。

　　车辆检测系统(VDS):VDS 包括若干个图像处理系统和视频检测点,安置在高速公路和隧道的关键位置。主要完成交通数据采集(如车辆总数、车辆分类、速度、车辆出现排队的长度等)、切换视频检测电视图像到中央控制中心,便于证实交通情况以及交通事故检测(回放事故前十二个画面)等功能。

　　(3)自动事故检测系统(AIDS)

　　AIDS 采用两层检测方法来检测交通事故。第一层运用设在现场的视频检测设备,根据检测到的区域交通情况进行判断;第二层设在中央控制室,通过交通数据分析,运用人工智能算法,对视频检测区域外的道路情况进行判断,分析是否有交通事故发生。

　　来自视频检测和电视监控的数据和图像通过传输网络送到中央控制中心,系统对交通事故报警信号自动检测。交通控制中心管理人员只需关心受到交通突发事件影响的路段,在派遣处警人员到达事故现场之前,控制中心可事先利用闭路电视监控系统确认事故性质,从而在规定时间内拖走事故车辆或救护伤员。

　　交通信息诱导系统(VMS)。VMS 的可变情报板设置在位于高速公路进口周围,可以显示文字和图形。情报板每分钟做修改,通知驾驶员前方的交通情况和行驶时间。交通信息从中央设备通过无线网络传输到可变电子情报板,实时通知驾驶员前面的交通拥挤状况。同时,公众可以通过 Internet 观察到实时监控系统视频图像。

　　除此,应急电话系统(ETS)、闭路电视监控系统(CCTV)、隧道机电管理系统(PMCS)等也是高速公路监控及信息诱导系统的重要组成部分。

第三节　智能交通的体系构架

　　中国的智能运输系统的研究内容主要分为五大部分。

一、先进的交通管理系统 ATMS

　　ATMS 用于监测控制和管理公路交通,在道路、车辆和驾驶员之间提供通信联系。它依靠先进的交通监测技术和计算机信息处理技术,获得有关交通状况的信息,并进行处理,及时地向道路使用者发出诱导信号,从而达到有效管理交通的目的。具体研究内容分为以下几个子系统:

　　①城市区域的中央化交通信号控制系统;

　　②高速公路管理系统;

　　③交通事故管理系统;

　　④电子收费及交通管理系统。

二、先进的出行者信息系统 ATIS

ATIS 是以个体驾驶员为服务对象,驾驶人员可以通过其车载路径诱导系统,在与信息系统的双向信息传递中,使自己始终行驶在最短路上。在信息类型以及信息接收者方面,ATIS 与 ATMS 有本质的差别,虽然对象中同样具有许多向驾驶员提供信息的设备,如可变信号板、公路咨询广播等。上述设备是为整个交通流总体而服务的,其信息只具有普遍性。ATIS 和 ATMS 的功能十分相似,可以压缩旅行时间,降低燃油消耗和减少废气排放,使交通拥挤状况得到缓解。它包含有以下几个子系统:

①出行者信息系统;
②车载路径诱导系统;
③停车场停车引导系统;
④数字地图数据库。

三、先进的公共交通系统 APTS

它采用各种智能技术促进运输业,特别是公共运输业的发展,如通过个人计算机、闭路电视等向公众就出行时间和方式、路线以及车次选择等提供咨询,在公共汽车站通过显示器向乘客提供车辆的实时运行时间信息等。

它包括以下子系统:
①车人管理系统;
②乘客出行信息系统;
③电子支付系统(例如采用智能卡);
④运输需求管理系统;
⑤公交优先系统。

四、运营车辆调度系统 CVO

CVO 实质上是运输企业应用 ITS 技术来谋求最大效益的一种调度系统。它的目的是利用 ITS 技术,例如车辆自动识别技术、车辆自动定位技术、车辆自动分类技术等,提高企业内部劳动生产率,增加安全度,改进对突发事件的反应能力,改善车队管理和交通状况。

该系统由以下几个子系统组成:
①商业车辆的电子通关系统;
②车载安全监控系统;
③路边安全检查的自动化系统;
④商业车队管理系统;
⑤商业车辆的行政管理程序;
⑥危险品的应急响应系统。

五、先进的车辆控制系统 AVCS

AVCS 的目的是开发帮助驾驶员实行车辆控制的各种技术,从而使汽车行驶安全、高效。AVCS 领域包括对驾驶员的警告和帮助、障碍物避让等自动驾驶技术。实际上,AVCS 具有最

长期的潜在效益,同时也对汽车行业、电子行业提出了最大的挑战。其包括的研究内容有:

①防碰撞系统;

②智能化行车控制系统;

③旨在利用全球定位系统蜂窝无线通信、车载计算机和传感器技术自动地将交通事故的位置、严重程度等信息通知给管理部门;

④驾驶视野加强系统;

⑤车辆防抱死系统;

⑥驾驶员安全监控系统;

⑦车辆安全监控系统;

⑧车载路线诱导系统;

⑨协作驾驶。

第四节　智能交通系统中应用的关键技术

一、计算机网络——相互连接起来的,独立自治的计算机群

将地域上分散且具有独立功能的多个计算机系统通过通信设备和线路按不同的拓扑结构连接起来,能以功能完善的网络软件(网络协议、信息交换方式和网络操作系统)实现网络资源共享的系统称为计算机网络系统。

广域网——共享资源为主要目的,通过网络操作系统实现。局域网——有限地理范围内信息传输通道,部门间共同拥有。互连网——不同网络之间的互连(一致的方式,相互之间交换数字数据)。

二、通信技术

①固定通信:

微波:(0.3~300 GHZ)

光纤:光波为载频光导纤维为介质

卫星:作为中继站转发无线电信号

②移动通信:移动中进行数据交换,由移动台、基地站、交换中心、中继线等部分组成。

③公用数据通信(通信网络),包括基础网络、信息网络、增值网络平台(电子信箱等)。

④公共移动通信网:数字无线系统(蜂窝拓扑)。

三、传感器技术

获取信息靠各类传感器,它们有各种物理量、化学量或生物量的传感器。按照信息论的凸性定理,传感器的功能与品质决定了传感系统获取自然信息的信息量和信息质量,是高品质传感技术系统第一个关键的构造。信息处理包括信号的预处理、后置处理、特征提取与选择等。识别的主要任务是对经过处理信息进行辨识与分类。它利用被识别(或诊断)对象与特征信息间的关联关系模型对输入的特征信息集进行辨识、比较、分类和判断。因此,传感器技术是遵循信息论和系统论的。它包含了众多的高新技术、被众多的产业广泛采用。

四、显示技术和人工智能

（1）大屏幕显示

LED——发光二极管、点阵模块。

LCD——液晶显示器件。

（2）人工智能

用计算机模拟，延伸和扩展的智能。

其中：智能控制、模式控制、知识控制、专家控制、神经网络控制。

五、车辆识别和自动定位

识别：长、宽、高、重的车辆属性；车载标志及身份属性。

IC 卡：一卡多用，安全性、机读性、存储量大（静态数据、动态数据）

定位：全球定位系统（GPS）。

六、地理信息系统

由计算机程序和地理数据组织而成的地理空间信息模型。在 ITS 上进行应用——采集、显示、查询、分析地理位置信息。

第五节　典型智能交通应用系统案例

深圳市城市智能交通 ITS 系统如下。

一、深圳市城市智能交通综合信息平台需求

智能交通系统 ITS 技术的应用，使深圳市城市交通运输体系的高度信息化成为可能，并加速了这一信息化过程。而智能交通系统 ITS 中的信息通信技术，特别是传感技术和信息传输技术使得城市交通指挥中心与交通调度中心处于广泛的信息"海洋"之中。例如，由道路上的车检测器产生的实时速度、交通量、车道占有率的数据信息及车辆联系方式，传输到交通指挥中心；由来自其他种类的监测器，如带有识别标签的车辆、轨道列车自动识别标识、称重站等源的数据信息也输送到交通指挥中心；有关道路断面状况、交通拥挤与密度、突发事件、各种交通事故、违章与违法行为的视频信息，由路面监视装置送入交通指挥中心；公共交通车辆行驶状况数据（车辆位置、延误时间等），公共交通车辆、轨道交通列车运行速度及停靠站时间数据等信息不断传输到公交调度中心。总之，只有通过技术层面和体制的整合，在合理的范围内实现信息资源的充分共享，才能达到交通运输体系的最佳运行。这些不同来源的交通信息，只有通过集成和整合才能实现信息共享与信息有效利用。深圳市城市智能交通系统 ITS 的运用，在很大程度上是城市交通运输各子系统的信息整合，因此，如何实现各子系统之间信息的采集、存储、管理、传输、发布，就成为实现交通运输管理各项功能的核心与关键技术，而深圳市城市智能交通综合信息平台（以下简称"平台"）则是实现城市交通运输管理与服务信息集成的重要手段，它的定位不但为城市交通运输各类信息整合提供了技术依托支撑，同时也将为城市交通运输各相关子系统提供引导接入策略、实现信息共享服务。

通过智能交通综合信息平台将对智能交通系统 ITS 信息数据组织结构和传输形式进行统一规范，形成一个对综合数据进行收集、组织、存储、加工、查询、传输、通信、发布等服务的大型数据仓库系统，为最终实现智能交通系统 ITS 中各子系统信息的整合提供技术支撑保障。深圳市城市智能交通综合信息平台与深圳数字城市框架定位结构如图 12 - 2 所示。

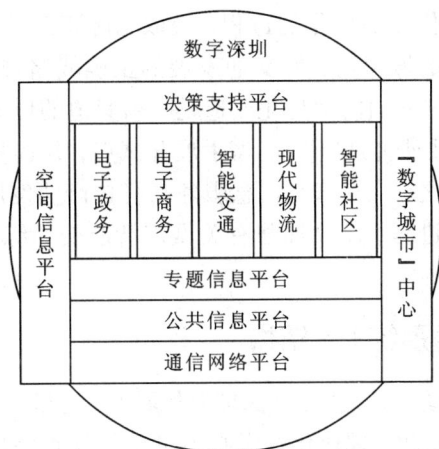

图 12 - 2　深圳市智能交通综合信息平台框架

二、深圳市城市智能交通信息系统规划

（1）深圳市城市交通信息系统战略规划

深圳市城市交通信息系统战略规划将包括：城市交通信息系统战略目标的确定；系统宏观结构框架；系统分阶段的建设重点；系统拟采取的建设策略，以及系统建设过程中政府、研究单位、企业、技术管理部门之间的角色和关系等问题。

（2）深圳市城市交通信息组织规划

深圳市城市交通信息组织规划将暂时摆脱硬件系统建设及软件系统开发等具体问题，从市政府立场考虑，在隶属不同系统的多部门参与的前提下如何有效地对性质、功能、结构存在很大差异的众多系统（例如：交通监控系统、信息化公交系统、营运车辆管理系统、道路及桥梁管理信息系统、道路交通仿真系统、交通公众信息发布服务系统等）进行信息整合，构成分布式的信息存储结构、规范化的信息组织结构、确实有效的信息流通机制，进一步明确各子系统的责任、权利和义务等问题。就其成果形式来看，体现为一种系统接口协议与标准规范、信息在各子系统中的分布式体系结构、信息在各子系统之间的流通方案、各种类型的参与者在系统运行中的地位、角色与作用等。

（3）深圳市城市交通信息基础设备规划

对于深圳市城市交通信息系统来说，涉及一系列硬件基础设施建设。例如，信息采集部分所需要的传感器、GPS 设备、视频摄像、MTD 微波、FCD 浮动等，信息传输所需要的通信线路和资源（例如：通信带宽、频道资源等），分布式配置的计算机，以及数据存储设施等。由于许多设施需要共享协调，或者在"平台"建设中同步进行，需要协调交通信息系统与公共信息系统的设施共享关系等原因，有必要对其进行总体规划。

（4）深圳市城市交通信息系统实施规划

深圳市城市交通信息系统的建设是一项长期的任务，考虑到城市交通改造需求的阶段性，交通信息各子系统之间的相互依赖性等，需要制定系统的分期实施规划；考虑到系统建设将由多方面的单位共同参与，同时是一个科学研究、产业开发和人员培训相互配合的过程，需要制定城市交通信息系统的实施组织规划。

深圳市正处在快速城市化和信息化的过程，吸取国际正反两方面的经验，"优先发展城市公共交通是符合深圳实际的城市发展和交通发展的正确战略规划思想"，加速进行公共交通的技术发展优先，进行公共交通的信息化改造是一项紧迫的任务。对于交通诱导等先进的智能交通系统 ITS 来说，需要研究从"平台"着手展开试点，并逐步加以推广的问题。发展高科技是深圳市三大支柱产业之一，在未来信息服务高科技产业发展的进程中，为了加速推动深圳市交通信息服务产业化进程，需要加强有关城市智能交通综合信息平台基础设施建设，并作为优先项目加以考虑。

三、深圳市城市智能交通系统 ITS 结构

深圳市城市智能交通系统 ITS 是"数字深圳"的重要组成部分，它的建立是城市交通领域的一场革命，是城市交通信息化、现代化建设必不可少的软硬件环境支撑，必将对深圳当前和未来的城市交通发展产生巨大的、深远的影响。城市智能交通体系包括交通控制管理系统、公共交通调度管理系统、安全驾驶支持系统、动态路线诱导系统、电子收费系统、商业车辆运营管理系统、综合交通运输规划系统、应急响应救援系统、减轻交通公害系统、交通信息服务系统、道路检测养护系统等，而深圳市城市智能交通综合信息平台是城市智能交通系统 ITS 实施建设的支撑点与落脚点。因此，城市智能交通系统 ITS 建设，必须从深圳市城市智能交通综合信息平台规划设计与建设实施开始。城市智能交通系统 ITS 共享的数据库有城市道路数据库、交通数据库、道路交通地理信息数据库等，这些数据通过互联网、城域网、通信专网、局域网等实现通信，包括无线数据通信。深圳市城市智能交通系统 ITS 体系框架结构如图 12-3 所示。

深圳市城市智能交通体系的软件配置的结构，主要包括以下子系统：

① 智能交通综合信息服务系统；

② 城市交通控制管理系统；

③ 公共交通（道路与轨道）调度管理系统；

④ 安全驾驶支持系统；

⑤ 在线动态路线诱导系统；

⑥ 电子收费系统；

⑦ 商业车辆运营管理系统（包括商业车辆的电子通关系统、路边安全检查的自动化系统、车载安全监控系统、商业车队管理系统、危险品应急响应系统等）；

⑧ 城市综合交通运输规划系统；

⑨ 城市交通应急响应系统；

⑩ 减轻交通公害系统；

⑪道路检测养护系统。

其软件配置结构框图如图 12-4 所示。

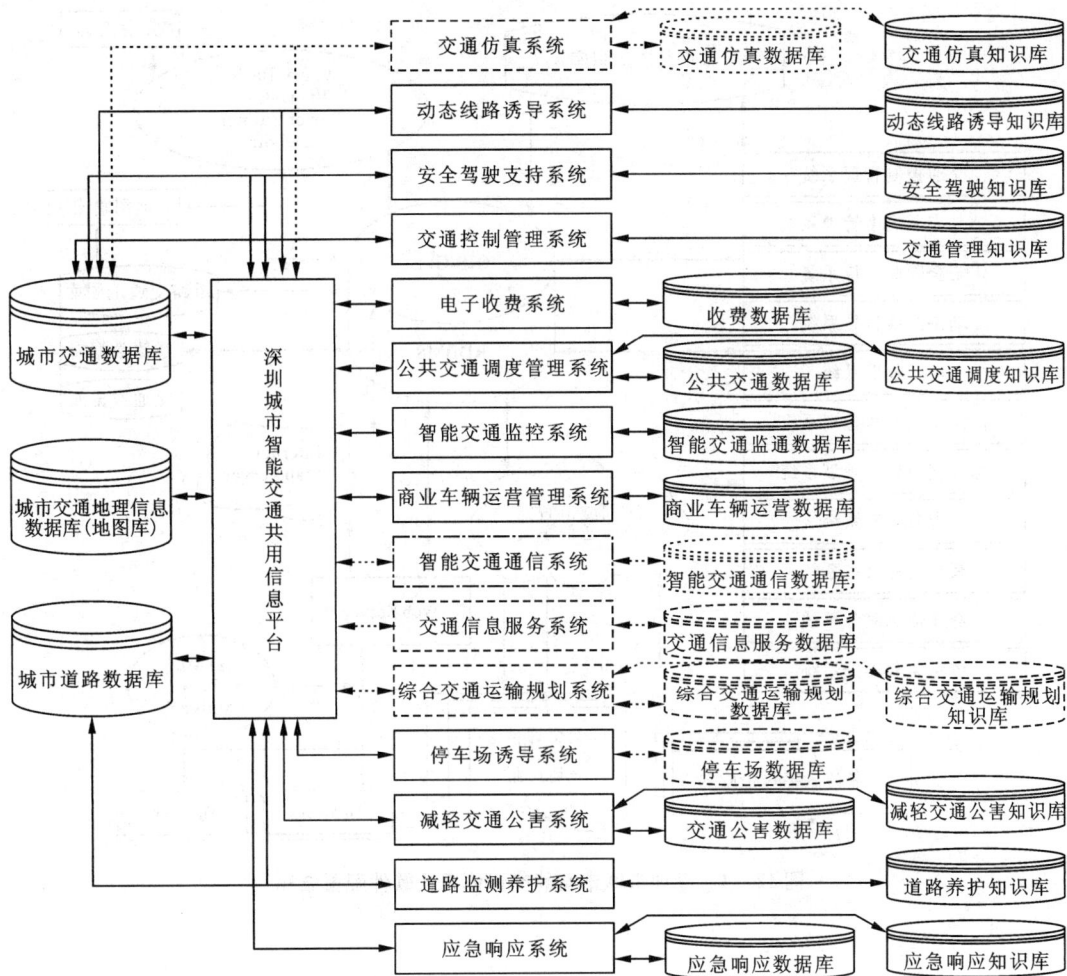

图 12 – 3 城市智能交通 ITS 体系框架结构

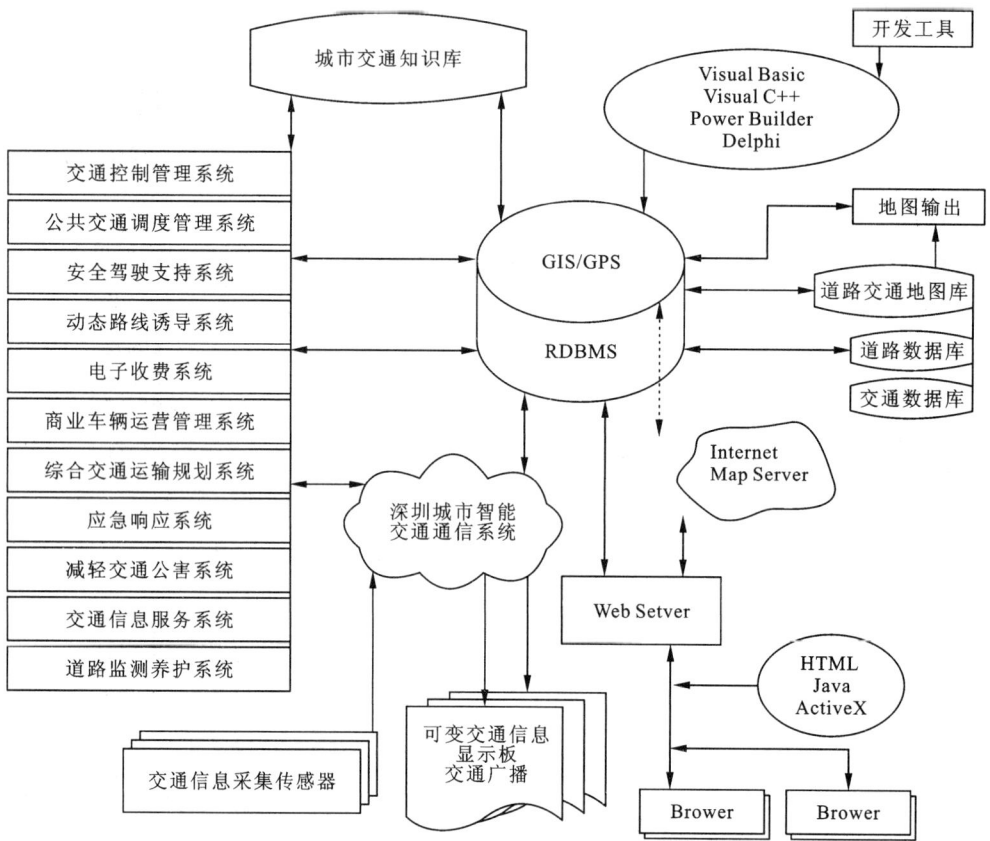

图 12-4 深圳市城市智能交通体系的软件配置结构

思考与练习

1. 收费道路发展方向，不停车收费系统原理。
2. 目前智能车辆的研究方向主要有哪些方面？
3. ITS 评价的意义。
4. 根据交通问题的概念和现状，试论述解决交通问题的方法。

参考文献

[1] 李江等编著. 交通工程学. 北京：人民交通出版社，2002.

[2] 任福田，刘小明，荣建等. 交通工程学. 北京：人民交通出版社，2008.

[3] 徐吉谦，陈学武. 交通工程总论. 北京：人民交通出版社，2008.

[4] 王文麟. 交通工程学. 台北：欣美打字油印社，1986.

[5] 任福田，徐吉谦等. 交通工程学导论. 北京：中国建筑工业出版社，1987.

[6] W. S. Hornburger，J. H . Kell 任福田等译. 交通工程基础（第 11 版）. 北京：中国建筑工业出版社，1990.

[7] 中国交通工程学会交通工程手册编委会. 交通工程手册. 北京：人民交通出版社，1997.

[8] 美国交通研究委员会. 任福田，刘小明，荣建等译. 道路通行能力手册?. 北京：人民交通出版社，2007.

[9] 中华人民共和国道路交通安全法. 2004. 05. 01.

[10] 国家技术监督局. 道路交通标志标线 GB? 5768 – 1999. 北京：中国标准出版社，1999.

[11] 国家技术监督局. 道路交通灯设置安装规范 GB？ 14886 – 2006. 北京：中国标准出版社，2006.

[12] 中交第一公路勘察设计研究院. 公路路线设计规范. 北京：人民交通出版社，2006.

[13] R. J. 索尔特等. 张佐周等译. 道路交通分析与设计. 北京：中国建筑工业出版社，1982.

[14] 胡思继. 交通运输学. 北京：人民交通出版社，2001.

[15] 肖秋生，徐慰慈. 城市交通规划. 北京：人民交通出版社，1990.

[16] 王庆瑞. 运输系统规划. 台北：正扬出版社，1996.

[17] 邵春福. 交通规划原理. 北京：中国铁道出版社，2004.

[18] Michael? D. Meyer，? Eric? J. ? Miller. 杨孝宽译. 城市交通规划. 北京：中国建筑工业出版社，2008.

[19] 任福田等. 交通工程心理学. 北京：北京工程大学出版社，1993.

[20] 石建军. 交通行为控制原理. 北京：人民交通出版社，2009.

[21] 任福田，肖秋生，薛宗蕙. 城市道路规划与设计. 北京：中国建筑工业出版社，1998.

[22] 严宝杰. 交通调查与分析. 北京：人民交通出版社，1994.

[23] 陈洪仁. 道路检查设计. 北京：人民交通出版社，1991.

[24] 吴兵，李晔. 交通管理与控制. 北京：人民交通出版社，2005.

[25] 任福田，刘小明. 论道路交通安全. 北京：人民交通出版社，2000.

[26] 郭忠印，方守恩等. 道路安全工程. 北京：人民交通出版社，2002.

[27] 关宏志，刘小明. 停车场规划设计与管理. 北京：人民交通出版社，2003.

[28] 国际能源署. 杨玉峰等译. 面向未来的公共汽车交通系统. 北京：人民交通出版社，2003.

[29] 陈金川. 道路交织区通行能力研究. 北京工业大学博士论文，2000.

[30] 任福田. 交通需求管理. 北京：道路交通与安全，2002 第 1 期.

[31] 任福田. 城市交通问题之管见. 成都：交通工程与信息，2003 第 1 卷第 1 期.

[32] Adolf? D. May . Traffic? Flow? Fundamentals . New? Jersey? Prentice – Hell，1990.

[33] 任福田，刘小明. 对危险路段的判定与改善. 北京：道路交通管理，1992 年第 7 期.

[34] 董国良，张亦周. 节地城市发展模式—JD 模式与可持续发展城市论. 北京：中国建筑工业出版社，2006.

[35] C. JOTIN? KHISTY. Transportation? Engineering. New? Jersey? Prentice – Hell，1990.

图书在版编目(CIP)数据

交通工程导论/巴兴强,张丽莉主编.
—长沙:中南大学出版社,2015.10
ISBN 978 - 7 - 5487 - 1954 - 0

Ⅰ.交... Ⅱ.①巴...②张... Ⅲ.交通工程 Ⅳ.U491

中国版本图书馆 CIP 数据核字(2015)第 237724 号

交通工程导论

主编 巴兴强 张丽莉

□**责任编辑**	刘　辉	
□**责任印制**	易红卫	
□**出版发行**	中南大学出版社	
	社址:长沙市麓山南路	邮编:410083
	发行科电话:0731-88876770	传真:0731-88710482
□**印　　装**	长沙印通印刷有限公司	

□**开　　本**	787×1092　1/16	□**印张** 16	□**字数** 396 千字		
□**版　　次**	2015 年 9 月第 1 版	□**印次**	2015 年 9 月第 1 次印刷		
□**书　　号**	ISBN 978 - 7 - 5487 - 1954 - 0				
□**定　　价**	35.00 元				